*Über dieses Buch* Aggressive Kinder, Jugendliche und Erwachsene sind nicht Menschen, die einfach »triebhaft« aggressive Impulse ausleben. Bei ihnen liegen vielmehr komplizierte Störungen der gesamten Persönlichkeit vor, die ein spezifisches pädagogisches und therapeutisches Vorgehen erfordern. Die Autoren dieses Bandes berichten von Kindern und Jugendlichen, ausschnittweise auch von Erwachsenen, mit denen sie in ihren Arbeitsfeldern, in Schule, Heim und Psychotherapie, gearbeitet haben. Modelle wie szenisches Verstehen und fördernder Dialog sowie neue Konzepte zur Psychodynamik der Aggression werden praxisnah in ihrer Anwendbarkeit dargestellt. Die Kombination des psychoanalytischen und des pädagogischen Ansatzes, der traditionell die Auseinandersetzung mit der Realität stärker in den Mittelpunkt stellt, scheint eine äußerst fruchtbare Möglichkeit zu schaffen, die aggressiven Menschen in besonderer Weise gerecht wird.

*Die Autoren* Evelyn Heinemann, Jg. 1952, Dr. phil., Dipl. Psych., Sonderschullehrerin, ist Professorin für Psychologie an der Ev. Fachhochschule für Sozialwesen in Nürnberg.
Udo Rauchfleisch, Jg. 1942, Dr. phil., Dipl. Psych., ist Professor für Klinische Psychologie an der Universität Basel, Psychoanalytiker, Klinischer Psychologe an der Psychiatrischen Universitätspoliklinik Basel.
Tilo Grüttner, Jg. 1939, Dr. phil., Dipl. Psych., ist Therapeutischer Leiter in einem Heim für dissoziale Jugendliche und Psychoanalytiker in freier Praxis.

Evelyn Heinemann / Udo Rauchfleisch /
Tilo Grüttner

# Gewalttätige Kinder

Psychoanalyse und Pädagogik
in Schule, Heim und Therapie

Fischer
Taschenbuch
Verlag

Geist und Psyche
Herausgegeben von Willi Köhler
*Begründet von Nina Kindler 1964*

Originalausgabe
Veröffentlicht im Fischer Taschenbuch Verlag GmbH,
Frankfurt am Main, September 1992

© 1992 Fischer Taschenbuch Verlag GmbH, Frankfurt am Main
Alle Rechte vorbehalten
Umschlaggestaltung: Buchholz / Hinsch / Hensinger
Foto: Bilderberg / Ellerbrock & Schafft
Gesamtherstellung: Clausen & Bosse, Leck
Printed in Germany
ISBN 3-596-10760-1

*Dieses Buch ist auf chlor- und säurefreiem Papier gedruckt*

*Dem Psychoanalytiker und Pädagogen*
*Aloys Leber gewidmet*

# Inhalt

*Udo Rauchfleisch*
Einleitung

Aggressive Kinder, Jugendliche und Erwachsene sind nicht Menschen, die einfach »triebhaft« und lustvoll aggressive Impulse ausleben. Bei ihnen liegen vielmehr komplizierte Störungen der gesamten Persönlichkeit vor, die ihren Ursprung in frühkindlichen Entwicklungsbedingungen haben und ein spezifisches pädagogisches und psychotherapeutisches Vorgehen erfordern.

Betrachten wir die Lebensgeschichte aggressiver Menschen, so fällt auf, daß sie in der frühen Kindheit ebenso wie im weiteren Verlauf ihres Lebens – zum Teil schwerste – Traumatisierungen erfahren haben. Eine in diesem Zusammenhang im psychoanalytischen Schrifttum immer wieder aufgeworfene und kontrovers diskutierte Frage ist die, ob die vom Erwachsenen rückblickend als traumatisierend geschilderten Ereignisse in der Kindheit tatsächlich diese Qualität gehabt haben oder ob es, zumindest von der äußeren Realität her betrachtet, eher »harmlose«, alltägliche Ereignisse waren, die jedoch subjektiv als sehr belastend erlebt und womöglich aufgrund der früh einsetzenden psychopathologischen Entwicklung verzerrt wahrgenommen worden sind (Kernberg, 1978, 1989b; Klein, 1972; Waldinger, 1987). Im Hinblick auf viele aggressive Menschen ist diese Frage relativ eindeutig dahingehend zu beantworten, daß die frühkindlichen Traumatisierungen zumeist der äußeren Realität entsprechende, schwerwiegende Beeinträchtigungen waren, die vor allem aus der sozialen Instabilität der Herkunftsfamilie (mit zum Teil gravierenden ökonomischen Problemen und intrafamilialen Spannungen) und aus den vielfältigen Beziehungsabbrüchen, denen diese Kinder ausgesetzt waren, resultieren (Rauchfleisch, 1981).

Diese Informationen erhalten wir nicht nur von den erwachsenen Klienten selber oder – im Falle von Kindern und Jugendlichen – von ihren Angehörigen, sondern wir finden die entsprechenden Angaben vor allem bei aggressiven Menschen mit dissozialen Fehlentwicklungen in einer Fülle von Akten, die über diese Familien – zum Teil sogar noch die Großelterngeneration betreffend – in den verschiedensten Institutionen (psychiatrischen Kliniken, Beratungsstellen, Vormundschaftsbehörden, Heimen etc.) vorliegen. Daraus ergibt sich eine weitere Besonderheit dieser Familien: Sie sind oft nicht nur sozial benachteiligt und in ökonomischer Hinsicht großen Problemen ausgesetzt, sondern sie sind vielfach »sozial bekannt«, d. h. auch: stigmatisiert als Angehörige von Randgruppen, als Menschen, deren Familiengeschichte ein zum Teil großes Ausmaß an »Öffentlichkeit« aufweist und bei denen bekanntlich die sozialen Kontrollinstanzen ungleich schneller eingreifen als bei Angehörigen anderer Gruppierungen (Brusten et al., 1972; Kury et al., 1983).

Die in der frühen Kindheit erfahrenen Traumatisierungen sind von diesen Kindern vielfach als sie in ihrer psychophysischen Ganzheit, im Kern ihrer Existenz bedrohende Erfahrungen erlebt worden. Dies führt zu extremen – tief in ihrer Persönlichkeit verankerten, allerdings weitgehend abgewehrten – Ängsten und archaischen Abwehrmaßnahmen.

Die Folgen dieser Entwicklungsbedingungen sind eine große Instabilität in den sozialen Beziehungen und eine starke aggressive Besetzung der Bilder, welche die betroffenen Menschen von der eigenen Person und bedeutsamen anderen Menschen entwickelt haben. In alle ihre Beziehungen mischt sich stets auch eine erhebliche, aus frühkindlichen Quellen stammende Aggression, die sich – in eher indirekter Form – etwa in ungeheurer Gier manifestiert. Ganz unverhüllt treten diese Impulse jedoch hervor in den starken manipulativen Tendenzen dieser Menschen, in ihren Impulsdurchbrüchen und in den ausgesprochen heftigen Neidimpulsen allen gegenüber, die es tatsächlich oder vermeintlich besser haben als sie und die vor allem ihnen etwas zu geben vermögen.

Die frühen Traumatisierungen und die pathologischen verinnerlichten Beziehungserfahrungen der Kindheit führen nicht nur zu den beschriebenen psychodynamischen Konflikten, sondern schlagen sich auch in ich-strukturellen Störungen nieder. Betroffen sind insbesondere die Abwehrformationen sowie die Realitätsprüfung, die antizipierenden Funktionen und der Reizschutz. Bei den Abwehrmechanismen herrschen die archaischen Formen wie Spaltung, Projektion und projektive Identifizierung, Verleugnung, Idealisierung und Entwertung sowie die Verkehrung ins Gegenteil vor. Diese Mechanismen dienen zwar primär dem Schutz der Persönlichkeit vor dem Gewahrwerden der inneren Konflikte, vor der daran gebundenen unerträglichen Angst und vor dem Überflutetwerden durch Aggressivität. Sie sind insofern im Sinne Mahlers (1972) Erhaltungsmechanismen. Zugleich wirken sie sich aber auch unheilvoll aus, weil sie die weitere Entwicklung erheblich beeinträchtigen, indem sie beispielsweise Reifungsschritte stören, den Realitätsbezug behindern und dazu beitragen, daß diese Menschen viele für ihre soziale Integration wichtige Erfahrungen nicht bzw. in nur ungenügendem Maße machen (z. B. mangelnde Schul- und Berufsausbildung und Schwierigkeiten beim Erlangen sozialer Kompetenzen). Die Störung in den Abwehrformationen führt ferner auch zu der für aggressive Menschen charakteristischen Beeinträchtigung in ihrer Angst- und Spannungstoleranz.

Eine weitere Störungskomponente betrifft die Gewissensinstanz. Immer wieder wird das Fehlen eines Über-Ich gleichsam als »Kardinalsymptom« aggressiver Menschen, speziell solcher mit dissozialen Tendenzen, postuliert. Diese Annahme trifft nach meiner Erfahrung jedoch keineswegs zu. Diese Menschen haben sehr wohl eine Über-Ich-Instanz aufgebaut, nur weist sie in ihrer Entwicklung und Struktur spezifische Störungen auf: Die Teilstruktur des Über-Ich im engeren Sinne (d. h. die einschränkende, verbietende Instanz) setzt sich aus sadistischen Über-Ich-Kernen zusammen, die Niederschläge früher traumatischer Beziehungserfahrungen sind. Gegen die von diesen Kernen ausgehende Verurteilung und Selbstentwertung sucht sich ein solcher Mensch vor allem durch eine Projektion dieser sadistischen Impulse auf Über-Ich-Träger in der Außenwelt zu schützen. Auch die Substruktur des Ich-Ideals weist spezifische Störungen auf: Die Vorstellungen von dem, was der betreffende Mensch sich als Leitlinie und Idealentwurf vor Augen stellt, sind zum Teil extrem überhöht und so hoch geschraubt, daß sie in Realität nie zu erreichen sind. Die Folge dieser Über-Ich-Störung sind einerseits extreme Selbstentwertungen und Selbstverurteilungen und andererseits so überhöhte Selbstentwürfe und Ansprüche an die eigene Person, daß ein Versagen von vornherein einprogrammiert ist. Außerdem kommt es auch in der Über-Ich-Instanz zu Spaltungen. Diese manifestieren sich in einem – oft ganz abrupten – Umschlagen von zentralen Selbstunsicherheitsgefühlen einerseits zu völlig unrealistischen Größenvorstellungen andererseits. Beide Reaktionsweisen sind Ursache vielfältiger sozialer Konflikte und verstärken nochmals die Störungen im Realitätsbezug.

Neben den Ich- und Über-Ich-Problemen finden sich schließlich auch starke narzißtische Störungsanteile. Viele aggressive Menschen haben aufgrund ihrer frühkindlichen Entwicklungsbedingungen eine pathologische Selbststruktur in Form eines »Größen-Selbst« aufgebaut, das ein pathologisches Verschmelzungsprodukt aus dem Real-Selbst (»jemand Besonderes« zu sein), dem Ideal-Selbst (Phantasien und Vorstellungen von Macht, Reichtum, Allwissenheit, die vom kleinen Kind kompensatorisch gegen Erfahrungen von schwerer oraler Frustration, Wut und Neid entwickelt worden sind) und den Ideal-Objekten darstellt (Phantasie von einer unablässig gebenden, grenzenlos liebenden und akzeptierenden Elternfigur, im Gegensatz zu den wirklichen Eltern, wie das Kind sie erlebt hat).

Die narzißtische Dimension prägt die Beziehungen dieser Menschen in starkem Maße. Partnerinnen und Partner sind für sie vor allem insofern von Bedeutung, als sie narzißtische Befriedigung garantieren und als idealisierte Objekte zur Aufwertung der eigenen (sich insuffizient fühlenden) Person benutzt werden können. Auch die starke Neigung aggressiver Menschen, sich durch Manipulation anderer das Gefühl eigener Macht zu verschaffen, sowie ihre erhöhte Kränkbarkeit und ihre geringe Frustrationstoleranz sind Ausdruck der narzißtischen Fehlentwicklung. Diese Störungskomponente ist bei ihnen insbesondere deshalb so verhängnisvoll, weil sie zum einen den ohnehin schon geringen Realitätsbezug immer noch weiter lockert und zum Ausweichen vor jeglicher Konfrontation mit irgendeiner unangenehmen, belastenden Situation führt. Zum anderen resultieren aus der narzißtischen Beeinträchtigung gerade bei diesen Menschen so große Probleme, weil sie durch ihre vielfältigen sozialen Einschränkungen und ihren Mangel an sozialen Kompetenzen dauernden Kränkungen ausgesetzt sind und kaum über realitätsgerechte Kompensationsmöglichkeiten verfügen.

Bei der Auseinandersetzung mit aggressiven Menschen ist, insbesondere wenn sich die Aggression im Rahmen dissozialer Fehlentwicklungen äußert, gerade der zuletzt erwähnten sozialen Komponente besondere Beachtung zu schenken. Wie dargestellt, spielen die sozialen Beeinträchtigungen in der Entwicklung dieser Menschen eine zentrale Rolle; sie sind charakteristisch für das aktuelle Erscheinungsbild, und sie sind auch wichtig für die Behandlung und für die Prognose. Zu den »sozialen Beeinträchtigungen« gehören etwa die Probleme in der Schul- und Berufsausbildung, die aus der frühen Sozialisation und aus den Heim- und Strafanstalts»karrieren« resultierenden Schädigungen wichtiger sozialer Kompetenzen, die negativen Etikettierungen als »Verwahrloste«, »Delinquente« oder »Strafentlassene« sowie die vielen sekundären Folgeerscheinungen wie Verschuldung, Wohn- und Arbeitsprobleme und Partnerkonflikte.

Die Autoren dieses Bandes möchten aufzeigen, wie sie in den verschiedenen Praxisfeldern von Schule, Heim und Psychotherapie mit Hilfe der Erkenntnisse der Psychoanalyse mit aggressiven und teilweise dissozialen Kindern, Jugendlichen und Erwachsenen arbeiten. In Kapitel I wird Evelyn Heinemann in einem historischen Überblick die wichtigsten psychoanalytischen und pädagogischen Konzepte zur Theorie und Therapie von Menschen mit ausgeprägter Aggressivität darstellen und kritisch kommentieren. Das II., ebenfalls von ihr verfaßte Kapitel ist der psychoanalytischen Pädagogik im Unterricht der Sonderschule gewidmet. Hier stellt die Autorin am Beispiel von zwei Kindern ihr Vorgehen dar und diskutiert die Frage nach geschlechtsspezifischen Aspekten aggressiven Verhaltens.

In Kapitel III beschreibt Tilo Grüttner zunächst die pädagogische und therapeutische Arbeit unter psychoanalytischen Aspekten in einer Heim-Einrichtung. Er stellt an einem ausführlichen Fallbeispiel das Zusammenwirken von Therapeuten und Pädagogen* im Heim dar. Die psychotherapeutische Arbeit mit aggressiven und teilweise dissozialen Patienten beschreibt Udo Rauchfleisch in Kapitel IV des Buches. Ausgehend von der Schilderung eines Jugendlichen und anhand von Ausschnitten aus Psychotherapien erwachsener Patienten werden Behandlungsgrundsätze dargestellt und diskutiert.

---

* Nach eingehenden Überlegungen, welche Pluralform wir für Pädagogen und Pädagoginnen, Lehrer und Lehrerinnen, Therapeuten und Therapeutinnen, Erzieher und Erzieherinnen wählen sollten, haben wir uns trotz großer Bedenken der Leserlichkeit und den Regeln der deutschen Rechtschreibung zuliebe für die männliche Pluralform entschieden, möchten aber ausdrücklich betonen, daß damit selbstverständlich keine diskriminierenden Absichten verbunden sein sollen.
Die Autoren und das Lektorat

*Evelyn Heinemann*
Historisch-theoretische Vorüberlegungen

1. August Aichhorn und Fritz Redl:
Von der Triebpsychologie zur Ichpsychologie –
Psychoanalytische Theorie und pädagogische Praxis
mit aggressiven Kindern und Jugendlichen
im geschichtlichen Kontext.

Freud stellte im Laufe seiner Publikationen mehrere Triebtheorien
auf. Zunächst sprach Freud (1905, 1915) vom Dualismus der Libido
(Sexualtriebe zur Arterhaltung) und der Ichtriebe (Selbsterhal-
tungstriebe). Die Beschäftigung mit den Phänomenen des Narzißmus führte Freud (1914) schließlich dazu, die Ichtriebe als eine Un-
terform der Libido zu verstehen, also nur noch einen Trieb zu
postulieren. In »Jenseits des Lustprinzips« sprach Freud (1920)
dann erneut vom Triebdualismus, nämlich dem Lebenstrieb (Libido) und dem Todestrieb (Destrudo). Der Lebenstrieb umfaßte
hier die Sexualtriebe sowie die Selbst- und Arterhaltungstriebe, der
Todestrieb dagegen beinhaltete den Aggressionstrieb. Beide Triebe
können sich nach Freud mischen und entmischen. Die Triebe hielt
er für Energien, die eine somatische Quelle und Ziele haben, auf
Objekte gerichtet sind und im Es psychisch repräsentiert werden.

Aggression wurde in diesem letzten Modell Äußerung eines selb-
ständigen Triebes. Trotzdem war aggressives Verhalten bei Freud
nicht einfach nur der Ausdruck eines Triebes, sondern Aggression
wurde in seiner Sicht von den inneren Instanzen des Ich und Über-
Ich beeinflußt.

Bereits in den frühen Vorstellungen Freuds hatte das Ich mäßi-
gende und verbietende Aufgaben. Die Triebe drängen nach soforti-
ger Entladung, im Es herrscht das Lustprinzip, so Freud. Das Ich
bildet sich aus dem Es aufgrund von Enttäuschungen. Im Ich
herrscht das Realitätsprinzip. Freud räumte den Forderungen des

Realitätsprinzips eine Vorrangstellung ein: »Erst das Ausbleiben der erwarteten Befriedigung, die Enttäuschung, hatte zur Folge, daß dieser Versuch der Befriedigung auf halluzinatorischem Wege aufgegeben wurde. Anstatt seiner mußte sich der psychische Apparat entschließen, die realen Verhältnisse der Außenwelt vorzustellen und die reale Veränderung anzustreben« (Freud 1911, 231).

Auf dem Hintergrund der Triebtheorie erschien aggressives Verhalten als triebbestimmtes Verhalten, das durch ein Fehlen oder ein zu schwaches Ich und Über-Ich nicht gehemmt wurde. Freud schrieb in »Das Unbehagen in der Kultur«: »Beim Verwahrlosten, der ohne Liebe erzogen wurde, entfällt die Spannung zwischen Ich und Über-Ich, seine ganze Aggression kann sich nach außen richten« (Freud 1930, 490).

Auf dem Boden dieser nur grob umrissenen Freudschen Theorie entwickelte August Aichhorn seine Erziehungslehre. In den österreichischen Fürsorgeerziehungsanstalten von Oberhollabrunn und St. Andrä, die er von 1918 bis 1922 leitete, arbeitete er auch mit aggressiven Kindern und Jugendlichen. Seine Arbeit gilt als Pionierleistung einer psychoanalytischen Pädagogik. Bereits 1925 erschienen seine grundlegenden Gedanken in dem Buch »Verwahrloste Jugend«, auf das ich mich in der mir vorliegenden Ausgabe beziehe. Zu einer Zeit, als Besserungsanstalten militärähnlich wie Arbeitslager organisiert waren, sprach er von der Nutzlosigkeit des reinen Zwangs zur Anpassung mittels Lohn und Strafe. Dissozialität war bei ihm Ausdruck von Verwahrlosung, von innerpsychischen und sozialen Problemen des Kindes oder Jugendlichen. Er wollte Verwahrlosungserscheinungen auf ihre Ursachen zurückführen und so zu beheben suchen. Unbewußte Motive der Verwahrlosung sollten mit Hilfe der Psychoanalyse verstanden werden. Psychoanalyse sollte konsequent auf dieses Spezialgebiet der Pädagogik angewendet werden (Aichhorn 1971, 9).

Aichhorn machte einen Unterschied zwischen latenter Verwahrlosung, wenn nur eine scheinbare Anpassung erfolgte, Triebwünsche aber nicht bewältigt und verarbeitet sind und nur darauf warten, bei der nächsten günstigen Gelegenheit erneut durchzubrechen, und dem Zustand der manifesten Verwahrlosung. Strafe konnte seiner Meinung nach allenfalls zur Wendung von manifester zu latenter Verwahrlosung führen (ebd., 10). Er wollte die latente Verwahrlosung durch Veränderung der Ich-Struktur zum Verschwinden bringen (ebd., 39).

Entsprechend dem triebtheoretischen Verständnis Freuds, ging Aichhorn davon aus, daß jedes Kind sein Leben als asoziales Wesen beginne. Es bestehe auf der Erfüllung seiner Triebwünsche (Lustprinzip), ohne auf die Umwelt Rücksicht zu nehmen. Die Aufgabe der Erziehung war nach seiner Sicht von daher, das Kind aus dem Zustand der Asozialität in die soziale Anpassung zu überführen (ebd., 10).

Die »Aggressiven« schilderte Aichhorn als die schwierigsten Fälle (ebd., 146). Für aggressive Kinder und Jugendliche schuf er ein Milieu des völligen Gewährenlassens. Eine wohlwollende, jede Gewaltmaßnahme vermeidende Grundhaltung sah er als wesentlich an.

»Nach diesen Ergebnissen stand zweifellos fest, daß wir es in den Aggressiven mit Verwahrlosten zu tun hatten, denen die für die Entwicklung so notwendige Liebe der Erwachsenen nicht zuteil geworden war. Damit ist aber auch schon der Fürsorgeerziehung der einzuschlagende Weg vorgezeichnet. Zunächst muß das große Defizit an Liebe ausgeglichen werden und erst dann ist nach und nach und sehr vorsichtig mit stärkerer Belastung vorzugehen. Schärfere Zucht anzuwenden, wäre vollständig verfehlt« (ebd., 148 f.).

Die Kinder und Jugendlichen durften ihre Aggression anfangs hemmungslos entladen. Die Aggressionen nahmen an Intensität zu, denn unbewußt provozierten die Kinder und Jugendlichen die Erzieher zu brutalen Reaktionen. Durch Nichtbeachtung und gewaltlose Reaktion kam es aber zum Wutweinen bei den Kindern und Jugendlichen.

»Wenden nun die Erzieher verschärfte Zucht an, so machen sie es wie die anderen, mit denen die Kinder in Konflikt stehen, und der ohnehin vorhandene Gegenimpuls muß sich verstärken, die Verwahrlosung vertiefen, statt behoben zu werden« (ebd., 147).

Aufgabe der Erziehung war nach Aichhorn, das richtige Maß an Versagungen zu vermitteln (ebd., 178). Diese Versagungen konnten aber erst einsetzen, wenn die Kinder und Jugendlichen eine positive

Beziehung (positive Übertragung) zu den ErzieherInnen aufgebaut hatten, zum Beispiel nach der Phase des Wutweinens. Das wichtigste Hilfsmittel in der Erziehung aggressiver Kinder und Jugendlicher war bei Aichhorn die positive Übertragung, die durch ein lustbetontes Milieu und die liebevolle Haltung der Erzieher hergestellt werden sollte. Die Erzieher sollten sich als Objekt der Identifizierung anbieten und so eine Veränderung des Ich-Ideals bewirken (ebd., 199).

»Die Behebung der Verwahrlosung ist… letzten Endes ein libidinöses Problem, das heißt, das Wichtigste bleiben die Gefühlsbeziehungen des Zöglings zum Erzieher, oder allgemeiner gesagt, zu den Personen seiner Umgebung« (ebd., 133).

Aichhorn wollte in seiner Arbeit mit aggressiven Kindern durch Identifizierungen und allmähliche Konfrontation mit dem Realitätsprinzip das Ich der Kinder stärken und damit aggressives Verhalten hemmen. Voraussetzung für Identifizierung war nach dem triebtheoretischen Modell die libidinöse Besetzung äußerer Objekte, zum Beispiel der Erzieher. Diese libidinöse Besetzung (positive Übertragung) wollte Aichhorn durch ein lustbetontes Milieu fördern. Im Mittelpunkt seiner Pädagogik stand nicht die Katharsis, wie vielfach mißverstanden, sondern die Stärkung des Ich (vgl. ebd., 164).

Da aber die Triebtheorie die Arbeit des Ich nicht genügend differenzieren konnte, entwickelte sich bereits in den 30er Jahren (mit den späten Arbeiten Freuds, mit den Arbeiten von Anna Freud [1936] und Heinz Hartmann [1939]) die sogenannte Ichpsychologie.

Anstelle der Triebkonflikte traten nun die Störungen in der Entwicklung der Persönlichkeitsstruktur, bestehend aus den Instanzen Es, Ich und Über-Ich, in den Vordergrund. Vor allem das Ich und die Störungen seiner zentralen Funktionen rückte in den Mittelpunkt des Interesses. Zentrale Funktionen sind dabei die Realitätsprüfung, Denken, Wahrnehmung, Sprache und die Organisation von Abwehrmechanismen sowie das Errichten eines Reizschutzes nach innen, den Trieben gegenüber, als auch eines Reizschutzes nach außen, der Umwelt gegenüber. Das Ich reguliert Triebkonflikte, regelt aber auch die Anpassung an die Außenwelt. Das Ich entwickelte sich in der Ichpsychologie nicht mehr nur aufgrund von Triebkonflikten, sondern auch durch Reifungsprozesse und Erfahrungen.

Redl und Wineman gründeten ihre Arbeit mit aggressiven Kindern auf den Theorien der Ichpsychologie. Ihre Arbeiten erschienen in den USA in den Jahren 1951, 1952 und 1966. Ich beziehe mich hier auf die mir vorliegenden deutschen Ausgaben.

Redl und sein Mitarbeiter Wineman gründeten 1946 das »Pioneer House«, in dem sie mit aggressiven Jungen im Alter von acht bis elf Jahren arbeiteten. Die Jungen kamen alle aus Familien der unteren Einkommensgruppen und hatten durchschnittliche Intelligenz. Bereits nach 19 Monaten mußte das Projekt aufgrund finanzieller Schwierigkeiten wieder aufgegeben werden. Trotzdem kann das »Pioneer House« als eines der wichtigsten Projekte einer psychoanalytischen Pädagogik betrachtet werden.

Nach Redl und Wineman (1984, 29) leiden aggressive Kinder an spezifischen Störungen des Ich und Über-Ich. Haß und Aggression sind ihrer Ansicht nach ein Nebenprodukt ihrer Pathologie, ein »Rauchvorhang« (ebd., 29), hinter dem sich ihre gestörte Persönlichkeit verbirgt.

»Um herauszubekommen, wie man sie heilen kann, müssen wir uns daher zunächst ein wirklich gründliches Bild davon machen, was diese Ich-Störung und Fehlentwicklungen des Über-Ichs sind, welche Ich-Funktionen noch intakt und welche gestört sind, und wir müssen auch genau wissen, welche Abwehrmechanismen sie entwickelt haben, um sich gegen die Einwirkungen ihrer Umwelt zu wehren. Erst nachdem man einen solchen ›anatomischen Lageplan‹ der Stellen gemacht hat, an denen ihre Ich-Störungen sitzen, und nachdem man die Pathologie ihres Über-Ich hinreichend erforscht hat, kann man mit dem Entwerfen eines planvollen Angriffs auf die Triebstörung beginnen, die auch sie plagen. Kurz gesagt, bei diesen Kindern braucht man einen Plan zur Unterstützung und Stärkung ihrer geschädigten Ich-Funktionen und einen gegen Wahnvorstellungen wirksamen Plan, um ihre Abwehr aufzulösen, bevor man auch nur irgendwelche der bekannten Therapiemethoden an ihnen ausprobieren kann« (ebd., 30).

Redl und Wineman schreiben über das Ich, das seine Aufgaben nicht erfüllen kann, es äußere sich etwa in der geringen Frustrationstoleranz, in der Panik angesichts neuer Situationen, im Zusammenbruch angesichts von Schuldgefühlen, in der leichten Erregbarkeit durch die Gruppe und anderen Verhaltensweisen (ebd., 75 ff.).

Bei delinquenten Handlungen habe das Ich wiederum eigene Strategien entwickelt, zum Beispiel die Suche nach Unterstützung durch andere Kinder, um Schuldgefühle zu vermeiden, sowie die Abwehr von Veränderungen der delinquenzfördernden Lebens- und Umweltbedingungen (ebd., 145 ff.).

Das Über-Ich der Kinder ist nach Redl und Wineman ebenfalls gestört; in einigen Bereichen besteht es aus Identifizierungen mit einer delinquenten Umwelt, in anderen Bereichen sind Identifizierungen fehlgeleitet oder unterentwickelt (ebd., 211).

So muß nach Redl und Wineman das Ich der Kinder gestärkt und eine Identifizierung mit den Wertvorstellungen der Gesellschaft erreicht werden. Alle pädagogischen und therapeutischen Maßnahmen sollen Kontrollen von innen erzeugen, das Ich unterstützen bzw. gestörte Ich-Funktionen wiederherstellen helfen.

»Kurz gesagt, Ich-Unterstützung und Wiederherstellung des Ichs müssen Hand in Hand gehen mit einem ›chirurgischen Eingriff‹ in die Wertvorstellungen und einer Wiederherstellung des Über-Ichs« (ebd., 214 f.).

Die ichpsychologische Sicht Redls und Winemans hatte nun Konsequenzen für das therapeutische Vorgehen, aber ihrer Meinung nach noch wichtiger waren die Folgerungen für den erzieherischen Umgang mit dem Verhalten. Es bedarf nach Redl und Wineman eines speziellen Heim-Klimas (z. B. Gewähren von Befriedigung durch Freizeit und liebevolle Zuwendung), einer Programmgestaltung zur Ich-Unterstützung (strukturierte Freizeitprogramme) und der therapeutischen Nutzbarmachung von Ereignissen des täglichen Lebens (ebd., 36 ff.).

In »Steuerung aggressiven Verhaltens beim Kinde« beschreiben Redl und Wineman (1986) 17 »antiseptische« Techniken zur Ich-Unterstützung, z. B. Kontrolle durch körperliche Nähe und Berührung, vorbeugendes Eingreifen durch Signalisieren, affektive Zuwendung, Wiedergutmachungsmaßnahmen zur Verminderung von Schuldgefühlen und Aggressionen, Interpretation durch Umstrukturierung der Realität oder auch den sogenannten »antiseptischen« Hinauswurf bei physischer Gefahr, bei Reizung durch gruppenpsychologische Prozesse oder als Maßnahme zum »Einmassieren« von Grenzen. Voraussetzung für einen »antiseptischen« Hinauswurf war, daß ein Erzieher beim Kind blieb, daß eine Strukturierung und Kontrolle des nachfolgenden Programms erfolgte und daß die nachträglichen Affekte aufgefangen wurden, z. B. durch ein Gespräch mit dem Direktor in dessen Zimmer.

Von besonderer Bedeutung, als Bindeglied zwischen Therapie und therapeutischem Milieu, ist bei Redl das »Life Space Interview«.

»Jede Anwendung einer umfassenden Milieutherapie, als Unterstützung der Individualtherapie oder für sich allein durchgeführt, wird mit den Kenntnissen und dem Geschick stehen oder fallen, mit dem die Erzieher, Lehrer oder Therapeuten im Leben der Kinder die Aufgaben des ›Life Space Interview‹ erfüllen« (1974, 53).

Das »Life Space Interview« soll Ereignisse aus dem alltäglichen Leben therapeutisch auswerten und sofortige emotionale Erste Hilfe leisten. Zur therapeutischen Auswertung von Ereignissen aus dem alltäglichen Leben gehört (ebd., 53 ff.):

– *Das Einmassieren des Realitätsprinzips.* Da aggressive Kinder oft fast wahnhafte Fehleinschätzungen der Umwelt haben, kann Realität an Ort und Stelle »einmassiert«, d. h. erfahrbar gemacht werden.
– *Das Entfremden von Symptomen.* Aggressive Kinder ziehen oft sekundären Gewinn aus ihren Symptomen. Es ist Aufgabe des »Life Space Interviews«, ihnen zu zeigen, daß sich das pathologische Verhalten nicht bezahlt macht. Dies geschieht nicht nur verbal, sondern auch durch die Handlung der Erzieher.
– *Die Wiederbelebung eingeschlafener Wertgefühle.*
– *Das Anbieten neuer Anpassungstechniken.* Es reicht nicht, dem Kind nur die Unangemessenheit seiner Anpassungstechnik zu zeigen, sondern es sollen ihm auch neue gezeigt werden.

– *Die Erweiterung der Grenzen des Selbst.* Ermutigung, Einprägen eines Gefühles von Würde und Stolz sind nach Redl auch Teil des »Life Space Interview«, da die Kinder eine gestörte Einstellung zum Selbst haben, zwischen Mutlosigkeit und größenwahnsinnigen Vorstellungen schwanken.

Als emotionale »Erste Hilfe« nennt Redl das Ablassen von Frustration, Unterstützung bei der Bewältigung von panischer Angst, Wut und Schuldgefühlen, Aufrechterhaltung der Kommunikation bei drohendem Abbruch der Beziehungen, Regulierung von Verhaltensabläufen und sozialen Beziehungen, schiedsrichterliche Hilfe bei schwierigen Entscheidungen und risikoreichen Abmachungen (ebd., 59 ff.).

Das Gespräch selbst soll verschiedene Strategien und Techniken berücksichtigen; beispielsweise soll es sich auf ein zentrales Thema beschränken, das Thema soll klar sein und Ich-nah und vor allem soll der Zeitpunkt richtig gewählt sein, also nicht direkt in dem Augenblick etwa, in dem das Kind in seine begehrte Turnstunde gehen möchte.

Ein Beispiel für ein »Life Space Interview« zwischen dem Direktor des »Pioneer Houses« und Bill:

*Direktor:* Nun Bill, es tut mir leid, zu hören, daß du heute während des Unterrichts nach Hause geschickt werden mußtest. Wie kam das?

*Bill:* Dieser verdammte Lehrer – was fällt dem bloß ein, mich herumzuschubsen, mich auf meinen Stuhl zu drücken und so.

*Direktor:* Was hat er mit dir gemacht?

*Bill:* Ach, er kam auf mich zu, packte mich und warf mich raus auf den Gang.

*Direktor:* Warum hat er das getan?

*Bill:* Woher soll ich denn wissen, warum er das getan hat?

*Direktor:* Was ich meine ist: Hatte er einen Grund dafür, sich dir gegenüber so zu verhalten?

*Bill:* Zum Teufel, natürlich nicht.

*Direktor:* Es fällt mir schwer, zu verstehen, warum dein Lehrer ganz plötzlich so auf dich zukommt, dich packt und dich aus der Klasse wirft.

*Bill:* Er hat's eben getan.

*Direktor:* Bill, ich sage nicht, daß er es nicht getan hat. Was ich herauszufinden versuche, ist, ob er irgendeinen Grund dafür gehabt hat. Fällt dir irgend etwas ein, das zur gleichen Zeit geschehen ist und das alles erklären könnte?

*Bill:* Nein.

*Direktor:* Schau Bill, es macht einfach keinen Sinn, daß dein Lehrer dir das aus heiterem Himmel antut. Irgend etwas muß passiert sein.

*Bill:* Dieser verdammte Joe (ein Kind aus der Klasse) fing an, an meinen Schulsachen herumzumachen. Ich sagte ihm gerade, er soll abhauen, und da kam K. (Lehrer) auf mich zu und zieht mich raus auf den Gang.

*Direktor:* Das ist alles, was passiert ist?

*Bill:* Ja.

*Direktor:* Ging Joe weg, als du es ihm sagtest?

*Bill:* Was?

*Direktor:* Hat Joe deine Sachen in Ruhe gelassen, nachdem du ihn dazu aufgefordert hattest?

*Bill:* Zum Teufel, nein. Deshalb habe ich ihn geschubst, und er kam trotzdem zurück. Dann habe ich ihm eine in die Fresse gegeben, und er fing an zu heulen.

*Direktor:* Und was geschah dann?

*Bill:* K. kam her und sagte zu mir, ich soll damit aufhören. Er sagte, ich soll mich hinsetzen.

*Direktor:* Hast du's getan?

*Bill:* Ich sagte, ich würde nicht zulassen, daß dieser blöde Joe mit meinen Sachen rummacht; und K. sagte, ich soll mich hinsetzen.

*Direktor:* Hast du's getan?

*Bill:* Was getan?

*Direktor:* Dich hingesetzt.

*Bill:* Ja.

*Direktor:* Warum hast du dann vorhin gesagt, er hat dich auf den Stuhl gedrückt?

*Bill:* Er hat's getan.

*Direktor:* Ich dachte, du hast gerade gesagt, daß du dich freiwillig hingesetzt hast, als er dich darum bat. Wenn du es getan hast, warum hätte er dich dann auf den Stuhl drücken sollen?

*Bill:* (Schweigen)

*Direktor:* Irgend etwas stimmt hier nicht, Bill.

*Bill:* Nun, als er auf mich zu kam, sagte er, ich soll Joe in Ruhe lassen; und ich sagte, ich würde es nicht zulassen, daß er mit meinen Sachen rummacht.

*Direktor:* Und was geschah dann?

*Bill:* Er sagte: »Setz dich hin, und ich kümmere mich darum.« Ich sagte, er soll besser von hier verschwinden.

*Direktor:* Wo war Joe zu dieser Zeit?

*Bill:* Wieder auf seinem Platz.

*Direktor:* Warum dann die ganze Aufregung?

*Bill:* Ich wollte sichergehen.

*Direktor:* Sicher wegen was?

*Bill:* Daß er nicht zurückkommen würde. K. sagte: »Setz dich hin.« Deshalb sagte ich, ich setze mich nicht hin, wenn der Joe nicht von meinen Sachen wegbleibt.

*Direktor:* Was geschah dann?

*Bill:* K. sagte: »Setz dich hin.«

*Direktor:* Und dann?

*Bill:* Er setzte mich hin.

*Direktor:* Was geschah dann?

*Bill:* Ich sagte: »Laß mich los, du Arschloch.«

*Direktor:* Und dann?

*Bill:* Er nahm mich mit raus in den Gang und sagte, ich darf nicht so zu ihm sprechen. Und dann rief er hier an, und der Counselor kam mich abholen.

*Direktor:* Mit anderen Worten, du hast dich geweigert, dich hinzusetzen und mit dem Streit aufzuhören.

*Bill:* Ja.

*Direktor:* Und als K. dich hinsetzte, hast du ihn beschimpft, wo alle dabei waren.

*Bill:* Ja.

*Direktor:* Warum?

*Bill:* Warum sollte ich zulassen, daß der blöde Joe meine Sachen versaut?

*Direktor:* Hat er es immer noch gemacht?

*Bill:* Nein.

*Direktor:* Warum hast du dann deswegen den Lehrer beschimpft?

*Bill:* (Schweigen)

*Direktor:* Das war nicht der Grund, weshalb du ihn beschimpft hast, nicht wahr?

*Bill:* Was meinst du damit?

*Direktor:* Nun, wie kann das der Grund sein, wenn Joe gar nichts mehr machte?

*Bill:* (Schweigen)

*Direktor:* In Wahrheit hast du K. beschimpft, weil er darauf bestand, daß du dich hinsetzt. Er hat nicht gesagt, es sei in Ordnung, daß Joe deine Sachen versaut – oder?

*Bill:* Nein.

*Direktor:* Aber du hast es ihm vor der ganzen Klasse gegeben, weil er dich hingesetzt hat, als du dich nicht von selbst hinsetzen wolltest.

*Bill:* Das stimmt.

*Direktor:* Aber ist das richtig?

*Bill:* Er hat kein Recht, mich auf meinen Platz zu setzen. Ich brauche mich nicht hinzusetzen, wenn ich nicht will.

*Direktor:* Nun sag mir mal: Wo glaubst du wohl, könntest du mit solchem Verhalten durchkommen? In welcher Schule könntest du einfach hinter einem Kind herrennen, wenn der Lehrer dir gerade gesagt hat, du sollst auf deinem Platz bleiben?

*Bill:* (Schweigen)

(Aus: Redl, F. u. Wineman, D., *Controls from Within*, New York 1952, 264 ff.; zit. n. Fatke, R. 1988, 133 ff.)

Redl gegenüber erzählte Bill die Ereignisse in der Schule in seiner verzerrten Wahrnehmung: Der Lehrer habe etwas gegen ihn, er habe nichts getan. Redl versucht nun im Gespräch Schritt für

Schritt, Bill die Vorgänge rekonstruieren zu lassen, ohne ihm Schuldgefühle zu machen. Er gab ihm die Möglichkeit, Realität adäquat zu erleben, und glaubte, damit das Ich zu stärken. Das Realitätsprinzip wurde quasi »einmassiert«. Das Entfremden von Symptomen und die Anpassung an die Realität sollte erfolgen, indem Redl ihn zum Schluß fragte: In welcher Schule könntest du ein Kind schlagen und den Lehrer beschimpfen?

Ich denke, daß der ichpsychologische Ansatz Redls und Winemans zu einer Fülle von neuen Möglichkeiten der pädagogischen und therapeutischen Arbeit mit aggressiven Kindern beigetragen hat. Das Ich wird nicht mehr nur durch Identifizierung und einfühlsame Versagungen gestärkt, sondern durch differenzierte und den jeweiligen Abwehrkonstellationen entsprechende pädagogische und therapeutische Maßnahmen. Vor allem auch haben Redl und Wineman gezeigt, daß pädagogische Eingriffe, therapeutische Wirkungen im Sinn von Ich-Stärkung haben und damit richtungsweisende Schritte für eine psychoanalytische Pädagogik aufgezeigt.

Das Problem der ichpsychologischen Orientierung Redls und Winemans scheint mir aus heutiger Sicht zu sein, daß mit der Konzentration auf die Arbeit des Ichs, die Bedeutungen von Identifizierung, Übertragung und Gegenübertragung aus dem Blick gerückt wurden und die Anpassung an die Realität bei ihnen zu stark im Mittelpunkt stand. Konnte die Triebpsychologie Aichhorns die Arbeit des Ich nicht differenziert genug beschreiben, so gingen mit der ichpsychologischen Sicht Redls und Winemans wichtige Aspekte der Beziehung verloren. Zwar ist für Redl die liebevolle, konstante Zuwendung als Milieu wichtig, im Mittelpunkt der Arbeit stehen aber das Ich und die Anpassung an die Realität.

Obwohl Redl und Wineman selbstverständlich das Verhalten der Kinder als Übertragung erkennen, sind die Ausführungen zur Übertragung nicht zufällig auf wenige Seiten in nur einem der drei Bücher (1984, 217 ff.) beschränkt. Gegenübertragung wird bei Redl und Wineman nicht erwähnt. Ich frage mich oft beim Lesen der Arbeiten Redls und Winemans, ob die stark medizinisch ausgerichteten Begriffsbezeichnungen »einmassieren«, »chirurgischer Eingriff«, »anatomischer Lageplan des Ichs« etc. ein Ausdruck von Abwehr sind, ein Versuch, Distanz zu halten, da aggressive Kinder ja heftigste, oft extrem aggressive Gefühle bei Therapeuten und Erziehern hervorrufen. Da Redl und Wineman immer wieder von »antiseptischen« Maßnahmen sprechen, frage ich mich, ob sie unbewußt Angst vor Ansteckung und damit Kontrollverlust hatten, diese Angst durch eine medizinische Betrachtung des Ichs abwehrten? Gerade die heftigen Gefühlsreaktionen von Pädagogen und Therapeuten in der Arbeit mit aggressiven Kindern und Jugendlichen weisen auf die Notwendigkeit hin, neben der Arbeit am Ich auch die Prozesse von Übertragung und Gegenübertragung zu reflektieren. Mit der Entwicklung der Selbstpsychologie und Objektbeziehungstheorie innerhalb der psychoanalytischen Theorie rückte die Reflexion von Übertragung und Gegenübertragung, die Selbstreflexion der Therapeuten, wieder stärker in den Mittelpunkt.

## 2. Aggression aus Sicht der Selbstpsychologie und Objektbeziehungstheorie

Da der Ich-Begriff des Freudschen Strukturmodells und das damit verbundene Konfliktmodell viele psychische Phänomene nicht erklären konnte, führte 1950 Hartmann im Rahmen der Entwicklung der Narzißmustheorie den Begriff des Selbst ein. Nach Hartmann bezeichnet das Selbst die Gesamtheit der leibseelischen Persönlichkeit bzw., psychoanalytisch gesprochen, die Gesamtheit der Selbstrepräsentanzen. Interaktionen schlagen sich innerseelisch in sogenannten Selbst- und Objektrepräsentanzen (Vorstellungen vom Selbst und dem äußeren Objekt während der Interaktion) nieder. Das Ich definierte Hartmann als ein Teilgebiet der Persönlichkeit, das durch seine Funktionen bestimmt wird (vgl. Fetscher 1981, 616).

Fetscher (1981) sieht in Anlehnung an Hartmann das Ich als Organ des Selbst, dem wesentliche Funktionen der Wahrnehmung nach außen und innen zukommen. Das Ich ist ein System geordneter Funktionen. Der durch die Funktion erfaßte Inhalt, das Gefühl, die Vorstellung, wird dem Selbst zugeordnet.

»Für die psychoanalytische Definition des Selbst ist entscheidend

seine Vertretung durch Vorstellungsbilder im inneren Wahrneh-
mungsraum, in dem es die Gesamtheit der Selbstrepräsentanzen
umfaßt. Das Ich hingegen ist in unserem Sinne ein Organ des Selbst
und im vorliegenden Zusammenhang insbesondere ein Organ der
Wahrnehmung und Synthese, welchem im inneren Wahrneh-
mungsraum eine eigene Vorstellungsrepräsentanz nicht zukommt.
Das Ich nimmt das Selbst und die Objekte, aber nicht sich selbst
wahr. Damit ergibt sich eine klare Aufgliederung in das Selbst bzw.
seine Repräsentanzen einerseits und das Ich andererseits. Von allen
psychischen Gegebenheiten, die dem Selbst zugerechnet werden
sollen, muß verlangt werden, daß sie durch vorstellungsmäßige (be-
wußte oder unbewußte) Repräsentanzen ausgezeichnet seien. Das
Ich wird allein definiert durch seine Funktionen« (ebd., 632f.).

Die Frage ist nun, in welchem Zusammenhang das Selbst, das Ich
und die Aggression stehen.

Die Selbstpsychologie etabliert sich als relativ eigenständiges
Theoriegebäude innerhalb der psychoanalytischen Theorie vor allem durch die Arbeiten von Kohut in den 70er Jahren.

Nach Kohut (1973) befindet sich der Säugling nach der Geburt im
Stadium des primären Narzißmus, einer Art paradiesischem Pri-
märzustand. Durch intensive Bemutterung erlebt sich der Säugling
dann als mit der Mutter verschmolzen. Mit etwa vier Monaten beginnt die Wahrnehmung des von der Mutter Getrenntseins. Je insta-
biler das Kind Umwelt erfährt, desto größer sind Ängste, Gefühle
von Hilflosigkeit und Ohnmacht beim Erleben der Getrenntheit.
Das Kind hat nun zwei Möglichkeiten, die Angst, Hilflosigkeit und
Ohnmacht zu überwinden. Der eine Weg ist die Entwicklung von
Vorstellungen eigener Grandiosität (Größen-Selbst). Dabei ist
wichtig, daß die Eltern diese Grandiosität widerspiegeln – Kohut
spricht vom »Glanz im Auge der Mutter«, weil es die Ängste bewältigen hilft. Der andere Weg der Bewältigung ist die Idealisierung der
Eltern (idealisierte Elternimago). Die Vorstellungen vom Selbst und
von den Eltern müssen dann allmählich realistisch werden. Einfühlsame Versagungen durch die Umwelt fördern diesen Prozeß.

Aggression als Trieb ist nach Kohut (1981, 108) nicht-destruktiv
und dient der Unterscheidung von Selbst und Umwelt. Elementare

nicht-destruktive Aggression steht im Dienste der Etablierung eines rudimentären Selbst. Nicht-destruktive Aggression ist Teil der Selbstbehauptung, sie wird mobilisiert, wenn optimale Frustrationen dazu führen, daß das Selbst sich von der Umgebung abgrenzen muß. Die Aufgabe dieser nicht-destruktiven Aggression ist auch, die Herrschaft über Selbst-Objekte zu sichern (1975, 243 f.). Selbst-Objekte sind bei Kohut äußere Personen, die vom Kind noch nicht als unabhängig von seinem Selbst wahrgenommen werden können und welche die Aufgabe haben, durch Spiegelung das Selbst des Kindes zu stärken. Diese nicht-destruktive Aggression hat nach Kohut eine eigene Entwicklungslinie, sie entwickelt sich nicht aus primärer Zerstörungslust, die erzieherisch beeinflußt wird, sondern sie entwickelt sich aus primitiven Formen nicht-destruktiver Aggression zu reiferen Formen der Selbstbehauptung, in der Aggression der Erfüllung von Aufgaben zugeordnet ist (1981, 111 f.).

Wenn jedoch das phasengerechte Bedürfnis nach allmächtiger Kontrolle über das Selbst-Objekt in der Kindheit chronisch und traumatisch frustriert wurde, dann entsteht chronische narzißtische Wut mit all ihren verderblichen Folgen (ebd., 111). Unversöhnliche narzißtische Wut kommt auf, wenn die Kontrolle über das widerspiegelnde Selbst-Objekt verlorengeht oder wenn das allmächtige Selbst-Objekt nicht verfügbar ist (1975, 234). Narzißtische Wut ist nach Kohut erbarmungslose, heftigste Aggression, die die Funktion hat, Spiegelung und die Kontrolle über den anderen zu sichern, da er sich als unzuverlässig erwiesen hat.

Destruktivität ist nach Kohut (1981, 108) nicht die Manifestation eines primären Triebes, sondern ein Desintegrationsprodukt, das sekundär entsteht durch das Versagen der Selbst-Objekt-Umgebung, die dem Bedürfnis nach optimaler empathischer Reaktion nicht entspricht. Destruktive Wut (narzißtische Wut) ist immer durch eine Verletzung des Selbst motiviert, d. h. sekundär.

»Die Grundlinie des aggressiven Verhaltens ist nicht das wütenddestruktive Baby – es ist von Anfang an das sich selbst behauptende Baby, dessen Aggressionen ein Bestandteil der Festigkeit und Sicherheit sind, mit der es seine Forderungen an Selbstobjekte stellt, die ihm eine Umgebung (durchschnittlich) empathischen Widerhalls verschaffen. Obwohl traumatische Empathiebrüche (Verzögerungen) natürliche Erfahrungen sind, denen jedes Kleinkind unweigerlich ausgesetzt ist, ist die vom Baby gezeigte Wut nicht primär. Die primäre psychologische Konfiguration, so kurzlebig sie auch ist, enthält keine destruktive Wut, sondern unvermischte Selbstbehauptung; das darauffolgende Zerbrechen der größeren psychologischen Konfiguration isoliert die selbstbehauptende Komponente und verwandelt sie dabei sekundär in Wut« (ebd., 109 f.).

Narzißtische Wut versklavt das Ich und erlaubt ihm nur, als Handwerkszeug und Rationalisierer tätig zu werden. Aggression hingegen steht unter der Kontrolle des Ich, und der Grad der Neutralisierung wird vom Ich in Übereinstimmung mit den Zwecken, für die sie eingesetzt wird, reguliert (1975, 235).

Nach Kohut (ebd., 240) geht es bei aggressiven Jugendlichen nicht darum, narzißtische Wut in konstruktive Aggression umzuformen oder Ich-Kontrollen zu errichten, sondern darum, die psychische Struktur zu verändern, aus der die narzißtische Wut entspringt.

Es geht beispielsweise nicht darum, Sportmöglichkeiten anzubieten, um zielgehemmte Triebabfuhr zu ermöglichen, sondern das Selbstwertgefühl zu stärken und idealisierte Selbst-Objekte anzubieten. So können institutionalisierte Sportmöglichkeiten die aggressiv-destruktive Neigung von Jugendlichen verringern, nicht weil ein Ventil für einen Trieb geliefert wurde, sondern aufgrund der Erhöhung des Selbstwertgefühls, die daher rührt, daß ein elterliches Selbst-Objekt (die Regierungsstelle) sich für junge Menschen interessiert, daß die Selbst-Kohärenz des Körpers durch sportliches Können gesteigert wird und daß idealisierte Figuren (Sport-Idole) angeboten werden. Es kommt zur Festigung des Selbst der Jugendlichen und damit sekundär zu einer Verrringerung der diffusen narzißtischen Wut (1981, 119).

Aus der Sicht Kohuts muß eine an der Psychoanalyse orientierte Pädagogik nicht auf eine Stärkung des Ich, sondern auf eine Stärkung des Selbst zielen.

Das Konzept der narzißtischen Wut erklärt eine Form von Aggression. Es reicht aber als umfassendes Aggressionsmodell nicht aus. Einen weiteren Beitrag zum Verstehen aggressiven Verhaltens leistet die Objektbeziehungstheorie, die neben der Selbstpsychologie besteht und dieser in einigen Annahmen, speziell auch in der Aggressionstheorie, widerspricht.

Melanie Klein kann als die erste Vertreterin einer Objektbeziehungstheorie gesehen werden, da sie schon in den 40er und 50er Jahren eine Theorie innerer Objekte aufgestellt hat (vgl. Kernberg 1988, 22). Sie ist jedoch – im Gegensatz zu Kernberg oder Jacobson – betont trieborientiert und sieht in Anlehnung an Freud den Todestrieb als Grundlage der Aggression.

Lebens- und Todestriebe sind nach Klein von Geburt an wirksam und finden ihren Ausdruck in Phantasien. Orale Aggression drückt sich nach Klein zum Beispiel in sadistischen Phantasien aus. Oraler Sadismus hat das Ziel, sich den Inhalt des Mutterleibes – und die Dinge und Objekte der Außenwelt als Mutterleib im weiteren Sinne – anzueignen und mit Sadismus zu zerstören. Sadismus ist bei ihr eine wichtige Bedingung für die Fähigkeit zur Introjektion und damit Voraussetzung für den Aufbau innerer Objekte (1972, 31).

Innere Objekte entsprechen den wirklichen Erfahrungen und Eindrücken, die das Kind von Menschen und äußerer Welt gemacht hat, sind aber durch eigene Phantasien und Triebe des Kindes verändert (ebd., 75).

Da aggressive und libidinöse Triebe und Phantasien auf das äußere Objekt projiziert werden und dieses dann wieder introjiziert, entstehen innere Bilder (Imagines), die stark durch die eigenen Triebe bestimmt sind. Obwohl Klein die realen Erfahrungen bei der Bildung der inneren Objekte beteiligt sieht, mißt sie den triebbestimmten Phantasien jedoch größere Bedeutung bei.

Äußere Objekte, die libidinös oder aggressiv besetzt sind, sind nach Klein zunächst primitive Objekte, Teilobjekte, die später zu Ganzobjekten werden. Teilobjekte sind einerseits Teilaspekte realer Personen, z. B. die Brust der Mutter, die vom Kleinkind so wahrgenommen werden, als ob sie das Objekt wären, andererseits sind Teilobjekte auch Personen, die unter dem Einfluß der Projektion reiner Aggression oder Libido verzerrt und unrealistisch wahrgenommen werden, so daß sie nur gut oder nur böse erscheinen.

Auf der frühesten Stufe, Klein spricht von der paranoid-schizoiden Position, besteht Angst vor dem Todestrieb, vor den verfolgenden Objekten, auf welche die eigene Aggression projiziert ist, werden Spaltungsmechanismen, Verleugnung und Omnipotenzgefühle, letztere ermöglichen Verleugnung, zur Abwehr eingesetzt (ebd., 80, 107).

Bei der Entwicklung von der Teilobjekt-Beziehung zur Ganzobjekt-Beziehung, bei fortschreitender Organisation des Ichs werden die Imagines immer realistischer (ebd., 48).

Die sich entwickelnden kognitiven Funktionen führen dazu, daß das Kind erkennen muß, daß die guten und bösen Objekte Aspekte ein und derselben Person sind. Das Kind erreicht die depressive Position. Kognitive Reifung, Abnahme der Angst vor eigenen Aggressionen sowie gute Erlebnisse mit der Mutter fördern die Auflösung der paranoid-schizoiden Position. Die Vorgänge der depressiven Position sind nach Klein: Wiedergutmachung, Ambivalenz und Dankbarkeit.

Aggression wandelt sich in Schuldgefühle, wenn die Fähigkeit zur Integration guter und böser innerer Bilder erreicht ist, das Ertragen des Ambivalenzkonfliktes möglich ist, denn nun richten sich Aggressionen gegen ganze Objekte und damit auch gegen die guten Anteile (ebd., 127). Aus dem Schuldgefühl entsteht der Drang, den Schaden wiedergutzumachen. Nach Klein ist es wahrscheinlich, daß depressive Angst, Schuldgefühle und die Wiedergutmachungstendenz nur dann erlebt werden, wenn Liebesgefühle für das Objekt die destruktiven Regungen überwiegen (ebd., 137f.). Vertrauen in das gute Objekt fördert die Integration des Ichs und die Synthese des Objektes (ebd., 150). Dankbarkeit verstärkt die Liebe zum äußeren Objekt. Dankbarkeit und Wiedergutmachung verstärken sich gegenseitig und steigern die Fähigkeit, anderen zu vertrauen, und die Fähigkeit, Liebe zu geben und zu empfangen.

Die bessere Anpassung an die Realität, seine Beziehung zu den realen Eltern ist dem Kind eine große Hilfe gegenüber den phantasierten Imagines. Während in der frühen Entwicklungsstufe die aggressiven Phantasien gegen Eltern und Geschwister Angst hervorriefen – vor allem Angst, jene Objekte könnten sich gegen das Kind selbst wenden –, bilden nun diese Aggressionen die Grundlage für

Schuldgefühle und den Wunsch nach Wiedergutmachung (1985, 103).

Aggressives Verhalten ist bei Klein Ausdruck übermäßiger Spaltung und besonders intensiver aggressiver Phantasien, die zur Vorherrschaft besonders grausamer innerer Objekte führen. Bei Klein sind die ersten Introjektionen bereits die ersten Über-Ich-Bildungen. Die Über-Ich-Bildung fällt bei Klein mit der ersten oralen Objektintrojektion zusammen (ebd., 92).

»Das kleine Kind hat zunächst aggressive Triebregungen und Phantasien gegenüber seinen Eltern, projiziert sie dann auf diese, wodurch es ein phantasiertes und verfälschtes Bild seiner familiären Umwelt entwickelt. Da der Mechanismus der Introjektion jedoch gleichzeitig arbeitet, werden diese phantasierten Imagines internalisiert mit dem Ergebnis, daß sich das Kind in seiner Phantasie von gefährlichen und grausamen Eltern beherrscht fühlt –: das eigene Über-Ich im Kind« (ebd., 103).

Diese aggressiven inneren Objekte führen dann zu einem Kreislauf von Angst und Aggression.

»Ich habe beobachtet, daß der Zeitpunkt der kindlichen Über-Ich-Bildung mit der ersten oralen Objektintrojektion zusammenfällt. Das Kind wird von der Furcht beherrscht, sowohl von seinen realen Objekten wie auch von seinem Über-Ich in unvorstellbar grausamer Weise angegriffen zu werden, weil die auf solche Weise gebildeten Imagines mit allen Attributen eines dieser Entwicklungsstufe entsprechend starken Sadismus ausgestattet sind und weil sie noch einmal auf die Objekte der Außenwelt projiziert werden. Seine Angst bewirkt eine Zunahme seiner sadistischen Impulse, die es drängen, die feindlichen Objekte zu zerstören, um deren heftigen Angriffen zu entkommen. Damit beginnt ein circulus vitiosus: Die Angst, welche das Kind zwingt, seine Objekte zu zerstören, führt zu verstärkter eigener Angst, die ihrerseits nun das Kind drängt, gegen seine Objekte vorzugehen; es setzt ein psychologischer Mechanismus ein, der meines Erachtens die Grundlage für asoziale und kriminelle Tendenzen im Individuum bildet. Daher müssen wir annehmen, daß die Verantwortung für das Verhalten asozialer und krimineller Personen in der außerordentlichen Strenge und übermächtigen Grausamkeit des Über-Ich liegt und nicht etwa in dessen Schwäche oder gar seinem Fehlen, wie man gewöhnlich annimmt« (ebd., 92 f.).

Aggressives Verhalten ist bei Klein somit Produkt aggressiver Impulse, die in Form von Reintrojektionen Angst erzeugen, was wiederum die Aggression erhöht. Die versagenden Umwelterfahrungen spielen bei Klein eine weit geringere Rolle als die Phantasien aufgrund der Triebe.

»In den Fällen natürlich, wo Kinder durch lieblose Eltern oder eine ungünstige Umgebung nicht nur in der Phantasie, sondern tatsächlich verfolgt werden, verstärken sich diese Phantasien in hohem Maße. Im allgemeinen aber mißt man einer unzulänglichen Umgebung eine zu große Bedeutung bei und übersieht die intrapsychischen Schwierigkeiten, die nur zum Teil aus einer derartigen Umgebung herrühren« (ebd., 104 f.).

Extreme Aggression und Angst führen zum Beibehalten von Spaltungsmechanismen, was wiederum die Grausamkeit der inneren bösen Objekte nicht abschwächt. Erst die Entwicklung ganzer innerer Objekte führt zu Triebneutralisierung.

»In dem Maße, in dem der Wunsch und die Fähigkeit zur Wiedergutmachung, der Glauben und das Vertrauen des Kindes in seine Umwelt wachsen, wird die Strenge des Über-Ich gemildert und umgekehrt. Aber in all den Fällen, in denen wegen eines stark ausgeprägten Sadismus und aufgrund einer übermächtigen Angst... der circulus vitiosus von Haß, Angst und Zerstörung nicht durchbrochen werden kann, bleibt das Individuum unter dem Druck früher Angstsituationen und behält Abwehrmechanismen bei, die zu dieser frühen Stufe gehören« (ebd., 104).

Erzeugt das Über-Ich in erster Linie Angst, werden heftige Abwehrmechanismen wie Spaltungen im Ich hervorgerufen. Wenn das Über-Ich nicht mehr nur Angst, sondern Schuldgefühle erzeugt, werden jene Abwehrmechanismen tätig, die Grundlage moralischen Handelns sind. Das Kind beginnt Rücksicht zu nehmen.

Kernberg kritisiert an Melanie Klein, daß sie die Entwicklung der inneren Objekte losgelöst von der realen Beziehung zur Mutter betrachtet. Er spricht von »freischwebenden« inneren Objekten bei

Melanie Klein. Durch ihr Verhaftetsein am Triebmodell, noch dazu des spekulativen Todestriebes, weise sie eine pseudobiologische Orientierung auf und unterschätze Umweltfaktoren (Kernberg 1981, 95; 1989a, 118). Sie habe die Entwicklung der inneren Objekte nicht differenziert beschrieben, Selbst- und Objektkomponenten fehlen, und auch deren Bedeutung für das Strukturmodell von Es, Ich und Über-Ich habe sie nicht differenziert genug gesehen. Sie vernachlässige die strukturelle Differenzierung der inneren Objekte in Ich und Über-Ich. Introjektion ist nach Kernberg (1989a, 23) nicht die Konsequenz des oralen Sadismus, sondern durch Ich-Funktionen (Wahrnehmung und Gedächtnis) hervorgerufen. Zudem habe sie die intrapsychische Entwicklung zu stark auf die ersten sechs Monate des Lebens zusammengedrängt (1981, 45 ff., 116).

Ihr Verdienst ist nach Kernberg, daß sie die Bedeutung früher innerer Objekte und die Rolle der Aggression in den Vordergrund gestellt hat. Mit der Betonung früher Abwehrvorgänge, wie Spaltung, Omnipotenz und Verleugnung, mit der Betonung von Projektion und Introjektion, der Entwicklung von der Teilobjektbeziehung zur Ganzobjektbeziehung sowie der Annahme von Über-Ich-Vorläufern hat sie wichtige Grundlagen für eine Objektbeziehungstheorie gelegt (ebd., 45).

Die Mängel der Kleinschen Theorie werden bei Edith Jacobson behoben. Ihr 1964 erstmals erschienenes Buch »Das Selbst und die Welt der Objekte« kann als grundlegende Arbeit der Objektbeziehungstheorie bezeichnet werden.

Edith Jacobson (1973) hat in Verbindung mit Margaret Mahlers (1972) Beobachtungen zur frühen Mutter-Kind-Beziehung wesentliche Grundlagen für die Entwicklung des Selbst und dessen Bedeutung für das Strukturmodell herausgearbeitet.

Jacobson (1973, 24 ff.) zufolge beginnt das intrapsychische Leben als primäres psychophysiologisches Selbst, einem Zustand, in dem Ich und Es ebensowenig getrennt sind wie aggressive und libidinöse Triebe. Die Triebenergie befindet sich anfänglich noch in einem undifferenzierten Zustand und differenziert sich von Geburt an unter dem Einfluß der Stimulierung von außen, des psychischen

Wachstums und der Eröffnung und wachsenden Reifung von Abfuhrwegen nach außen zu zwei Arten von psychischen Triebkräften unterschiedlicher Qualität. Die Umwandlung undifferenzierter psychophysiologischer Energie in zwei qualitativ verschiedene Arten von psychischen Triebkräften sieht Jacobson als psychobiologisch determiniert an. Vorangetrieben wird die Triebentwicklung von inneren Reifungsfaktoren und äußeren Reizen.

Im Verlauf der strukturellen Differenzierung unterliegen libidinöse und aggressive Triebe dann Fusions- und partiellen Neutralisierungsprozessen. Mit diesen neutralisierten Trieben und einem Teil der libidinösen und aggressiven Triebe werden die Systeme Ich und Über-Ich sowie deren Funktionen aufgebaut. Jacobson hält an der Triebdualität von Aggression und Libido fest, allerdings nicht an Freuds Vorstellung vom Todestrieb.

Die erste intrapsychische Struktur besteht aus einer verschmolzenen Selbst/Objekt-Repräsentanz, die sich unter dem Einfluß der Beziehung zwischen Mutter und Kleinkind allmählich entfaltet. Lustvolle Affekte treten als erste Ausdrücke des sich differenzierenden libidinösen Triebes auf, und deren Besetzung in der verschmolzenen Selbst/Objekt-Repräsentanz stellt die erste intrapsychische Libidobesetzung dar. Die libidinöse Besetzung des Selbst und der Objekte ist ursprünglich ein und derselbe Vorgang, da beide miteinander verschmolzen sind. Analog führen unlustvolle Affekte zur aggressiven Besetzung der Selbst/Objektrepräsentanz.

Den frühesten Zustand bezeichnet Jacobson analog zu Freud als primären Narzißmus, welcher der Entwicklung von Selbst- und Objektvorstellungen vorausgehe (Mahler: autistische Phase). Während der anschließenden symbiotischen Phase (Mahler) mit der Mutter, etwa bis zum sechsten Lebensmonat, kommt es zur Festigung der Selbst/Objektrepräsentanz. Mit der Trennung und Loslösung aus der symbiotischen Beziehung zur Mutter differenzieren sich Selbst- und Objektrepräsentanzen.

Leidvolle Erlebnisse führen zu aggressiv besetzten Selbst- und Objektrepräsentanzen. Aggressiv besetzte Repräsentanzen werden durch Verleugnung und Projektion abgewehrt. Wie bei Klein führen bei Jacobson diese projizierten bösen Selbst- und Objektrepräsentanzen zur Reintrojektion verzerrter grausamer Bilder der Eltern und bilden Vorläufer des Über-Ich (erste Schicht des Über-Ich).

Der nächste Entwicklungsschritt ist die schrittweise Integration guter und böser Selbstrepräsentanzen und die Integration guter und böser Objektrepräsentanzen. Während der Phase der Loslösung und Individuation (im dritten Lebensjahr) sollten die integrierten inneren Bilder zu Objektkonstanz und Selbstkonstanz führen, d. h. zu realistischen Vorstellungen vom Selbst und äußeren ganzen Objekten.

Je realistischer Selbst- und Objektrepräsentanzen durch die Prozesse der Integration werden, desto mehr richtet das Kind ideale Selbst- und Objektrepräsentanzen im Ich-Ideal auf (während des 2. und 3. Lebensjahres). Diese idealen Aspekte sind Ausdruck des Wunsches nach Wiederherstellung der idealen Beziehung zur Mutter. Im Gegensatz zu früheren Phasen beruhen die idealen Aspekte im Ich-Ideal nicht mehr auf Verleugnung der gegensätzlichen Aspekte. Es sind reifere und verfeinerte Formen der Idealisierung (zweite Schicht des Über-Ich).

Die Strukturierungsprozesse der Selbst- und Objektrepräsentanzen ermöglichen ein integriertes reiferes Über-Ich, das etwa durch mehr Flexibilität und Unabhängigkeit von äußeren Personen gekennzeichnet ist. Die dritte Schicht des Über-Ich – des reifen Über-Ich – sind realistische Aspekte der verbietenden Eltern.

Jacobson zufolge werden Selbst- und Objektrepräsentanzen durch die wachsenden Fähigkeiten des Ich integriert, und die erfolgte Strukturierung der Repräsentanzen trägt wiederum zur Festigung des Ich bei.

Während Kernberg im wesentlichen an den von Jacobson und Mahler entwickelten Theorien zur Strukturierung der Selbst- und Objektrepräsentanzen festhält, unterscheidet er sich in seiner Triebtheorie. Im Unterschied zu Mahler und Jacobson geht Kernberg (1981, 122ff.) nicht von neutraler Triebenergie aus. Da die früheste libidinöse Besetzung in einem Selbst und einem Objekt, die beide noch nicht voneinander differenziert sind, erfolgt, ist das Konzept des primären Narzißmus nach Kernberg nicht mehr begründet.

Triebe strukturieren sich bei Kernberg aus spezifischen Affektdispositionen und den verinnerlichten Objektbeziehungen, d. h. den Selbst- und Objektrepräsentanzen. Angeborene Affektdispositionen färben als »gute« und »böse« Affekte Objektbeziehungen. Anfänglich sind Affekte aufgrund der Ich-Schwäche in gut und böse (lustvoll-unlustvoll) gespalten. Erst später wird Spaltung zu einem vom stärker gewordenen Ich aktiv benutzten Abwehrvorgang. Aus diesen Affektdispositionen und den realen Erfahrungen von Interaktionen, d. h. der Bildung von Selbst- und Objektrepräsentanzen verschiedener Valenz (gut-böse), strukturieren sich nach Kernberg Libido und Aggression.

»Die Affekte repräsentieren angeborene Dispositionen für eine subjektive Erfahrung in der Dimension von Lust und Unlust. Sie werden gleichzeitig mit angeborenen Verhaltensmustern aktiviert, die reziproke (bemutternde) Reaktionen aus der Umgebung hervorrufen, und mit allgemeiner Erregung, welche die Wahrnehmung äußerer und innerer Reize verstärkt, die während dieser Interaktion auftreten. Dies alles führt zur Fixierung von Gedächtnisspuren in einer primitiven Konstellation oder Einheit von ›affektivem Gedächtnis‹, die Selbstkomponenten, Objektkomponenten und den Affektzustand selbst verkörpert... Lustvolle und unlustvolle Affekte sind die hauptsächlichen Motivations- oder Triebsysteme, welche die intrapsychische Erfahrung organisieren. Libido und Aggression sind innerhalb dieser Entwicklung keine äußeren Gegebenheiten, sondern sie repräsentieren die Gesamtorganisation der Triebsysteme in der allgemeinen Polarität von ›gut‹ und ›böse‹. Affektzustände determinieren zunächst die Integration sowohl der internalisierten Objektbeziehungen als auch der gesamten Triebsysteme: Libido und Aggression repräsentieren die beiden umfassenden psychischen Triebe, welche die übrigen Triebkomponenten und die anderen, zuerst in Einheiten von internalisierten Objektbeziehungen konsolidierten, Bausteine integrieren« (1989 a, 106 f.).

Die Integration und Synthese konträrer Introjektionen ist nach Kernberg möglicherweise die wichtigste Quelle für Neutralisierung von Aggression. Beim Vorherrschen von Spaltungstendenzen mißlingt die Neutralisierung in ausreichendem Maße, es entfällt die wichtige Energiequelle für die Ichentwicklung (ebd., 49).

Aggressives Verhalten ist bei Kernberg ein Ergebnis übermäßiger Aggressionstriebe, die durch unlustvolle Erlebnisse und Affektdispositionen bedingt sind und zu Fixierungen der auf Spaltung bezogenen Abwehrvorgänge führen, wie sie von Klein so drastisch beschrieben wurden (1981, 129). Selbst- und Objektrepräsentanzen können nicht ausreichend integriert werden und führen so zu einer Schwächung und pathologischen Entwicklung von Ich- und Über-Ichstrukturen.

Im Gegensatz zur Selbstpsychologie haben nach Kernberg die von Kohut beschriebenen narzißtischen Phänomene Abwehrcharakter. Nach Kernberg (1978, 326) vernachlässigt Kohut die enge Beziehung zwischen Narzißmus und objektbezogenen Konflikten sowie die entscheidende Rolle aggressiver Konflikte in der Psychopathologie narzißtischer Persönlichkeitsstörungen. Das Größen-Selbst hat nach Kernberg Abwehrfunktion gegen Aggression, die in Form oraler Wut und Neidgefühlen vorhanden ist und zur Angst vor Vergeltung (Projektion aggressiver Anteile) führt.

Das integrierte Selbst bildet sich unter der Vorherrschaft der libidinösen Selbstrepräsentanzen. Beim pathologischen Narzißmus ist die normale Repräsentanzenwelt durch eine pathologische Konstellation verinnerlichter Objektbeziehungen ersetzt. Aggressive Repräsentanzen spielen dabei eine bedeutende Rolle. Über-Ich-Störungen sind nicht einfach nur Entwicklungshemmungen wie bei Kohut, sondern durch aktive Verzerrung und pathologische Entwicklung der Über-Ich-Vorläufer entstanden, so daß sich reifere Strukturen nicht normal entwickeln können (ebd., 324).

Aus den Ansätzen der Objektbeziehungstheorie ergeben sich für eine pädagogische und therapeutische Arbeit mit aggressiven Kindern und Erwachsenen neue, wesentliche Gesichtspunkte. Ist die Entwicklung reifer Ich- und Über-Ich-Strukturen, ja selbst die Entwicklung libidinöser und aggressiver Triebe von verinnerlichten Objektbeziehungen abhängig, so muß eine therapeutische und pädagogische Arbeit die Strukturierung des Selbst und der inneren Objekte in den Vordergrund stellen, d. h. die Entwicklung von Selbst- und Objektkonstanz ermöglichen, realistische Vorstellungen vom Selbst und den äußeren Objekten aufbauen helfen sowie die Entwicklung von der Teilobjektbeziehung zur Ganzobjektbeziehung fördern. Neben der Arbeit am Selbst steht auch die Arbeit am Ich und Über-Ich im Mittelpunkt, die Arbeit an frühen Abwehrvorgängen wie Spaltung, Verleugnung und Omnipotenz, welche die realistische Wahrnehmung des Selbst und der äußeren Welt verhindern. Das Ich steht nach wie vor im Mittelpunkt der psychoanalytischen Arbeit, es wird aber durch die Selbstentwicklung differenzierter betrachtet.

Mit dem Konzept der verinnerlichten Objektbeziehungen wird die therapeutische und pädagogische Beziehung, die Übertragungs- und Gegenübertragungsreflexion, wieder stärker in den Mittelpunkt gestellt.

*Evelyn Heinemann*
Psychoanalyse und Pädagogik
im Unterricht der Sonderschule

## 1. Jürgen – Szenisches Verstehen und fördernder Dialog im Unterricht

Am Beispiel eines Schülers aus meiner Klasse der Sonderschule für Erziehungshilfe möchte ich aufzeigen, wie es möglich ist, die psychische Entwicklung aggressiver Kinder und Jugendlicher mit Hilfe einer psychoanalytischen Pädagogik im Unterricht der (Sonder)- schule zu fördern. Ich habe in meiner Arbeit als Sonderschullehrerin immer wieder die Erfahrung gemacht, daß durch die Rahmenbedingungen wie kleine Klassen und Klassenlehrerprinzip – ich unterrichtete meine Klassen in fast allen Fächern, also jeden Tag etwa sechs Stunden – eine so intensive Beziehungsarbeit mit meinen Schülern möglich war, daß sich erstaunliche Entwicklungsfortschritte erzielen ließen, die auch nach einem Klassen- oder Schulwechsel anhielten. Im Vergleich zu meiner rein therapeutischen Arbeit – ich habe auch vier Jahre in dem typischen Setting von ein oder zwei Stunden die Woche therapeutisch mit Kindern gearbeitet – konnte ich als Sonderschullehrerin wesentlich bessere Entwicklungsfortschritte erzielen. Aus diesen Erfahrungen heraus halte ich die Einbeziehung psychoanalytischer Erkenntnisse in den Unterricht für eine wichtige Aufgabe der Psychoanalyse und der Pädagogik. Daß die Bedingungen der Sonderschulen nicht nur entwicklungsfördernd sind, werde ich noch weiter ausführen (vgl. Kap. 3).

Jürgen war ein 13jähriger Schüler, der bereits vier Jahre im Heim der Einrichtung für Erziehungshilfe lebte, als ich an die dem Heim zugehörige Sonderschule abgeordnet wurde. Ich übernahm die Klasse, in der Jürgen war. Mit Beginn dieses Schuljahres wurde er aus dem Heim entlassen und konnte wieder bei der Mutter wohnen. Er besuchte aber weiterhin die Sonderschule, also meine Klasse.

Bevor ich die Schüler meiner Klasse kennenlernte, wurde ich schon von Erzieherinnen und der Konrektorin auf das große Problem Jürgen aufmerksam gemacht. Alle waren in großer Sorge, wie Jürgen den Lehrerwechsel und den gleichzeitigen Wechsel zur Mutter verkraften würde. Jürgen wurde mir als besonders aggressiv und bedrohlich geschildert. Die starken Bedenken der Pädagoginnen, »daß ich mit Jürgen nicht fertig werden würde«, ließen mich immer ängstlicher werden. Schließlich fühlte ich mich bereits von Jürgen bedroht, bevor ich ihn überhaupt kennenlernte.

Als ich das Klassenzimmer betrat, verstärkte sich meine Angst vor Jürgen. Er war kräftig, etwas füllig in seinem Körperumfang und drohte immer wieder »auszuflippen«, wie er es nannte. Er wollte im Unterricht mitarbeiten, fragte mich ständig irgend etwas, und bei dem geringsten Gefühl, daß ich ihn nicht beachte oder daß er die Aufgabe nicht lösen könne, drohte er, andere Schüler zu schlagen oder Gegenstände des Klassenzimmers zu zerstören. Ich sah mich gezwungen, ihn ständig im Auge zu behalten, was ihn zu beruhigen schien, denn er meinte gleich nach dem ersten Tag, ich sei eine tolle Lehrerin.

Angst vor Jürgen hatten auch die Erzieherinnen seiner Gruppe und seine Mutter, die ich gleich am zweiten Schultag kennenlernte. Jürgens Mutter begrüßte mich mit musterndem Blick. Sie war mißtrauisch, ob ich »schmächtige« Frau (Jürgens Mutter war ausgesprochen korpulent) mit ihrem Sohn »fertig werden würde«. Da ich aber den ersten Schultag überstanden hatte und Jürgen begeistert von mir nach Hause kam, war sie in ihrer Einschätzung etwas verunsichert. Während der ganzen Zeit als Klassenlehrerin von Jürgen entwickelte sie aber nie das Vertrauen, daß ich mit ihrem schwierigen Sohn zurechtkommen könnte. Sie war immer in der Erwartung, daß ihr Sohn durch seine Aggression wieder Probleme erzeugen werde.

Jürgens Mutter erzählte mir, daß die Ehe mit ihrem Mann schon sehr schlecht war, als sie mit Jürgen schwanger war. Sie habe Jürgen eigentlich schon während der Schwangerschaft nicht mehr gewollt, im Gegensatz zu dem vier Jahre älteren Bruder. Sie würde sich oft fragen, ob Jürgen vielleicht deshalb so schwierig sei. Der große Bruder mache überhaupt keine Probleme. Als Jürgen drei Jahre alt war, habe der Vater die Familie verlassen. Sie waren damals Flußschiffer. Als Flußschiffer waren sie immer unterwegs und hätten so zu niemandem intensiven Kontakt gehabt. So habe es viel Krach gegeben. Nach der Trennung habe sie es sehr schwer gehabt, die Kinder zu versorgen. Sie lebe seitdem von Sozialhilfe in einer kleinen 2-Zimmer-Wohnung mit Jürgen und dessen Bruder. Jürgen sei schon im Kindergarten sehr aggressiv gewesen. Er mußte aus dem Kindergarten herausgenommen werden. In der Grundschule gab es immer wieder Probleme, weil er andere Schüler schlug. Nachdem er mehrmals auch die Klassenlehrerin angegriffen hatte, wurde er in das Heim und die Sonderschule überwiesen. Die Mutter erzählte, daß sie eigentlich immer nur Angst vor Jürgen habe. Deshalb gebe sie immer nach, wenn er etwas wolle.

Etwa am dritten Schultag gab ich Geschichtsunterricht. Es stand das Thema »die Steinzeit« an. Ich brachte schöne Bilder mit, auf denen die Menschen der Steinzeit in Fellen vor und in ihren Höhlen am Feuer saßen. Die Schüler lasen Texte über den Alltag in der Steinzeit, und ich hatte ein Arbeitsblatt vorbereitet, auf dem Sätze Bildern zugeordnet werden sollten. Jürgen war begeistert von den Höhlenmenschen und wollte unbedingt das Arbeitsblatt richtig ausfüllen. Geschichtsunterricht war nun für den Rest des Schuljahres sein Lieblingsunterricht, und er war besonders glücklich, wenn er in einer Geschichtsarbeit eine Eins bekam.

Bei schriftlichen Arbeiten hatte Jürgen heftige Angst, die Aufgaben nicht lösen zu können. Ich mußte immer neben ihm stehen, bei jedem Wort, das er schrieb, mußte ich meine Miene verziehen in Richtung »richtig oder falsch«, weil er drohte, sofort das Blatt zu zerreißen und die Einrichtungsgegenstände zu zerstören, wenn er das Gefühl bekam, die Aufgabe nicht lösen zu können. So stand ich meist neben ihm, legte sogar hin und wieder beruhigend meine Hand auf seine Schulter. Ich war jedesmal erlöst, wenn er das Blatt abgegeben hatte. Besonders schlimm war es bei Klassenarbeiten, da er diesem Leistungsdruck noch gar nicht gewachsen war. Durch meine Hilfe schaffte er es, die ersten Monate im Unterricht nur die Noten 1 und 2 zu schreiben, was seine Phantasien nährte, er könne alles und sei superschlau. Da auch die anderen Schüler starke Versagensängste hatten, gestaltete ich die Arbeiten so einfach, daß fast alle Schüler nur gute Noten bekamen.

Schaute er mich anfangs noch nach jedem Wort an, um sich zu vergewissern, wurden die Phasen langsam länger, die ich von seiner Seite weichen konnte. Ich reduzierte meinen Beistand in dem Maße, wie er es ertragen konnte.

*Szenisches Verstehen und fördernder Dialog*

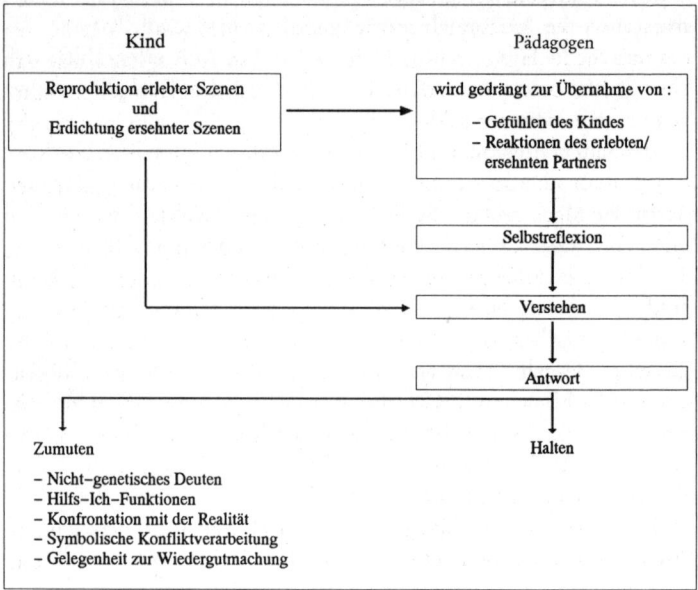

Der fördernde Dialog beruht nach Leber (1988) auf der Produktion von Szenen durch das Kind, der Teilhabe (Einfühlung), dem Verstehen, und der Antwort des Pädagogen. Der Pädagoge versteht und gibt dem Kind eine Antwort. Das Kind erwartet eine Lösung seines Problems, die Erfüllung seiner Bedürfnisse und Entlastung von bedrängenden überwältigenden Erlebnissen, so Leber (ebd., 52).

Die Szenen, in die das Kind den Pädagogen verstrickt, sind dabei nach Lorenzer (1973, 142f.) Wiederholungen von erlebten Szenen, aber auch Erdichtungen von ersehnten Szenen. Auf den letzten Aspekt, der gerade bei narzißtischen Problemen – also auch bei aggressiven Kindern – eine große Rolle spielt, hat besonders Leber aufmerksam gemacht.

Das Kind verstrickt die Pädagogen in Szenen, löst bei ihnen emotionale Reaktionen aus. Das Kind drängt beispielsweise die Pädagogen, sich so zu fühlen, wie es sich in früheren Szenen fühlte. Das Kind kann aber auch Reaktionen provozieren, in denen der Pädagoge reagiert wie ein früherer Interaktionspartner des Kindes. Reflektieren nun die Pädagogen diese Gefühle, statt so zu reagieren, wie das Kind es provoziert, kann das Kind neue Erfahrungen machen, können sich seine inneren Bilder verändern. Szenisches Verstehen beruht auf der Selbstreflexion des Pädagogen und dem Verständnis von Szenen als Reproduktion (aufgrund des Wiederholungszwanges) früherer Erfahrungen und der Erdichtung ersehnter Szenen.

Aus Sicht der Objektbeziehungstheorie können wir auch sagen, daß das Kind in diesen Szenen Selbstrepräsentanzen oder Objektrepräsentanzen auf den Pädagogen projiziert und diesen drängt, sich mit seinen Projektionen zu identifizieren (vgl. Ogden, 1988). Der Pädagoge reagiert dann wie ein früherer Elternteil beispielsweise (zumindest so, wie das Kind ihn empfand), oder er fühlt sich, wie das Kind sich in früheren Interaktionen fühlte (ängstlich, ohnmächtig, hilflos etc.). Die Selbstreflexion des Pädagogen ermöglicht so ein Verstehen der inneren Bilder des Kindes.

Die Antwort des Pädagogen besteht nach Leber aus dem dialektischen Verhältnis von Halten und Zumuten. Die haltende Funktion ist dabei die Unterstützung, die Liebe, das Vertrauen, das die Pädagogen in ihrer Reaktion vermitteln können. Zumuten ist nach Leber das vorsichtige Abschätzen, was der andere an Problemlösung verwenden kann. Leber verdeutlicht das Zumuten vor allem an der angemessenen Deutung, Deutung als Antwort auf die Szene. Ich möchte am Beispiel Jürgen aufzeigen, daß gerade in der Arbeit mit aggressiven Kindern und Jugendlichen weitere Antworten von Relevanz sind. Weitere Antworten sind das nicht-genetische Deuten, die Übernahme von Hilfs-Ich-Funktionen, die Konfrontation mit der Realität, die symbolische Konfliktverarbeitung und die Gelegenheit zur Wiedergutmachung.

Am Beispiel Jürgen möchte ich einen solchen fördernden Dialog aufzeigen. Jürgen erzeugte in mir Gefühle der extremen Unsicherheit und Angst. Jeden Moment fürchtete ich, daß seine Bereitschaft mitzuarbeiten durch plötzliche Aggression unterbrochen wird. Nur ständiger Blickkontakt und Nähe beruhigten ihn. Ich hatte kein Vertrauen. Ich verstand dies als seine innere Situation, als Wiederholung einer inneren Erfahrung, einer Angst vor der Unzuverlässigkeit des anderen. Seine Aggression sah ich als Versuch, meine Nähe und Sicherheit zu erzwingen, mich zu kontrollieren. Im Sinne von Kohut können wir auch sagen: Spiegelung zu erzwingen durch narzißtische Wut (»Ich hatte Jürgen ständig im Auge.«).

Besonders beruhigend wirkte auf ihn das Bild der Steinzeit. Dies war seine ersehnte Szene. In und vor der Höhle (dem Mutterleib) zu leben. Nur in der Urzeit fühlte er sich geborgen – oder wenn ich ganz dicht neben ihm stand. Eine »Eins« in der Geschichtsarbeit brachte ihn der Erfüllung seiner Phantasie näher, bot ihm aber auch die Möglichkeit, über Größenphantasien die innere Angst abzuwehren.

Jürgen inszenierte also erlebte Szenen von Angst und Hilflosigkeit, aber auch ersehnte Szenen von Nähe und Geborgenheit. Jürgen erzeugte in mir und bei allen Erziehern und bei der Mutter heftige Angst, die ich als seine Angst verstand, d. h., meine Gefühle (Selbstreflexion) ließen mich ihn verstehen, und ich gab ihm die beruhigende Antwort von Nähe und Geborgenheit. Ich übernahm haltende Funktionen. Ich bot ihm soviel Nähe an, wie er es nötig hatte. Die Antwort entstand dabei aus dem Prozeß der Selbstreflexion und konnte wie hier symbolisch (über die Bilder der Steinzeit) und averbal (handelnd) durch Nähe ausgedrückt werden.

Diese extreme Sehnsucht nach Nähe und Spiegelung, die ich bei aggressiven Kindern immer wieder erlebte und die oft mit der Bemerkung abgewehrt wird: »Der will ja nur Aufmerksamkeit erzielen«, wirft natürlich die Frage nach dem Befinden der anderen Schüler auf, wenn ich mich als Lehrerin so intensiv einem Schüler zuwende. Zuerst einmal hatte ich in der Sonderschule kleine Klassen, so daß ich mich allen Schülern intensiv zuwenden konnte. Gelegentlich hatte ich nur sechs Schüler in der Klasse. Ich hatte aber auch die Möglichkeit, mich Schülern in Einzelgesprächen in den Pausen oder nach dem Unterricht gesondert zuzuwenden. Differenzierungen im Unterricht erlaubten mir, wechselweise mit einer Kleingruppe zu arbeiten während ein anderer Teil der Klasse von Kollegen unterrichtet wurde.

In der Klassensituation übernahm Jürgen aber auch in der Anfangszeit die Rolle des Protagonisten. Stellvertretend für die Gruppe prüfte er, ob ich ihn und seine Aggression aushalte. Gleichzeitig hatten die Schüler auch Angst vor Jürgen. Indem es mir gelang, daß Jürgen nicht »ausflippte«, konnten auch sie sich beruhigen. So hatten sich die anderen Schüler nie beschwert, daß ich Jürgen bei den Arbeiten half. Ich bemühte mich natürlich, auch ihnen bei den Arbeiten zu helfen, und hatte, gerade wenn ich beruhigend neben Jürgen stand, die Möglichkeit, die anderen Schüler anzuschauen. So erlebten sie die räumliche Nähe zu Jürgen nicht als Beziehungsabbruch zu ihnen oder als Bevorzugung.

Das Halten allein reicht aber für eine Arbeit mit aggressiven Kindern und Jugendlichen nicht aus.

Nach etlichen Wochen ließ ich eine Geschichtsarbeit schreiben, die Jürgen relativ selbständig verfaßte. Als ich die Arbeit zu Hause korrigieren wollte, sah ich, daß ich ihm aufgrund des der Klasse bekannten Notenschlüssels nur eine 4 geben konnte. Nun überlegte ich lange, ob ich ihm dies zumuten könne. Ich entschied mich dafür; warum werde ich anschließend erläutern. Als ich ihm die Arbeit in die Hand gab und schon beruhigende Worte formulierte, hörte er gar nicht zu, sah die Note, beschimpfte mich, zerriß das Blatt, rannte zur Tür hinaus und schlug diese, so heftig er konnte, hinter sich zu. Das Klassenzimmer bebte, die Fensterscheiben vibrierten. Er rannte aus der Schule, zerschlug noch die Glasscheibe der Eingangstür der Schule, und rannte nach Hause.

Während dieser Szene stand ich regungslos im Klassenzimmer

und spürte, daß ich das erste Mal keine Angst mehr vor Jürgen hatte. Während alles um mich herum bebte, hatte ich die Phantasie, ich bin ein Fels, nichts kann mich erschüttern.

Als Jürgen nach dem Zerreißen der Geschichtsarbeit am nächsten Tag wieder in die Schule kam, lächelten wir uns an. Ich sagte ihm, daß ich mich freue, daß er wieder da sei, und daß ich in der Pause mit ihm sprechen möchte über das, was ihn so verletzt habe.

Während des Einzelgespräches sagte ich ihm, daß er gestern wohl so wütend über die 4 war, weil es ihn kränkte, und daß er vielleicht Angst habe, weil eine 4 ihm das Gefühl gebe, wertlos zu sein. Ich sagte ihm, daß die Note nur etwas aussage über die Anzahl der Punkte, die jemand in der Geschichtsarbeit hat. Die Note sage nichts darüber aus, ob ich ihn gern habe oder nicht. Er lächelte.

Nach einigen Tagen holte ich aus meinem Schreibtisch die übriggebliebenen Schnipsel der Geschichtsarbeit. Ich hatte die Schnipsel eingesammelt, nachdem Jürgen weggelaufen war. Ich sagte ihm, daß er die Schnipsel wieder zusammenkleben könne, was er ablehnte. So setzte ich mich neben ihn und klebte in seiner Gegenwart die Schnipsel zusammen. Beeindruckt von meiner Mühe, war er bereit, dieses Blatt in seinen Geschichtsordner einzuheften.

Es kam in den nächsten Wochen hin und wieder vor, daß Jürgen eine 3 schrieb, woraufhin er jedesmal wutentbrannt das Blatt zerriß. Er rannte aber nicht mehr weg und schlug auch keine Scheibe ein. Jedesmal bot ich ihm nach einigen Tagen an, das Blatt wieder zusammenzukleben. Zuerst war er bereit, die Ecken des Blattes festzuhalten, damit ich es leichter zusammenkleben konnte, dann half er beim Zusammenkleben, und schließlich klebte er das Blatt selbst wieder zusammen. Irgendwann stand er bei einer schlechten Note nur noch vor mir mit der entsprechenden Handbewegung: »Soll ich?«, woraufhin ich nur sagte: »Wenn du willst, dann kleben wir es halt wieder zusammen.« Wir mußten beide lachen. Er bat später darum, die Arbeiten noch einmal abschreiben zu dürfen, damit seine Ordner so schön aussehen wie die der anderen Schüler und nicht diese geklebten Blätter enthalten.

Als ich die Geschichtsarbeit korrigieren wollte, saß ich zu Hause und grübelte, ob ich ihm eine 4 zumuten kann. Immer und immer wieder fragte ich mich dies. Es war eine seiner geliebten Geschichtsarbeiten. Dann aber verstand ich meine Frage als seine Frage. Kann ich die Realität aushalten oder muß ich weiter in der Illusion leben? Kann ich den Sprung von der Steinzeit ins 20. Jahrhundert aushalten? Auf diese Frage mußte ich ihm die Antwort geben: Ja, die Realität ist verläßlich und stabil.

Selbstreflexion ließ mich auch hier seine innere Welt verstehen. Daß ich ihm die richtige Antwort gab, spürte ich an meiner Reaktion auf seine Zerstörung. Ich hatte das erste Mal keine Angst mehr, sondern das Gefühl, ich stehe mit beiden Beinen auf dem Boden, während alles um mich herum wackelt.

Jürgen provozierte die Wiederholung von Enttäuschung, indem er das Arbeitsblatt fehlerhaft ausfüllte, in der Hoffnung, Stabilität und realistische Gefühle zu erhalten. Die Beziehung hatte seine Aggression ausgehalten. Ich hatte Versagung erzeugt, die guten Aspekte unserer Beziehung überwogen aber. So kam er am nächsten Morgen wieder. Er kam in die Schule und grinste mich an. Wir waren beide erleichtert.

In einem Einzelgespräch deutete ich ihm die Situation, allerdings im Sinne von nicht-genetischen Deutungen (Rohde-Dachser 1983, 196), d. h. Deutungen, die den Realitätsbezug verbessern und nur die aktuelle Beziehung betreffen. Ich deutete ihm die Kränkung, die ich ihm zumutete, wies ihn aber auf den realistischen Anteil unserer Beziehung hin, daß ich seine Lehrerin bin und daß ich ihn weiterhin gern habe, auch bei einer schlechten Note.

Damit war seine innere Welt natürlich noch nicht schlagartig verändert. Gab ich ihm eine »Eins«, war er großartig und ich eine Super-Lehrerin, bei einer schlechten Note wurde ich beschimpft. Er fühlte sich dann völlig wertlos und wurde aggressiv.

Ich konfrontierte ihn mit der Realität, indem ich sowohl schützend als auch versagend war. Die Gefühle von Versagung und Hilflosigkeit, die er durch besondere Großartigkeit abzuwehren versuchte, konnte er ganz allmählich annehmen und in seine Persönlichkeit integrieren. Da ich darauf bestand, nicht nur gut oder nur böse zu sein, konnte er seine gespaltene innere Welt (Selbst- und Objektrepräsentanzen) integrieren. Dabei mußte ich ihn halten und Hilfs-Ich-Funktionen übernehmen, d. h., ich näherte mich den schrecklichen Gefühlen stellvertretend, indem ich die Arbeitsblätter erst einmal selbst wieder zusammenklebte. Hilfs-Ich-Funktionen bezeichne ich dabei die Tätigkeiten zur Aufgabenbewältigung. Im Unterschied dazu ist die haltende Funktion die emotionale Stütze. Die haltende Einstellung stärkt das Selbst, während die Hilfs-Ich-Funktionen die Aufgaben des Ich (z. B. Reizschutz) unterstützen.

Mit der Annahme seiner abgespaltenen Anteile, den Gefühlen von Wertlosigkeit, Hilflosigkeit und Wut, wurde Jürgens aggressives Verhalten geringer. Reagierte er noch auf die erste schlechte Note mit Gefühlen totaler Zerstörung, so stand er bei der zweiten schlechten Note nur noch haßerfüllt vor mir, rannte nicht mehr weg und zerschlug auch keine Scheibe mehr. Das zweite Arbeitsblatt zerriß er dagegen in winzig kleine Schnipsel, was bedeutete, daß er in diesem Moment genau wußte, daß ich ihn wieder mit der Realität der schlechten Note konfrontieren werde, d. h. ihn auffordern werde, dieses zusammenzukleben. Genau dieses Wissen ermöglichte ihm, nicht mehr mit totaler Zerstörung zu reagieren. Das zweite zerrissene Arbeitsblatt zusammenzukleben war für mich äußerst schwierig.

Jürgen mußte Realität nicht mehr mit Hilfe von Omnipotenzphantasien abwehren und verleugnen. Mit den Veränderungen seines inneren Erlebens konnte Jürgen sich, mich und den Unterricht, zum Beispiel das Arbeitsblatt, realistischer wahrnehmen. Die Spaltung (als Abwehr) seines Erlebens in total gut und total böse konnte durch die haltende Beziehung bearbeitet werden. Die Integration innerer Bilder ermöglichte eine Stärkung seines Selbst und seines Ich. Seine Aggressionen waren geringer geworden.

Etwa in diese Zeit fiel folgende Szene: Ich kam morgens in das Klassenzimmer, und Jürgen schaute mich gespannt an. Nach einiger Zeit sagte er: »Schauen Sie doch mal auf Ihren Schreibtisch.« Gespannt schaute ich auf meinen Schreibtisch, auf dem ein Abziehbild klebte. Es war ein grüner Frosch mit dickem Hals. Darunter stand gedruckt: »Blas dich nicht so auf!« Ich mußte lachen. Stolz und grinsend rief er mich zu seinem Tisch. Auf seinem Tisch klebte ebenfalls ein Abziehbild. Es war ein stehender Tiger, der seine Muskeln am ausgestreckten Arm zeigte. Darunter stand: »Ich bin der King.« Wir lachten beide.

Die Veränderungen in Jürgens innerer Welt zeigten sich sehr schön an der Szene mit dem Frosch und dem Tiger. Er konnte nun schon über seine Größenphantasien und die Abwertung von mir lachen, was ein Zeichen des Bewältigens seines narzißtischen und gespaltenen Erlebens war.

Die hier auftauchenden Bilder sind Symbole, die im Sinne von Winnicott (1987) einen Übergang darstellen zwischen innerer Welt und äußerer Realität. Sie sind nur gut oder nur stark und von daher bei der gespaltenen inneren Welt aggressiver Kinder von besonderer Bedeutung. Ich hatte einen Schüler, Wilfried, der ein Jahr im Ninja-Anzug in die Schule kam und sein Selbst auf diesem Weg zu stabilisieren suchte. Sein Vater war US-Soldat, der Sohn und Ehefrau häufig verprügelte und beide frühzeitig verließ. Wilfried hatte ein total böses, aggressives inneres Bild des Vaters, das er abwehrte, indem sein Selbst mit dem idealisierten, total starken Ninja-Bild verschmolz.

Ist Selbst- und Objektkonstanz eine Voraussetzung zur Neutralisierung von Aggression, so sind diese Symbole, der Ninja und der King, wichtige Entwicklungsschritte, da sie die Möglichkeit eröffnen, durch ihre phantasierte totale Stärke mit bedrohlichen Aspekten handelnd umzugehen, und damit Angst vor den abgespaltenen Gefühlen von Hilflosigkeit und Verlassenheit überwinden helfen. Natürlich nur, wenn gleichzeitig haltende Funktionen übernommen werden. Reiser (1971) arbeitete die Prozesse einer symbolischen Konfliktverarbeitung durch Unterrichtsthemen und -strukturen heraus, wie sie z. B. auch schon in dem Steinzeitthema angesprochen sind. Ich verstehe unter symbolischer Konfliktverarbeitung allerdings in Anlehnung an Winnicott (1987) nur, den Übergang von der Phantasie zur Realität zu ermöglichen. Realistische Vorstellungen von äußeren Objekten und dem Selbst bilden sich erst mit der Fähigkeit zur Integration vorher in nur böse und nur gute gespaltene Selbst- und Objektvorstellungen. Die Symbole ermöglichen die Bearbeitung abgespaltener Anteile des Selbst und der Objekte, sind damit eine wichtige Vorbedingung zur Selbst- und Objektkonstanz, die wiederum das Ich stärkt und die Fähigkeit zur Neutralisierung von Aggression eröffnet.

Wegen der großen Bedeutung solch idealisierter Bilder bei aggressiven Kindern und Jugendlichen möchte ich diesen Punkt im nächsten Kapitel ausführlicher behandeln.

Da diese Größenphantasien, der King oder Ninja zu sein, extreme Angst und Bedrohung abwehren, ist es wichtig, diese Phantasien zuzulassen, sie nicht abzuwerten. So hatte ich akzeptiert, daß mein Schüler ein Jahr im Ninja-Anzug in die Schule kam. Erst durch Beziehungserfahrungen können diese Bilder des Selbst allmählich realistischer werden. Zu diesen Beziehungserfahrungen gehörte genau, daß ich die Schüler erst einmal als King oder Ninja annahm, was nicht hieß, daß ich sie in ihren Phantasien bestärkte. Ich suchte die realistischen Anteile ihres Selbst zu stärken. Ging mein Schüler bei Konfrontationen mit der Realität in Ninja-Abwehrstellung oder in Ninja-Drohposition – er sprang dann von seinem Stuhl mit den entsprechenden Handbewegungen auf –, so ließ ich mich nicht in die komplementäre Position drängen. Ich blieb realistisch, d. h. seine Leistung fordernde Lehrerin, und wies ihn auf die Fähigkeiten hin, mit denen er die Aufgaben realistisch bewältigen konnte.

Nach weiteren Wochen geschah folgende Szene: Ich wollte morgens das Klassenzimmer aufschließen. Dabei gab es jedesmal Gedrängel, weil jeder Schüler zuerst in der Klasse sein wollte. Jürgen glaubte, ein anderer Schüler dränge sich an ihm vorbei. Wutentbrannt riß er diesem den Ranzen aus der Hand und kickte den Ranzen durch den Gang. In der Klasse öffnete der geschädigte Schüler den Ranzen und tobte, als er sah, daß das Joghurt, das im Ranzen war, über alle Bücher und Hefte gelaufen war.

Jürgen sah die Verzweiflung des anderen Schülers und schien doch etwas betroffen. So fragte ich ihn: »Möchtest du den Schaden nicht wiedergutmachen?« Er zögerte, denn das war seiner Meinung nach eine Niederlage und Schwäche. So sagte ich ihm: »Vielleicht machen wir es zusammen?« Ich nahm die Tasche und ging zum Waschbecken. Jürgen kam und säuberte die Tasche mit mir.

Die Szene mit dem Schulranzen war eine Aggression, die bei mir Aggression und den Wunsch zu strafen auslöste. Statt zu strafen, habe ich, wenn ein Schüler einen anderen Schüler schädigte, versucht, ihm Gelegenheit zur Wiedergutmachung (vgl. Winnicott 1988) zu geben. Da aggressive Kinder immer wieder Szenen provozieren, in denen sie mächtig oder ohnmächtig sind, besteht die Gefahr, daß sie Strafe als Wiederholung von Ohnmacht erleben. Um die tiefen Ohnmachtsängste der aggressiven Kinder nicht durch Strafen zu wiederholen, waren mir Gelegenheiten zur Wiedergutmachung eine alternative Antwort. Ich konnte die haltende Funktion beibehalten, wurde nicht zur bösen, strafenden, mächtigen Lehrerin. Der schädigende Schüler wurde von Schuldgefühlen entlastet und das geschädigte Kind konnte sein Erleben von Ohnmacht besser bewältigen. Auch die Wiedergutmachung mußte in zumutbarer Form geschehen. Ich leistete gelegentlich stellvertretend Wiedergutmachung, wenn das Kind sich weigerte. Ich akzeptierte dies oder übernahm Hilfs-Ich-Funktionen, d. h. half etwa beim Säubern des Schulranzens etc.

Bei Aggressionen zwischen Klassenkameraden mußte ich beiden Kindern eine Antwort geben; den Schädiger und das geschädigte Kind halten.

Gelegenheit zur Wiedergutmachung muß allerdings wirklich Gelegenheit bleiben, da sie sich sonst nicht von Strafe unterscheidet.

Die Gelegenheit zur Wiedergutmachung führt nach Winnicott (1988) zur Fähigkeit der Besorgnis, d. h. dem Bewältigen von Schuldgefühlen und der Übernahme von Verantwortung für die eigenen aggressiven Triebe. Dies setzt Selbst- und Objektkonstanz und die Integration von Libido und Aggression voraus.

Das unreife Kind hat nach Winnicott zwei Mütter. Die Objekt-Mutter und die Umwelt-Mutter. Besorgnis entsteht, wenn die Umwelt-Mutter (schützende, versorgende Mutter) und Objekt-Mutter (als Ziel der Triebe) im Inneren des Kindes zusammenkommen (ebd., 136). Umwelt-Mutter und Objekt-Mutter sind dabei Teilobjekte. Hier lehnt sich Winnicott an das Konzept von Melanie Klein an, die Wiedergutmachung als Ausdruck der depressiven Phase bezeichnete.

»Das Versagen der Objekt-Mutter, zu überleben, oder das Versagen der Umwelt-Mutter, zuverlässig für Gelegenheiten zur Wiedergutmachung zu sorgen, führt zu einem Verlust der Fähigkeit der Besorgnis und an ihrer Stelle zu nackter Angst und primitiven Abwehrmechanismen wie Spaltung und Desintegration« (ebd., 139).

Die Umwelt aggressiver Kinder hat nach Winnicott die Aufgabe der Objekt-Mutter, die Destruktivität zu überleben, und die Aufgabe der Umwelt-Mutter, Gelegenheit zur Wiedergutmachung zu bieten, um das Stadium der Besorgnis zu ermöglichen.

»Sie können die Wiedergutmachung aber auch so betrachten, daß da jemand eine innere Kraft entwickelt, die ein Ertragen der Destruktivität möglich macht, die zum Wesen des Betreffenden gehört. Wenn sie die Wiedergutmachung irgendwie blockieren, dann wird der Betreffende mehr oder weniger unfähig, Verantwortung für seine destruktiven Triebe zu übernehmen« (ebd., 185).

»Selbst wenn die Destruktivität zwanghaft und unsinnig ist, ist sie doch ehrlicher als eine Konstruktivität, die sich nicht wirklich auf ein Schuldgefühl gründet, das als echtes Gefühl dann entsteht, wenn man die eigenen destruktiven Impulse dem guten Objekt gegenüber akzeptiert, also die Integration innerer Bilder und damit das Stadium der Besorgnis erreicht hat« (ebd., 186).

Nach etwa einem halben Jahr Unterricht geschahen folgende Szenen: Ich kam morgens ins Lehrerzimmer, und einige Kollegen kamen auf mich zu: Ich solle doch einmal der Sache nachgehen. Robert, einer meiner Schüler, habe heute vor Schulbeginn Mercedessterne auf dem Schulhof verteilt. Robert habe wohl nach dem Sportunterricht am Nachmittag des vorhergehenden Tages auf dem Schulweg Mercedessterne abgerissen, so jedenfalls hatten es Schüler, denen er die Sterne schenkte, einem Kollegen erzählt. Meine erste Reaktion war der Gedanke: »Gott sei Dank, dann bin ich nicht dran schuld, denn der Sportunterricht wurde von einem Kollegen durchgeführt.« So betrat ich das Klassenzimmer in dem Gefühl, daß mich keiner zur Verantwortung heranziehen könne, ich war ja am Nachmittag nicht mehr in der Schule.

Ich sagte nun den Schülern, daß ich im Moment keinen Unterricht halten, sondern über etwas mit ihnen reden möchte. Ich schaute Robert an und sagte, daß ich gehört habe, daß er auf dem Schulhof Mercedessterne verteilt habe. Bevor dieser antworten konnte, rief Jürgen aufgeregt: »Die haben wir vom Schrotthändler.« Ich erstaunt: »Ach, du warst auch dabei!« Nun forderte ich sie auf, mir zu erzählen, was nach dem Unterricht vorgefallen war. In der Klasse herrschte gespannte Stille. Nach und nach kam folgende Geschichte zum Vorschein: Nach dem Unterricht gingen sie zur Bushaltestelle. Auf dem Weg schlug Robert mit seiner Schultasche auf parkende Autos. Sie fuhren mit dem Bus nicht bis zur vorgesehenen Haltestelle, sondern stiegen bereits in der Stadtmitte aus. Jürgen schlug nun Robert folgenden Tauschhandel vor. Wenn er ihm Mercedessterne abreißen würde, würde er ihm seine Klicker schenken. Jürgen war einer der besten Klicker-Spieler der Schule. In der Pause spielten damals fast alle Schüler mit Klickern. Jürgen dachte, daß er, wenn er die Mercedessterne nicht selbst abreißt, nicht schuldig sei. Er wollte die Mercedessterne gern auf seinen schwarzen Lederanzug nähen. Sie gingen nun in zwei Parkhäuser, und Robert riß 37 Mercedessterne ab und tauschte sie gegen die Klicker. Jürgen fuhr nach Hause und erzählte seiner Mutter, daß er die Mercedessterne von einem Schrotthändler habe. Robert ging allein in ein weiteres Parkhaus und riß dort noch einige wenige Mercedessterne ab, eben jene, die er am nächsten Morgen auf dem Schulhof verschenkte.

Ich sagte den Schülern, daß ich froh wäre, daß sie mir erzählt hätten, was vorgefallen war, daß ich jetzt überlegen müsse, was zu tun sei. Es war jetzt Pause, und die Schüler sollten Tischfußballspiele, die sie in den letzten Wochen im Werkunterricht gebastelt hatten, im Werkraum abholen. Der Lehrer für Werken war derselbe Lehrer, der den besagten Sportunterricht gab. Nach der Pause öffnete ich das Klassenzimmer, und die Schüler kamen stolz mit ihren Tischfußballspielen. Jürgen kam schreiend und außer sich, der Werklehrer habe ihm sein Tischfußball nicht gegeben aus Strafe, weil er die Mercedessterne gestohlen habe. Jürgen schlug wild um sich und demolierte das Klassenzimmer. Ich war wütend, weil der Lehrer in meine pädagogische Arbeit eingriff. Wütend ging ich in den Werkraum und sagte dem Lehrer, daß es meine Aufgabe als Klassenlehrerin sei, die Sache mit den Mercedessternen zu regeln und daß er mir das Tischfußballspiel für Jürgen geben solle, was er auch tat. So gab ich Jürgen sein Tischfußballspiel, und Jürgen war sehr erleichtert.

Nach dem Unterricht behielt ich beide Schüler noch da und sprach mit ihnen. Ich sagte ihnen, daß ich sie jetzt nicht einfach bestrafen werde, daß ich aber auch nicht ignorieren könne, was sie getan hätten. Ich wäre der Ansicht, daß sie für den Schaden aufkommen müßten, wenn sie 18 Jahre alt seien. Dies sei gesetzlich so festgelegt. Ich müßte mich jetzt mit der Polizei in Verbindung setzen. Falls einer der Mercedesfahrer den Schaden meldet, müßten sie wohl dafür die Verantwortung übernehmen.

Am nächsten Tag sagte ich ihnen, daß ich mit der Polizei gesprochen hätte und daß diese mir meine Einschätzung bestätigt hätte. Nun spürte ich, daß die beiden Schüler davon überhaupt nicht beeindruckt waren. Es schien sie überhaupt nicht zu kümmern. Ich war unzufrieden, denn ich konnte ja nicht einfach die Angelegenheit so unbeachtet lassen. Mehr und mehr hatte ich den Eindruck, ihre Einschätzung zu stärken, daß Mercedesfahrer sowieso es nicht anders verdient hätten, die hätten ja genug Geld, und die Polizei gilt es eh auszutricksen. Zudem glaubte Jürgen schuldlos zu sein, denn er hatte ja keine Mercedessterne abgerissen. So kam ich auf die Idee, zwei jüngere Polizisten, von denen ich einen guten Eindruck hatte, in die Schule einzuladen, damit diese den Schülern die Konsequenzen ihres Verhaltens mitteilten. Ich verabredete ein Gespräch mit den beiden Polizisten nach Schulschluß und teilte dies Robert und Jürgen mit. Dieses Gespräch legte ich bewußt in das Rektorzimmer, nicht in das Klassenzimmer, das Ort des Vertrauens bleiben sollte. Ich wartete mit den Schülern auf die Polizei und blieb während des Gespräches bei ihnen. Beim Warten wurden beide Schüler nervöser, sie begannen, sich nicht nur mit ihren Phantasien, sondern auch mit der Realität auseinanderzusetzen. Die beiden Polizisten reagierten in dem Gespräch genau, wie ich es mir wünschte. Sie hörten sich die Schilderungen der Schüler ruhig an, machten keine Schuldgefühle und sagten zum Schluß, daß, falls jemand den Schaden anzeige, beide mit 18 Jahren den Schaden ersetzen müßten.

Im Anschluß an das Gespräch ließ ich die beiden Schüler bei einer Mercedeswerkstatt anrufen und nach den Reparaturkosten fragen. Daran schloß sich eine heftige Diskussion zwischen den Schülern an. Je nach Baujahr gab es unterschiedlich hohe Kosten, und sie wußten nicht mehr, wieviel alte und neue Mercedessterne sie abgerissen hatten. In den folgenden zwei Wochen rechneten sie immer wieder von sich aus den Schaden aus, denn sie kamen immer wieder zu neuen Ergebnissen.

Nach etwa zwei Wochen sagte ich Ihnen, daß ich mit der Polizei gesprochen und daß niemand den Schaden gemeldet hätte. Ich sagte ihnen auch, daß ich mich freue, daß sie Glück gehabt hätten, denn ich hätte den Eindruck, daß sie so schnell keine Mercedessterne mehr abreißen werden.

Die Szenen geben Aufschluß über den Umgang mit Schuldgefühlen, über die verzerrte Wahrnehmung der Realität und den Versuch der narzißtischen Kompensierung durch dissoziales Verhalten.

Bezeichnend ist meine spontane Reaktion. Ich war erleichtert, keine Schuld am Vorfall zu haben, da die Schüler nach dem Unterricht eines Kollegen die Mercedessterne abrissen. Entsprechend verschob Jürgen seine Schuldgefühle auf Robert. Immerhin waren Jürgens Schuldgefühle so stark, daß er selbst keine Mercedessterne abriß. Die spontane Reaktion von Jürgens Mutter auf den Vorfall war, daß sie mir die Schuld gab. Robert dagegen spaltete die Welt in idealisierte Gleichaltrige und böse, verfolgende Erwachsene. So hatte er ein Recht, den bösen Erwachsenen etwas wegzunehmen. Seine eigene Aggression war auf Erwachsene projiziert.

Für beide Schüler dienten die Mercedessterne dazu, einen narzißtischen Mangel zu kompensieren. Robert war auf der verzweifelten Suche nach Liebe und Anerkennung, die er statt von den Eltern – der Vater verachtete ihn und lehnte ihn ab – von den gleichaltrigen, mächtigen männlichen Schülern durch seine Geschenke zu bekommen suchte. Seine Mutter reagierte in dem Gespräch, in dem ich ihr von dem Ereignis mitteilte, spontan mit Weinen und Verzweiflung: »Jetzt kommt er ins Heim, ich kann ihn nicht mehr ertragen, ich bin enttäuscht, erst am Morgen hatte er mir versprochen, sich zu bessern und lieb zu sein.« Robert konnte sich der Konstantheit der Eltern nicht sicher sein und provozierte durch seine Aggression gerade den Verlust der Eltern. Die Drohung der Mutter linderte seine Schuldgefühle, schwächte aber weiterhin sein Selbst.

Jürgen dienten die Mercedessterne zum Aufbau seines Größen-Selbst. Als phallische Attribute auf seiner »schwarzen Lederhaut« symbolisierten sie Macht und Potenz.

Da die Mercedessterne dazu dienten, das Selbst zu stärken, glaubten die Schüler, ein Recht auf diese Gegenstände zu haben. Sie wurden quasi zu Teilen des Selbst.

Indem sie sich aggressiv nahmen, was sie glaubten für ihr Selbst zu brauchen, fürchteten sie die Rache der Umwelt in Form von sie verfolgender Polizei (archaische Über-Ich-Imago).

Die Realität wurde von ihnen gespalten. Es gab die böse, verfolgende Polizei, die mächtigen, verweigernden Mercedesfahrer und Werk- bzw. Sportlehrer. Auf der anderen Seite gab es die schuldlos Verfolgten. Ich fühlte mich in dem Dilemma, entweder zum verfolgenden, strafenden bösen Objekt zu werden – wie der Werklehrer – oder zum verfolgten, bedrohten Objekt, indem ich mich auf die Seite der Schüler gestellt und den Vorfall nicht beachtet hätte. Aus Angst, das Vertrauen der Schüler zu verlieren und zum bösen Objekt zu werden, hatte ich gelegentlich die Vorstellung, die Sache einfach auf sich beruhen zu lassen. Damit hätte ich aber nur ihre gespaltene Wahrnehmung verstärkt.

Auffallend ist, daß diese Spaltung mit männlich-weiblich einhergeht. Die bösen, verfolgenden Objekte waren alles Männer (Polizisten, Werklehrer), und beim Wunsch, die Schüler vor diesen bösen Verfolgern zu beschützen, fühlte ich mich als total gute Mutter, also weiblich, die dann dem Werklehrer das wegnimmt, was das Kind begehrt. Ich denke, daß Dissozialität eng mit der Suche nach Männlichkeit und Geschlechtsidentität zusammenhängt. Darüber möchte ich in Kapitel 4 einige Thesen ausführen.

Ziel meiner pädagogischen Arbeit war, diese verzerrte innere Welt der Schüler zu beeinflussen. Ich suchte haltende Funktionen beizubehalten, d. h. nicht zum verfolgenden Objekt zu werden, aber auch nicht zum verbündeten Objekt gegen die verfolgende, böse Welt. Ich drohte nicht, sie zu bestrafen oder sie in ein anderes Heim zu geben. Bei der Auseinandersetzung mit der Polizei blieb ich immer bei ihnen. Ich vermittelte ihnen, daß ich sie weiterhin gern habe, daß ich aber den Schaden nicht gutheiße und daß es darum geht, den Schaden nicht einfach zu verleugnen, indem ich etwa die Geschichte vom Schrotthändler geglaubt hätte, sondern diesen Schaden, in welcher Form auch immer, zu bearbeiten. Die Geschichte vom Schrotthändler hatte Jürgen auch seiner Mutter erzählt, die dies zu glauben vorgab, weil sie einen Konflikt mit Jürgen scheute, denn sie war als Mutter viel existentieller als ich, die Lehrerin, betroffen.

Indem die Schüler die Gelegenheit zur Wiedergutmachung des Schadens erhielten, konnten sie Verantwortung für ihre Aggression übernehmen, konnten sie ihre eigenen Impulse integrieren. Schuldgefühle mußten nicht weiterhin abgewehrt werden. Sie konnten die Polizisten durch die reale Auseinandersetzung entzerrter wahrnehmen, da diese sich im Gespräch keineswegs ihren Vorstellungen entsprechend verhielten. Bei der Einladung der Polizisten grübelte ich lange, ob dies richtig sei, denn die Gefahr war groß, daß sich die Angst vor Verfolgern nur verstärkte und damit das Selbst weiter geschwächt wurde. Ich konnte diese Einladung nur riskieren, weil beide Polizisten ausgesprochen verständnisvoll waren.

So konnte ich das Selbst der Schüler durch haltende Funktionen stärken, ihr Ich durch Arbeit an Spaltung, Verleugnung und Omnipotenz hin zu realistischer Wahrnehmung unterstützten. Das Gespräch mit den Polizisten stärkte das Ich im Sinne von Redls »Einmassieren des Realitätsprinzips«. Durch die Gelegenheit zur Wiedergutmachung konnten die Schüler Verantwortung für ihre Aggression übernehmen, die Fähigkeit zur Besorgnis und damit reifere Über-Ich-Strukturen konnten angebahnt werden. War die Verfolgung durch böse Polizisten eine frühe Über-Ich-Imago im Sinne von Melanie Klein, so konnten die Schüler durch die reale Auseinandersetzung mit den Polizisten, die sich im Gespräch durchaus verständnisvoll verhielten, ihre innere Welt verändern.

Eine psychoanalystische Pädagogik auf den Grundlagen des fördernden Dialogs mit aggressiven Kindern steht, wie ich es zu zeigen versuchte, in der Tradition von Aichhorn und Redl, da sie das Realitätsprinzip stärkt und die Arbeit an den Ich-Funktionen berücksichtigt.

Durch das Einlassen auf die Szenen und die Selbstreflexion, durch das Verständnis eines Dialoges, kann ich aber differenzierter verstehen, wann und wieviel Halt (Liebe, Zuwendung) ein Kind nötig hat und wann und wieviel Realität, d. h. auch Versagungen, ich ihm zumuten kann. Ich kann mit allem arbeiten, was mir das Kind entgegenbringt, auch seinem Haß. Es verinnerlicht dann neue Antworten, neue Szenen. So habe ich den Vorteil gegenüber Aichhorn, daß ich die Kinder nicht zu einer positiven Übertragung bringen muß. Ich muß mich bei der Konfrontation mit der Realität auch nicht auf die pädagogische Intuition verlassen, wie Aichhorn dies tat, wobei bei Aichhorn die pädagogische Intuition sicher Selbstreflexion war.

Redl und Winemans Ansätze der Ich-Unterstützung, der Arbeit am Ich, sind im fördernden Dialog enthalten; sie werden aber erweitert durch die zusätzliche Arbeit am Selbst, an den verinnerlichten Objektbeziehungen, des Kindes.

Wichtig für die Förderung aggressiver Kinder ist allerdings nicht nur die Selbstreflexion der Lehrer, sondern auch die Reflexion institutioneller Regeln. Aggressive Kinder schaffen es nämlich, ganze Einrichtungen dazu zu bringen, immer wieder neue Macht-Ohnmacht-Konflikte zu produzieren. So besteht die Gefahr, daß sich die Erfahrungen der Kinder von Hilflosigkeit, Trennung und Ohnmacht wiederholen. In Kapitel 3 werde ich hierzu einige Erfahrungen wiedergeben und analysieren.

## 2. Sebastian spielt Pongo und Perdi –
## Übergangsphänomene im Unterricht

Sehen wir aggressives Verhalten in Zusammenhang mit frühen Spaltungsvorgängen, Verleugnung und Omnipotenzphantasien, so kommt der symbolischen Konfliktverarbeitung eine besondere Bedeutung zu. Unter symbolischer Konfliktverarbeitung verstehe ich in Anlehnung an Winnicott das Ermöglichen eines Übergangs von der Phantasie zur Realität, d. h. zur realistischen Wahrnehmung des Selbst und äußerer Objekte, das Ermöglichen integrierter, nichtgespaltener, innerer Bilder.

Am Anfang jeder Erfahrung steht nach Winnicott die Illusion. Die vollkommene Anpassung der Umwelt an das Kind bietet diesem die Möglichkeit der Illusion, seine Befriedigung und äußere Realität magisch selbst geschaffen zu haben. Übergangsobjekte und -phänomene, zum Beispiel der Zipfel einer Decke, eine Melodie oder ein Teddybär, repräsentieren die frühen Stadien des Gebrauchs der Illusion. Das Übergangsobjekt ist kein äußeres und kein inneres Objekt (Winnicott 1987, 20 ff.). Übergangsobjekte und -phänomene dienen der Abwehr von Ängsten (ebd., 13), sie symbolisieren beispielsweise die Mutter und helfen Trennungsängste bewältigen.

Übergangsobjekte sind präsentative Symbole (vgl. Lorenzer 1972, 94), archaische Symbole, die durch projektive Mechanismen gebildet werden.

Erst wenn das Kind ausreichend Gelegenheit zur Illusion gehabt hat, ist nach Winnicott die nächste Aufgabe, das Kind allmählich zu desillusionieren. Die Desillusionierung durch abgestuftes Versagen geht mit der wachsenden Fähigkeit des Säuglings einher, Mängel durch geistig-seelische Aktivität auszugleichen, um die Vorstellung von einer vollkommenen Umwelt nicht zu verlieren. Das Bedürfnis des Menschen nach einer vollkommenen Umwelt ist für Winnicott die wichtigste Wurzel des Geistes (Winnicott 1976, 28).

Von der ersten Objektbeziehung aus, dem subjektiven Objekt, muß das Kind allmählich das objektive Objekt entdecken. Winnicott spricht von der Entwicklung der Objektbeziehung zur Objektverwendung. Objektverwendung ist dann vorhanden, wenn das

Subjekt das Objekt außerhalb des Bereiches seiner eigenen omnipotenten Kontrolle ansiedelt, es als äußeres Phänomen und nicht als projiziertes wahrnimmt.

Aufgrund des Vertrauens zur Mutter entsteht ein intermediärer »Spielplatz«, ein potentieller Raum zwischen Mutter und Kleinkind, der beide miteinander verbindet (ebd., 1987, 59). In diesem Spielbereich bezieht das Kind Objekte und Phänomene aus der äußeren Realität ein und verwendet sie für Vorstellungen aus der inneren, persönlichen Realität. Es besteht eine direkte Entwicklungsfolge von Übergangsphänomenen zum Spielen, vom Spielen zum gemeinsamen Spielen und von hier zum kulturellen Erleben (ebd., 63).

»Eine Folge der Akzeptierung der äußeren Realität sind die Vorteile, die man aus ihr gewinnen kann. Wir hören oft von den sehr scharf empfundenen Versagungen, die die äußere Realität Menschen auferlegt, aber weniger oft von der Erleichterung und Befriedigung, die sie zu bieten hat. Im Vergleich zur imaginären Milch ist die wirkliche Milch befriedigend, aber darauf kommt es nicht an. Es kommt darauf an, daß in der Phantasie die Dinge durch Zauber bewirkt werden: Die Phantasie kennt keine Bremsen, und Liebe und Haß rufen beunruhigende Wirkungen hervor. Die äußere Realität hat eingebaute Bremsen; man kann sie untersuchen und kennenlernen, und die Phantasie ist in ihrer vollen Stärke wirklich nur zu ertragen, wenn die objektive Realität richtig eingeschätzt wird. Das Subjektive ist ungeheuer wertvoll, aber so beunruhigend und magisch, daß man es nur als Parallele zum Objektiven genießen kann. Man wird sehen, daß die Phantasie nicht etwas ist, was das Individuum sich erschafft, um mit den Versagungen der äußeren Realität fertigzuwerden... Die Phantasie ist grundlegender als die Realität, und die Bereicherung der Phantasie durch die Reichtümer der Welt ist abhängig vom Erlebnis der Illusion« (ebd., 1976, 69).

Aggressive Kinder und Jugendliche benutzen äußere Realität für Phantasien eigener Omnipotenz. Die Ninja-Phantasie beispielsweise ermöglichte die Illusion der Beherrschung grausamer innerer Bilder. Welche Bedeutung Phantasie und Spiel in der Entwicklung aggressiver Kinder und Jugendlicher haben können, möchte ich an meiner Arbeit mit einem sehr aggressiven Schüler in einer anderen Sonderschulklasse aufzeigen.

Der neunjährige Sebastian kam wegen einer leichten Hemiplegie und schwerer Verhaltensstörung in die Sonderschule für Körperbehinderte. Sebastian besuchte ein Jahr die Grundschule, war dort »nicht tragbar«, d. h., er arbeitete nicht mit und war sehr aggressiv den Mitschülern gegenüber. Er wurde daraufhin in die Sonderschule für Körperbehinderte überwiesen. Sebastian kam in die Parallelklasse meiner Klasse, arbeitete dort ebenfalls kaum mit und schlug ständig seine Mitschülerinnen. Die Klasse bestand außer ihm nur aus Mädchen. Die Mitschülerinnen waren in ihren Schulleistungen Sebastian weit voraus. Nun sollte er in meine Klasse kommen, in der ich vier Jungen im Grenzbereich der Lehrpläne der Sonderschule für Praktisch Bildbare und der Sonderschule für Lernbehinderte unterrichtete.

Im Gespräch mit der Mutter erzählte mir diese, daß sie zu Hause mit Sebastian überfordert sei. Sie habe noch eine gesunde Tochter, die jünger als Sebastian sei und deren Vater sie gern heiraten möchte. Die Tochter sei intelligent und zu Hause sehr lieb. Sebastians Vater sei ein US-Soldat gewesen, der sie nie geheiratet habe, sie häufig auch in Gegenwart des Kindes brutal geschlagen habe. Von einem Tag auf den anderen sei er nach Amerika zurückgegangen, kümmere sich nicht mehr um sie oder Sebastian. Sie hoffe, daß mit dem neuen Partner jetzt alles anders werde. Ihr neuer Partner lehne Sebastian ab, weil er so schwierig sei. Sie möchte Sebastian am liebsten in ein Heim geben, fragte mich, was ich davon halte. Sie sei sehr erleichtert, daß Sebastian wenigstens nachmittags im Hort ist und sie so etwas Ruhe habe. Sie sei arbeitslos und lebe von Sozialhilfe. Während des Gespräches fühlte ich mich gedrängt, den »Störenfried« Sebastian doch endlich mit Hilfe meiner pädagogischen Kompetenz in ein Heim zu überweisen.

Während der gesamten Zeit, in der ich Sebastians Klassenlehrerin war, hatte ich kaum Kontakt zur Mutter. Sebastians Eltern stellten sich im Unterricht auf zweierlei Weise dar. Ich frühstückte jeden Morgen gemeinsam mit meiner Klasse. Anfangs kam es immer wieder zu heftigen Aggressionsausbrüchen Sebastians, weil er tief enttäuscht war, wenn er ohne Frühstück in die Schule kam und die anderen Schüler ihr Frühstück auspackten. Seine Mutter habe keine Zeit gehabt, ihm Frühstück zu machen. Da Sebastian leidenschaftlich gern Cornflakes aß, vereinbarte ich mit der Mutter, daß ich für Cornflakes sorge und ihr diese dann in Rechnung stelle. Zusammen mit der Schulmilch konnte Sebastian dann jeden Morgen Cornflakes zum Frühstück essen.

Sebastians Vater stellte sich auf andere Weise im Unterricht dar. Sebastian kam eines Tages freudestrahlend in den Unterricht. Sein Vater hatte ihm eine gelbe Schirmmütze aus Amerika geschickt. Auf der Mütze stand Sebastians Name in großen Buchstaben. Stolz und überglücklich behielt er diese Mütze immer auf. Er war tief verzweifelt, als diese Mütze beim Schulschwimmen im Umkleideraum verlorenging und keiner der Lehrkräfte die Mütze finden konnte.

Das Hauptproblem war jedoch, daß Sebastian sich erst einmal weigerte, überhaupt an meinem Unterricht teilzunehmen. Trotz zahlreicher Vorbereitungsgespräche weigerte er sich heftig, in meine Klasse zu kommen, schlug die Schülerinnen der Parallelklasse, wann immer er sie sah. Er betrat mein Klassenzimmer nicht, setzte sich auf die Bank im Flur vor meiner Klasse. Er drohte, wegzulaufen, tat dies aber nicht. All meine Versuche, ihn zu motivieren in mein Klassenzimmer zu kommen, halfen nichts. Nachdem er zwei Tage vor der Klasse sitzen blieb – ich unterrichtete an diesen Tagen bei offener Tür –, sagte ich ihm, daß, wenn er nicht zu uns komme, wir ja zu ihm kommen könnten. Ich besprach dies mit meinen Schülern, denen ich Sebastians Gefühle verständlich machte. Diese waren sehr betroffen und irritiert von Sebastians Ablehnung, denn er lehnte ja auch sie mit seiner Weigerung, ins Klassenzimmer zu kommen, ab. Die Schüler übernahmen aber völlig meine innere Haltung und bemühten sich um Sebastian. Wir trugen nun die Tische in den Flur, und ich unterrichtete im Flur. Während meine Schüler vorher durch die Ablehnung Sebastians sehr gekränkt waren, standen sie nun plötzlich im Mittelpunkt der Schule. Es war natürlich ein spektakuläres Ereignis, daß wir im Treppenhaus Unterricht machten, und alle Schüler der Schule fragten meine Schüler, was denn bei uns los sei. Gelegentlich warf Sebastian einen flüchtigen Blick aus der äußersten Ecke des Flurs auf unsere Arbeit, verweigerte aber weiterhin jeglichen Kontakt. Dies zog sich über 1½ Wochen hin, und ich war langsam ziemlich gekränkt, wütend und ratlos.

Nach diesen 1½ Wochen ging ich abends in ein Restaurant essen und blätterte in den Anzeigen der Kinoprogramme. Ich las die Anzeige zu Walt Disneys Film »Pongo und Perdi«, den ich kannte. Sofort wurde ich ganz aufgeregt. Ohne zu wissen warum, wollte ich unbedingt, daß meine Klasse diesen Film sieht. Ich telefonierte am nächsten Tag mit dem Kino. Aus organisatorischen Gründen konnte ich mit der Klasse zu den vorgegebenen Kinozeiten nicht kommen. Um den Besuch trotzdem zu ermöglichen, organisierte ich nun eine Sondervorstellung für die ganze Schule.

Während dieser Vorstellung betreute eine Kollegin meine Klasse, da ich mit organisatorischen Aufgaben beschäftigt war.

Eine kurze Inhaltswiedergabe des Films: Pongo, ein Dalmatinerhund, und Perdi, eine Dalmatinerhündin, verlieben sich – wie deren Herrchen und Frauchen – ineinander, heiraten und bekommen Dalmatinerkinder. Eine Bekannte von Frauchen, man kann sagen: eine Hexe von Aussehen und Auftreten, will die kleinen Hunde kaufen, um daraus einen Pelzmantel zu machen. Weil diese nicht verkauft werden, läßt sie die Hundekinder entführen. Pongo und Perdi machen sich im kalten, verschneiten England auf die Suche nach ihren Kindern. Sie finden sie in einem Schloß, zusammen mit anderen Dalmatinerkindern. Insgesamt sind es 99 Dalmatinerkinder. Pongo und Perdi überlisten die Entführer und versuchen alle 99 Dalmatinerkinder unter Verfolgungsgefahren nach Hause zu bringen. Erschöpft und müde bekommen sie von anderen Tieren Hilfe. Bei Kühen können sie im Stall übernachten, und die Dalmatinerkinder können bei den Kühen am Euter Milch trinken. Jedenfalls erreichen sie glücklich das Heim, und alle 99 Dalmatinerkinder dürfen bei Pongo und Perdi und Herrchen und Frauchen bleiben.

Am nächsten Morgen war Sebastian wie verwandelt. Er betrat das Klassenzimmer und redete ständig von Pongo und Perdi. Ich hatte Bilder zum Film mitgebracht, welche die Schüler in die richtige Reihenfolge legen sollten. Sebastian küßte Pongo auf allen Bildern und sagte, daß er Pongo sei und ich Perdi. Für jeden Klassenkameraden suchte er ein Hundekind auf dem Filmplakat heraus und gab ihm dessen Namen. Wir waren jetzt die Hundefamilie und konnten wieder ins Klassenzimmer ziehen.

Über Wochen stand diese Phantasie nun im Zentrum des Geschehens. Ich ließ mich auf die Phantasie ein. Das Filmplakat hatte ich auf der Klassentüre befestigt. Andere Bilder zum Film schmückten das Klassenzimmer. Wann immer Sebastian am Plakat vorbeikam, küßte er Pongo. Anfangs knallte er immer, wenn er zur Türe hereinkam, die Türe heftig zu. Ich fragte ihn, warum er dies mache, die Hunde würden sich doch erschrecken. Er antwortete: »Damit sie aus dem Plakat fallen und ich sie alle mit nach Hause nehmen kann.«

Auf seinem Tisch mußte ich ein Bild von Pongo anbringen, ich klebte den Namen »Pongo« in Buchstaben darunter, sowie seinen eigenen Namen. Den Leseunterricht begann ich bei Sebastian mit dem Buchstaben P. Er liebte den Buchstaben P und war überglücklich, ihn bei akustischen oder optischen Differenzierungsübungen zu erkennen. Die anderen Buchstaben aus Pongo und Perdi lernte er ebenfalls schnell. Nun rechnete er, indem ich ihm Aufgaben mit den entsprechenden Bildern stellte wie: fünf Dalmatiner minus zwei Dalmatiner. Im Kunstunterricht zeichnete ich Dalmatinerumrisse, und die Schüler stempelten mit Korken schwarze Punkte hinein. So ging es über Wochen. Ich fühlte mich besessen von der Phantasie.

An einem Tag kaufte ich mir Bermuda-Shorts, und als ich sie am nächsten Tag in der Schule anzog, strahlte Sebastian: »Nun siehst du genau aus wie Perdi.« Ich schaute meine Hose an und merkte erst jetzt, daß sie tatsächlich lauter schwarze Punkte hatte.

In dieser Phase legte ich großen Wert darauf, vor allem für die anderen Schüler Angebote außerhalb der Phantasie zu machen. Ich individualisierte den Unterricht stark, bei den Aufgaben achtete ich darauf, daß die Schüler Wahlmöglichkeiten hatten, also z. B. auch Blumen subtrahieren und addieren konnten. Die Mitschüler motivierte ich, Arbeitsblätter außerhalb der Pongo-und-Perdi-Phantasie zu lösen. Ich bot den anderen Schülern auch Alternativen, indem entweder ein der Klasse zugeordneter Zivildienstleistender oder ich selbst mit Kleingruppen ohne Sebastian andere Dinge unternahmen. Da aber alle Schüler den Film sehr mochten, wollten alle an der Phantasie teilnehmen.

Allmählich setzte eine Phase ein, in der Sebastian nach Dalmatinerhunden Ausschau hielt. Eines Tages war er ganz aufgeregt, weil er einen Dalmatinerhund vom Bus aus gesehen hatte. Ich stellte nun an mir fest, daß ich nun auch nach Dalmatinerhunden beim Einkaufen oder Stadtgängen schaute.

Da ich keinen Hundebesitzer traf, den ich in die Schule hätte einladen können, organisierte ich eine Klassenfahrt zu einem Dalmatinerzüchter und dessen Frau. Das Ehepaar wohnte in einer Villa mit zwei Dalmatinerhunden. Sie waren ganz reizend, hatten für die Kinder Getränke und Gebäck auf den Tisch gestellt, und Sebastian konnte den ganzen Vormittag die Hunde umarmen. Wir bekamen beim Abschied noch Fotos und Ansteckknadeln geschenkt. Jedes Kind steckte sich nun das Dalmatinerclubabzeichen an den Ranzen.

Nach einigen Wochen ließ diese Phantasie allmählich nach, und Sebastian arbeitete gut im Unterricht mit, er interessierte sich nun auch für andere Dinge und hatte eine stabile Beziehung zu mir aufgebaut. Nur noch selten war er seinen Mitschülern gegenüber aggressiv.

Die Entwicklung Sebastians blieb trotz erheblicher realer Belastungen, die er bewältigen mußte, stabil.

Versuchen wir die Interaktion zwischen Sebastian und mir zu verstehen. Für Sebastian bedeutete der Klassenwechsel eine Wiederholung von Erfahrungen der Ablehnung und Trennung. So wie seine Mutter die Schwester bevorzugte, wurde er jetzt aus der Mädchenklasse weggeschickt. Aufgrund der Drohungen der Mutter, ihn in ein Heim zu geben, und aufgrund des realen Verlustes des Vaters mußte Sebastian die Schulsituation als erneutes und gefürchtetes Trennungstrauma erleben. Ich wurde zur total bösen Lehrerin, die in seinem Erleben Schuld an der Trennung hatte; die vorherige Lehrerin idealisierte er nun. Er verleugnete die Trennung, indem er sich weigerte, mein Klassenzimmer zu betreten.

Die Szene, in die das Kind mich verstrickte, suchte ich als innere

Szene des Kindes zu verstehen. Meine Reaktionen auf Sebastian waren Ausdruck seiner inneren Welt.

So inszenierte Sebastian mit der Weigerung, in meine Klasse zu kommen, eine emotionale Situation, die in mir nach meinem anfänglichen Scheitern Gefühle hervorrief, ihn loswerden zu wollen. Gleichzeitig hatte ich das Gefühl, dies nicht zu können. So etwa fühlte sich Sebastians Mutter. Auch Sebastian drohte nur wegzulaufen, tat dies aber nicht. Gleichzeitig kränkte er mich, weil er lieber in die Mädchenklasse gehen wollte. So etwa mußte er sich gekränkt fühlen durch die Bevorzugung der Schwester, die auch intelligenter war, wie die Mädchen der Parallelklasse.

Einerseits suchte ich meine Gefühle zu reflektieren, ihn nicht wegzuschicken, auf der anderen Seite ermöglichten mir auch diese Gefühle erst, Sebastian zu verstehen.

Die enorme Bedeutung des Films für Sebastian erfaßte ich im Restaurant unbewußt, diese wurde mir erst durch die Reaktion Sebastians auf den Film bewußt. Was wir pädagogische Intuition nennen, ist im Grunde nichts anderes als die unbewußte Antwort der Pädagogen. Das Einlassen auf die Szenen, das Verstehen der Gefühle des Kindes können die Pädagogen richtige pädagogische Entscheidungen – bewußt und unbewußt – treffen lassen, kann diese aber auch unter dem Einfluß des Wiederholungszwanges drängen, das Kind erneut zu frustrieren.

Das szenische Verstehen beruht nach Lorenzer (1973, 220) auf einer partiellen Identifizierung und bewirkt eine koenästhetische (Spitz) Regression, da Verstehen nicht nur die sprachsymbolische Interaktionsform umfaßt, sondern auch die sinnlich-symbolische, archaischere Form. Wie das Beispiel Sebastian zeigt, kann die Antwort im fördernden Dialog auch auf einer vorsprachlichen, unbewußten Ebene erfolgen, sie muß dann natürlich von den Pädagogen reflektiert werden.

Vielleicht ermöglichte auch mir erst die partielle Identifizierung mit Perdi, die massive Ablehnung Sebastians auszuhalten, ihn zu akzeptieren. Dies dürfte auch für die Schüler meiner Klasse zutreffen, die sich ebenfalls mit der Hundefamilie identifizierten. Auch die Schüler waren heftig betroffen von der massiven Abwertung, die

Sebastian ihnen zufügte. Unbewußt schien ich dies erkannt zu haben, denn anders ist der Eifer kaum zu erklären, mit dem ich die Filmvorführung organisierte.

Wie aber können wir die psychische Wirkung der Phantasie und des Spiels auf Sebastian verstehen?

Indem ich zur total guten Mutter Perdi (gute Mutterimago) wurde, konnte er seine Trennungsangst (die Hunde wurden ja von der Hexe, der bösen Mutterimago, in ein Schloß – Heim – mit lauter verwaisten Kindern entführt) und seine Sehnsucht nach nur guten, idealisierten Eltern symbolisch inszenieren.

Schon Freud (1920, 11 ff.) hat ja beim Garnrollenspiel seines Enkels die psychische Wirkung der Angstbewältigung im Spiel beschrieben, als dieser die Trennung von der Mutter und Wiedervereinigung mit ihr aktiv und symbolisch im Spiel durch das Wegwerfen und Heranziehen der Garnrolle inszenierte. Freuds Enkel inszenierte eine Lösung für seine Trennungsangst im Spiel.

Garnrolle und Pongo sind dabei projizierte Objekte, d. h. Fragmente aus der äußeren Welt, die verwendet werden für Vorstellungen aus der inneren Welt des Kindes.

Das Sehen des Films ließ Sebastian eine innere Welt erschaffen, d. h. die Pongo- und Perdi-Phantasie, die Fragmente der äußeren Realität enthält. Ich mußte mich dieser inneren Welt des Kindes anpassen, zur total guten Mutter werden, Illusion im Sinne von Winnicott ermöglichen. Ich mußte dem projizierten Objekt Perdi immer ähnlicher werden, so daß Sebastian ersehnte Szenen im Sinne von Lorenzer darstellen konnte. Entsprechend fühlte ich mich besessen. Die unbewußte Wahl meiner Bermuda-Shorts ist ein sichtlicher Ausdruck dieses Prozesses. Ich unterlag seiner omnipotenten Kontrolle der Umwelt. Das Türezuschlagen ist ein schönes Beispiel für seinen magischen Umgang mit der Umwelt.

Wie bei der Ninja- oder King-Phantasie schuf sich Sebastian eine Phantasie, die ein grausames inneres Bild abwehrte. So waren die Phantasien meiner Schüler dem abgespaltenen inneren Bild genau entgegengesetzt. Die Trennungsangst führte bei Sebastian zu dem inneren Bild einer bösen Mutter, einer Hexe, die ihn entführt. So benutzte er äußere Fragmente, den Film, zur Illusionierung ersehnter Szenen, in denen total gute Eltern ihre Kinder suchen und finden. Wilfried hatte ein inneres Bild des gewalttätigen Vaters, dessen Bedrohung er durch ersehnte militante Stärke abwehrte. Ninjas sind die stärksten Kämpfer der Welt. Bei Jürgen diente die King-Phantasie der Abwehr eines bedrohlich mächtigen, weiblichen Bildes. Der Frosch, der seinen Hals aufbläht, wird mit Hilfe der protzenden Muskeln des Tigers entmachtet. Wie bei den Mercedessternen war Jürgen hier auf der Suche nach phallischer Potenz, die er aufgrund des Fehlens des Vaters phantasieren mußte, da er keine männliche Identifikationsfigur hatte.

Das Schaffen dieser idealisierten Gegen-Bilder zu den grausamen und bedrohlichen inneren Bildern, das Inszenieren ersehnter Szenen, erfordert Illusion. Im Sinne der Verkehrung ins Gegenteil phantasiert das Kind Gegen-Bilder, die es auf äußere Objekte projiziert, den projizierten Objekten im Sinne von Winnicott. Wie ich schon sagte, ermöglichen diese Phantasien den handelnden Umgang mit der gespaltenen inneren Welt. Für Sebastian war es ein wichtiger Entwicklungsschritt, diese Phantasien zu erschaffen. Meine haltende Einstellung und meine Anpassung an seine Phantasie ermöglichten Illusion.

Zu meiner haltenden Einstellung gehörte auch, daß ich jeden Morgen für Cornflakes und Milch sorgte, ähnlich wie die Kühe im Film. Die Mütze diente Sebastian als Übergangsobjekt zur Bewältigung der Trennung vom Vater. Entsprechend respektierte ich, daß er sie nie abzog. Ich äußerte immer wieder, wenn er es hören wollte, daß die Mütze sehr schön sei.

Nun war es in einem zweiten Schritt wichtig, Sebastian zu einer realistischen Einschätzung seines Selbst und der Umwelt zu verhelfen (Desillusionierung).

Die Illusion ermöglichte Vertrauen und das Bedürfnis nach einer vollkommenen Umwelt, was ja nach Winnicott die wichtigste Wurzel des Geistes ist. Als Sebastian nach realen Dalmatinern Ausschau hielt, als er morgens freudestrahlend in die Schule kam, weil er einen Dalmatiner vom Bus aus gesehen hatte, begann der Zeitpunkt der notwendigen Desillusionierung. Den richtigen Zeitpunkt konnte nur das Kind selbst mitteilen. Winnicott zum Verstehen: »Dabei gehe ich vom Prinzip aus, daß nur der Patient, und nur er die Antwort weiß« (1976, 110). Über das szenische Verstehen – ich begann nun selbst nach Dalmatinern Ausschau zu halten – konnte ich diesen Zeitpunkt erkennen und antworten. Die Antwort war die Fahrt zum Dalmatinerzüchter.

Konfrontation mit der Realität bedeutete bei Sebastian, daß Personen seiner Umwelt nicht nur böse und bedrohlich sind, und daß Personen, wenn er sie verloren glaubte, wie der Vater und die vorherige Lehrerin, nicht nur total gut sind. Beim Dalmatinerzüchter war er mit der Realität liebevoller Hunde-Eltern, dem Züchterehepaar, und seiner ihn liebevoll behandelnden Klasse und mir konfrontiert. Das Anfassen der Hunde förderte offenbar den Prozeß der Verinnerlichung guter Erfahrungen.

Er konnte den Trennungsschmerz besser bewältigen, was zur allmählichen Aufhebung der Spaltung und damit zur Abnahme der Aggression führte. In diese Zeit etwa fiel der, von ihm vielleicht unbewußt provozierte, Verlust der Mütze beim Schulschwimmen. Er kam völlig verzweifelt vom Schwimmen zurück, und gemeinsam mit der Klasse sprachen wir über seinen Schmerz und seinen Vater. Da ich die Klasse in die meisten Gespräche mit Sebastian einbezog, hatten die Schüler ein ausgesprochen gutes Verständnis für Sebastians Not, was ihnen die Kraft gab, die Aggression Sebastians auszuhalten. Natürlich auch dadurch, daß ich sie, wenn sie Opfer von Sebastians Attacken waren, emotional durch Halten oder Wiedergutmachung unterstützte.

Der magische Pongo beruhte auf Omnipotenz und Illusion, war eine Abwehr tiefer Trennungsängste, die durch Spaltung abgewehrt wurden. Mit der zunehmenden Fähigkeit zur Objektkonstanz, die er durch die Konfrontation mit der Realität gewinnen konnte, veränderte sich seine innere Welt. Pongo konnte jetzt ein wirklicher Hund sein. Ich durfte Sebastians Lehrerin werden. Ich spürte an mir selbst die angenehme Wirkung der Desillusionierung und das Gefühl der Neugier auf die reale Welt.

Für Sebastian öffnete sich die äußere Welt und damit das Lernen. Die Entwicklung zur Objektverwendung, zu den objektiven Objekten (Winnicott) konnte sich vollziehen. Äußere Welt konnte allmählich als nicht-projizierte wahrgenommen werden. Die Phantasie von Pongo und Perdi ermöglichte eine Brücke zur objektiven Realität, sie gehört in den Bereich der Übergangsphänomene, so wie die Räume des Übergangs – das Treppenhaus, das Plakat auf der Tür – einen besonderen Stellenwert in der Arbeit mit Sebastian hatte. So ermöglichte ich einen intermediären Raum, einen »Spielplatz« im Unterricht und den Übergang zur äußeren Realität.

Ich bot Sebastian im Unterricht äußere Realität als Bausteine für seine Phantasie. Er rechnete mit Dalmatinerhunden und lernte Lesen über den Buchstaben P. Indem ich den Unterricht seiner Phantasie anglich, konnte er eine Beziehung zu mir aufbauen und lernen. Diente das Erkennen des Buchstaben P bei optischen Differenzierungsübungen anfangs seiner Phantasie, dem Wiederfinden des guten Vaters, so waren die Glücksgefühle, die ihm der Buchstabe ermöglichte, eine Brücke, sich allmählich dank der zunehmenden Bewältigung seiner Trennungsangst den objektiven Strukturen der Welt der Buchstaben zuzuwenden.

Phantasie und Spiel galt es dabei nicht einfach bewußt zu machen im Sinne von »Erinnern, Wiederholen, Durcharbeiten«, sondern zu erleben und den allmählichen Übergang zur Realität zu ermöglichen. Antworten im fördernden Dialog müssen auch die sinnlich-symbolische Interaktionsform umfassen.

Zulliger (1975, 13) spricht davon, sich auf die Sprache des Kindes einzulassen. Es handelt sich um das prälogische Denken – um das Denken in Sinnbildern –, um das Denken unseres Unbewußten, so Zulliger.

»Um aber ein Kind von seelischen Störungen heilen zu können, müssen wir jene Schicht seiner Psyche erreichen, in der das Kind ›lebt‹. Diese ist die magische, die prälogische, die noch nicht intellektuell gewordene, oft noch nicht einmal zu Wortvorstellungen gewordene ›Sprache‹... Und da die Sprache des Unbewußten die Symbolsprache und das Agieren ist, werden wir uns, um auf das Kind einzuwirken, der ihm eigenen ›Sprache‹ anpassen und uns seiner Sprache bedienen müssen... Mich deucht, das Geheimnis der Heilung psychogener Affekte bestehe überhaupt und allgemein darin, daß es dem Psychotherapeuten gelingt, die infantile und damit die urhafte Schicht oder Art des Denkens zu erreichen« (ebd., 92 f.).

Sechehaye (1955, 104) spricht von der präsymbolischen, magischen Partizipation des Patienten mit Bildern und Gegenständen und der Notwendigkeit, sich dem Unbewußten des Patienten durch Bilder verständlich zu machen.

Bettelheim spricht sogar von der Gefahr des Deutens archaischen Bildmaterials:

»Das Kind, dem bewußt gemacht wird, für welche Inhalte seines Inneren die Märchengestalten stehen, büßt ein notwendiges Ventil ein und erlebt eine verheerende Erschütterung, wenn es die Sehnsüchte, Ängste und Rachegelüste, die in ihm toben, erkennen muß« (Bettelheim 1977, 58).

Ich möchte damit nicht prinzipiell das Deuten in Frage stellen, denn es hat einen bedeutenden Stellenwert in der Psychotherapie. Ich möchte hier nur auf einen Aspekt der Entwicklungsförderung aufmerksam machen, der in der Arbeit mit Symbolen besteht. Magie und Illusion sind wichtige Entwicklungsschritte, die erlebt werden müssen und die Antworten darstellen können in einem fördernden Dialog. Die Pongo-und-Perdi-Phantasie ermöglichte Sebastian, das Erlebte zu ertragen und neue Erfahrungen zu machen.

Phantasie und Spiel dienen der emotionalen wie auch der kognitiven Entwicklung des Kindes.

Der dritte Bereich, die äußere Welt, entsteht aus der subjektiven Beziehung zur Mutter und ist von der Bewältigung der Trennung abhängig. Erst die Bewältigung von Trennung, das Entstehen von Objektkonstanz, befähigt das Kind, äußere Welt objektiv wahrzunehmen, d. h. Objekte zu verwenden im Sinne von Winnicott. Illusion und Phantasie sind dabei wesentliche Voraussetzungen.

Nach Sechehaye ist das positive Gefühl zur Mutter die Quelle der späteren Realität. Das Gefühl, geliebt zu werden, macht die normale Wahrnehmung der Realität möglich (Sechehaye 1974, 122). »Tatsächlich wird das Symbol, das ursprünglich ein Ersatz für das Objekt bildete, da es diesem anhaftete, sich in ein Bild und dann in einen Begriff verwandeln« (ebd., 149).

Die Beschreibung der emotionalen Entwicklung nach Winnicott

läßt sich sehr gut mit den Erkenntnissen Piagets zur kognitiven Entwicklung in Verbindung bringen. Piaget (1970) beschreibt die kognitive Entwicklung unter den Aspekten von Assimilation (das Vereinnahmen von Gegenständen, Personen und Ereignisse in das Subjekt), Akkomodation (Angleichen des Subjektes an objektive Strukturen) und Äquilibration (Selbstregulation). Der Entwicklungsprozeß wird bei Piaget als fortschreitende Dezentrierung in bezug auf den anfänglichen Egozentrismus des Kindes beschrieben. Im Egozentrismus assimiliert das Kind alles, als ob es das Zentrum der Welt wäre. Egozentrismus und Dezentrierung kommen meiner Meinung nach den Vorstellungen von Winnicott über Illusion und Desillusionierung sehr nahe.

Nach Leber (1989, 9) ist anzunehmen, daß das mit dem Begreifen der Trennung entstehende Ungleichgewicht sich als Angst und dem Bedürfnis nach Ausgleich des Mangels manifestiert und im günstigen Fall im Sinne weiterführender Äquilibration die Ausbildung von Strukturen fördert, die Voraussetzung für Vorstellung und Symbolbildung, einschließlich der Sprache, sind.

So gesehen ist die emotionale Entwicklung (Urvertrauen, Objektkonstanz) eine wesentliche Voraussetzung für die Entwicklung des Denkens.

Für den Unterricht bedeutet dies, daß ich Illusion, Phantasie oder auch Assimilation ermöglichen muß, bevor das Kind zur Akkomodation fähig ist.

Illusion und Phantasie könnten idealtypisch in der in fast allen didaktischen Phasenlehren enthaltenen sog. Motivationsphase zu Beginn des Unterrichts ermöglicht werden. Leider sind diese Motivationsphasen meist zu einer zweiminütigen Unterrichtstechnologie degeneriert und ermöglichen selten Assimilation oder Illusion.

Weber (1988) zeigt, daß Lesenlernen Illusion voraussetzt, da es die Abwesenheit des Sprechenden durch Illusionierung seiner Existenz auszugleichen voraussetzt (ebd., 35). Wie wenig Anfangstexte der Schule dies berücksichtigen, sich eher durch Bedeutungslosigkeit auszeichnen, zeigt Weber in seiner Arbeit (ebd., 100).

Neidhardt (1977) entwickelte bereits in den 70er Jahren eine psychoanalytische Didaktik auf der Grundlage der Winnicottschen

Theorie der Übergangsphänomene. Unterrichtsthemen und innere Themen des Kindes müßten miteinander verbunden werden, so daß die manifeste sachlogische Bedeutung des Unterrichtsinhaltes auch eine latente, psychodynamische Bedeutung erhält.

Ich hoffe, daß die kurzen Einblicke in das Unterrichtsgeschehen zweier Klassen gezeigt haben, daß Unterricht immer mit den inneren Themen der Schüler verbunden ist; die Schüler selbst geben dem Unterricht ihre je spezifische Bedeutung. Szenisches Verstehen ermöglichte mir, diese Bedeutungen zu erkennen und angemessen pädagogisch und didaktisch zu antworten. Dies war der psychischen Entwicklung meiner Schüler förderlich, aber auch dem Unterricht selbst, der didaktisch so gestaltet werden konnte, daß die Schüler motiviert und interessiert waren, was die kognitiven Fähigkeiten und damit auch das Ich der Schüler stärkte. Nicht-Verstehen fördert Widerstand, was sich in Desinteresse, Lernhemmungen oder Lernverweigerungen (Disziplinproblemen) äußern kann. Natürlich kann auch ein uninteressant gestalteter Unterricht zu Lernverweigerung führen, weil er den Schülern vermittelt, nicht geliebt zu werden. Ein sorgfältig ausgewähltes Bild, ein interessant gestaltetes Arbeitsblatt gibt dem Schüler das Gefühl, geliebt zu werden.

Indem die kognitive Entwicklung von der emotionalen Entwicklung nicht zu trennen ist, müssen beide Ebenen in einer Didaktik berücksichtigt werden.

Weil der Unterricht die Bedeutung der Beziehung, der Phantasie und die Bedeutung des Symbols nicht außer acht läßt, kann er die emotionale und kognitive Entwicklung der Schüler fördern. Es ist das Verdienst Winnicotts, die Untrennbarkeit beider Entwicklungen gezeigt zu haben.

## 3. Interpersonale und institutionalisierte Abwehr in der Sonderschule

Mentzos (1988, 26) beschreibt interpersonale Abwehrkonstellationen als eine Form der Abwehr, die durch Interaktion organisiert wird und bei der reale Verhaltensweisen, Eigenschaften oder Reaktionen des Interaktionspartners die Konfliktabwehr des anderen ermöglichen, fördern oder stabilisieren.

Gerade aggressives Verhalten von Kindern und Jugendlichen führt zu heftigen Reaktionen (Gegenübertragungen) bei Pädagogen. Solche Reaktionen können zum Beispiel massive aggressive Impulse sein (ich hatte bei einem Schüler häufig die Phantasie, ihn an die Wand zu klatschen und zu sehen, wie das Blut spritzt) oder aber auch Abwertungsimpulse, der Wunsch, den Schüler oder eine Kollegin abzuwerten. Angst und Ohnmachtsgefühle können entstehen, die dann wiederum Aggression erzeugen, z. B. den Wunsch, dem Schüler eine Ohrfeige zu geben. Da in der Sonderschule für Erziehungshilfe ein großer Teil der Schüler unter massiven Aggressionsproblemen leidet, kommt es hier zu einer Potenzierung von Aggressionen und entsprechend zu einer Potenzierung der Reaktionen auf Seiten der Pädagogen.

Es besteht die Möglichkeit, mit Hilfe des szenischen Verstehens diese Gefühle zu reflektieren. Die Gefühle können aber so stark sein, daß sie zu so heftigen Abwehrreaktionen führen, daß die Fähigkeit zur Reflexion beeinträchtigt wird.

So prügelte einer meiner Schüler der Sonderschule für Erziehungshilfe während des Unterrichts einen anderen Schüler. Er schlug so heftig auf diesen Schüler ein, daß ich die Phantasie hatte, er schlage den Schüler tot. Ich versuchte, den um sich schlagenden und tretenden Schüler festzuhalten, woraufhin der Schüler auf mich eintrat. Bis ein Kollege aus der Nachbarklasse mir zu Hilfe eilte, war die Haut meiner Schienbeine zerfetzt und meine Beine bluteten. Ich humpelte völlig schockiert ins Lehrerzimmer, weinte und konnte an diesem Tag keinen Unterricht mehr abhalten. Schon auf der Fahrt nach Hause war ich voller Haß. Ich überlegte mir den ganzen Abend, daß ich den Schüler nicht mehr unterrichten werde, daß ich ihn zum Einzelunterricht anmelden werde, weil er in der Klasse nicht mehr tragbar sei.

Am nächsten Morgen fuhr ich in dieser Stimmung in die Schule und erzählte einer Kollegin im Lehrerzimmer, daß ich diesen Schüler nicht mehr unterrichten werde, ich könne ihn nicht mehr ertragen und hätte die Angst, daß er mir eines Tages ein Messer in den Rücken sticht. Auch für den Schüler sei es besser, wenn er einzeln unterrichtet werde, er sei halt nicht gruppenfähig. Die Kollegin erinnerte mich nun daran, daß es für den Schüler schrecklich wäre, wenn er wieder abgeschoben und die Erfahrung machen würde, daß ihn niemand aushalte. In diesem Augenblick fiel es mir wie Schuppen von den Augen. Ich erkannte, daß ich hier lediglich Gefühle ausagiert hätte, die der Schüler provozierte. Es fiel mir trotzdem schwer, meinen Haß zu bewältigen, ich nahm mir aber vor, den Schüler nicht zum Einzelunterricht anzumelden. Ich teilte meine Schüler auf andere Klassen auf, um vor dem gemeinsamen Unterricht eine Stunde Zeit für ein Einzelgespräch mit dem Schüler zu haben.

Wir saßen uns gegenüber, und der Schüler schaute mich in Erwartung unangenehmer Dinge nur kurz an. Ich begann das Gespräch, indem ich ihm mitteilte, daß ich ihn nicht wegschicken werde, daß wir aber über die gestrigen Vorgänge sprechen müßten. Er meinte, daß er sich nicht kontrollieren könne, wenn er so wütend sei, dann schlage er um sich. Ich hätte ihn nicht festhalten sollen. Es wäre besser, ich würde ihm in solchen Situationen nicht zu nahe kommen. Wir sprachen eine Weile und ich spürte, daß es dem Schüler schon leid tat, ich aber hatte immer noch das Gefühl, mit dem Schüler nicht mehr arbeiten zu können. Ich schaute den Schüler etwas ratlos an, als das Gespräch darauf kam, wie der Vorfall geregelt werden sollte. Plötzlich sagte der Schüler – vermutlich sich daran erinnernd, daß er häufiger im Unterricht anderen Schülern gegenüber Wiedergutmachung leistete –, daß er ja mein Auto waschen könne. Sofort hatte ich Phantasien, wie der Schüler beim Autowaschen die Antenne abbricht und den Lack meines Autos zerkratzt (so wie die Haut meiner Schienbeine in Fetzen hing, sah ich den Lack meines Autos abblättern). So sagte ich ihm, daß mein Auto im Moment keine Wäsche brauche, ob er vielleicht eine andere Idee habe. Ich spürte, wie mein Haß durch seine Bereitschaft, Wiedergutmachung zu leisten, sofort geringer wurde. Nach einer Weile meinte er, daß er mir ja einen Kuchen backen könne. Ich war begeistert. Er fragte mich, was für einen Kuchen ich denn gern esse. Ich antwortete:

»Erdbeertorte« und fragte, ob er die backen könne. Stolz meinte er, das sei kein Problem.

Nun war ich froh, da der Schüler mir etwas Gutes tun wollte. Endlich war mein Haß geringer geworden, so daß ich auch wieder mit dem Schüler arbeiten wollte. Sowohl der Schüler als auch ich waren zutiefst erleichtert. Ich konnte an mir selbst die heilsame Wirkung der Wiedergutmachung erleben. Es war das einzige Mal, daß ich Wiedergutmachung für mich in Anspruch nahm, zumindest in dieser materiellen Form, denn Entschuldigungen sind ja auch Wiedergutmachungen. Es war auch das einzige Mal, daß ich physisch angegriffen wurde.

Es war mir klar, daß der Schüler ohne Hilfe die Erdbeertorte niemals backen würde. So informierte ich die Erzieher seiner Heimgruppe über unsere Vereinbarung. Ich bat sie, in einem Gespräch den Schüler von sich aus von der Vereinbarung erzählen zu lassen und ihn dann gelegentlich an seine Verabredung zu erinnern, sowie andere Hilfs-Ich-Funktionen zu übernehmen, z. B. ihm anzubieten, zum Einkaufen der Zutaten mitzugehen oder beim Backen der Torte zu helfen. Ich fragte den Schüler in den nächsten Tagen immer neugierig, was denn meine Torte mache. Er lächelte und meinte, er müsse erst auf sein Taschengeld warten, um die Zutaten kaufen zu können. Nach etwa zwei Wochen kam er mit einem Zitronenkuchen in die Schule. Die Erdbeeren seien zu teuer gewesen, so habe er einen Zitronenkuchen gebacken. Ich freute mich, und mein Haß war wieder liebevollen Gefühlen gewichen.

Für den Schüler war es eine wichtige Erfahrung, nicht abgewiesen zu werden. Um sein Ich zu stärken, überlegten wir zusätzlich, wie er in zukünftigen Situationen, wenn er wieder so wütend sei, sich bremsen könne oder verhindern könne, einen Schüler so unkontrolliert zu verprügeln.

Wiedergutmachung muß nicht derart materiell verstanden werden, ich akzeptierte hier aber den Vorschlag des Schülers, der offenbar meine Haltung schon verinnerlicht hatte und selbst eine Lösung fand. Die Szenen zeigen, daß die emotionalen Reaktionen so massiv sein können, daß es der interpersonalen Unterstützung bedarf, um reflexionsfähig zu bleiben. Indem die Kollegin in der aktuellen Situation meine Reflexionsfähigkeit wieder in Gang setzte und die Erzieher zum Gelingen der Wiedergutmachung beitrugen, halfen sie mir interpersonal, meinen Schock zu bewältigen. Es besteht aber auch die Gefahr, daß Kollegen, aufgrund der eigenen Betroffenheit, nicht die Reflexionsfähigkeit unterstützen, sondern die Abwehr der unerträglichen Gefühle fördern.

In den ersten Wochen meiner Arbeit in der oben genannten Klasse äußerten viele Schüler immer wieder die Phantasie, daß sie lieber einen anderen Lehrer hätten, nämlich den Herrn X. Herr X. galt in der Schule als der strengste und gefürchtetste Lehrer. Um so mehr kränkte mich diese Phantasie. So stand ich etwa neben einem Schüler, und er sagte mir: »Wissen Sie, Sie müssen es machen wie Herr X., uns Kopfnüsse geben und uns an den Ohren ziehen. Herr X. ist stark, Sie sind schwach.« In diesem Augenblick packte mich fürchterliche Wut und ich hätte dem Schüler am liebsten eine Ohrfeige gegeben. Oft spürte ich den Wunsch in mir, so durchzugreifen, wie die Schüler es forderten. Nun war ich in dieser Anfangszeit zweimal je eine Woche krank. Bei meinem ersten Fehlen wurde die Klasse auf andere Klassen aufgeteilt. Als ich wieder in die Schule kam, waren die Schüler erleichtert, machten Bemerkungen wie »daß Sie auch mal wieder kommen« und arbeiteten zumindest kurzfristig motivierter als zuvor mit. Als ich das zweite Mal krank wurde, hatte die Klasse eine Woche Herrn X. in Vertretung. Als ich zurückkam, waren die Schüler völlig außer sich vor Wut: Wieso ich krank gewesen wäre, wie ich ihnen das hätte antun können? Sie machten mich dafür verantwortlich, daß ausgerechnet dieser Lehrer die Vertretung übernahm. Ich fragte sie, warum sie so empört seien, sie hätten sich doch immer diesen Lehrer gewünscht. »Ja, aber so doch nicht«, meinten sie.

Die Schüler drängten mich heftigst, mich mit ihrer Phantasie, ihren inneren Bildern (Objektimagines) zu identifizieren. Die Provokation der Wiederholung der Szenen von Macht und Ohnmacht bedeutet nicht, daß die Schüler die provozierten Reaktionen brauchen, sondern das Ausagieren der Gefühle der Pädagogen wiederholt nur die Traumatisierung. So ging es bei diesen Szenen auch nicht um die Probleme der Trennung von mir, denn nach meinem ersten Fehlen waren meine Schüler froh, als ich wiederkam.

Nun waren es gerade in der ersten Zeit nicht nur die Schüler, die mich zur Übernahme ihrer Phantasie drängten, sondern auch einige Kollegen. Man müsse bei diesen Schülern hart durchgreifen, die Schüler brauchten dies. Die Identifikation mit der von den Schülern provozierten Reaktion führte nicht zur Reflexion, sondern zur Abwehr in Form von Rationalisierungen in Gestalt pädagogischer Alltagstheorien.

Da aggressive Schüler Lehrer immer wieder in ohnmächtige, angstvolle Situationen drängen, in Angst, »mit der Klasse nicht fertig zu werden«, ist das harte Durchgreifen und Strafen ein Versuch, die Ängste vor Kontrollverlust und Ohnmacht durch Verkehrung ins Gegenteil abzuwehren. Für die psychische Entwicklung der Schüler ist es aber wichtig, eine realistische Position beizubehalten, nicht zwischen den beiden Extremen von Macht und Ohnmacht zu schwanken. Dies ist gerade in der Sonderschule für Erziehungshilfe ungeheuer schwierig.

Eine interpersonale Abwehrstrategie war ferner das ständige Verschieben von Schuld. Zerstörte ein Schüler Dinge oder griff er andere Schüler oder Pädagogen an, so war die erste Frage immer: »Wer ist dran Schuld?« Schuld hatte immer der gerade Aufsichthabende. Einer meiner Schüler, eben jener, der mich gegen die Schienbeine trat, rannte vom Sportfest weg ins Heim. Dort schlug er heftig auf eine Erzieherin ein, die mit Hilfe von Kollegen diesen Schüler dann in die Toilette einsperrte. Von dort sprang der Schüler aus dem Fenster und brach sich ein Bein. Nun beschuldigten die Erzieher sofort mich, denn der Schüler sei vom Sportfest weggelaufen, also aus der Schule, und damit trage ich die Verantwortung für den Vorfall. Ich war sofort froh und erleichtert, weil dieser Schüler nicht in der von mir beaufsichtigten Riege mitturnte, so daß ich sagen konnte, daß er nicht aus meinem Unterricht weggelaufen war.

So wurden Schuldzuweisungen zwischen Heim und Schule verschoben, die eigentlichen Ursachen und Schwierigkeiten des Schülers gingen dabei leicht verloren. Ich habe schon beschrieben, daß meine erste Reaktion auf den Mercedesstern-Diebstahl ein Gefühl der Erleichterung war, nicht schuld zu sein, weil die Schüler nach dem Unterricht eines Kollegen diesen Diebstahl ausführten. Ebendiese Verschiebung von Schuldgefühlen war auch die Abwehrstrategie der Schüler. Indem Schuld zwischen Heim und Schule hin und hergeschoben wurde, kam es zur interpersonalen Abwehrstrategie, Schuld nicht zu bearbeiten, sondern zu verschieben.

Neben diesen interpersonalen Abwehrstrategien bestehen auch sogenannte institutionalisierte Abwehrkonstellationen. Nach Mentzos (ebd., 80) sind Struktur und Prinzipien einer Institution nicht nur zweckrational aufgebaut, sondern diese können auch Abwehraufgaben übernehmen.

Nach dem Unterricht gingen die Schüler mit uns Lehrern täglich in den Speisesaal. Wir hatten während des Mittagessens Aufsichtspflicht. Zur Essensausgabe mußten die Schüler in einer Schlange warten. Damit nicht mehrere Klassen gleichzeitig zur Essensausgabe kamen, war genau geregelt, um wieviel Uhr jede Klasse in den Speisesaal gehen soll. Dies klappte natürlich fast nie. So gab es immer Gedränge beim Anstehen. Für die Schüler war dies unerträglich. Sie schubsten und schlugen sich die Tabletts auf die Köpfe usw. Da sie sich immer Unmengen zu essen nehmen wollten, war genau geregelt, wieviel ein Schüler maximal nehmen durfte. Auf der Seite der Schüler erhöhten diese Regelungen die Angst, nicht schnell genug und ausreichend zu essen zu bekommen, was wiederum das Drängeln verstärkte.

Auf der Seite der Lehrer gab es immer wieder die komplementäre Phantasie. Einige Kollegen gerieten gelegentlich in heftige Wut und ärgerten sich, daß es verboten war, die Schüler, die drängelten, ohne Essen wegzuschicken. Sie meinten, wenn man zwei- oder dreimal einen Schüler hungrig wegschicke, werde er nicht mehr drängeln. Es entstand heftige Wut wegen des gierigen, unkontrollierten Verhaltens der Schüler und der Wunsch, sie hungern zu lassen.

So wundert es nicht, daß in der inoffziellen Speisesaalregelung die Regel aufgestellt wurde: Wer nicht aufißt, bekommt eine Woche keinen Nachtisch! Die Schüler sollten dadurch lernen, sich die richtige Menge Essen zu nehmen. Diese Regel führte nun wiederum dazu, daß die Schüler Essensreste in einem Schälchen versteckten. Sie stapelten dann mehrere Schälchen übereinander, wobei das unterste die Essensreste enthielt. Dies wurde wiederum mit dem Verbot, Schälchen aufeinanderzustapeln, beantwortet, und wir Lehrer hatten die Aufgabe, die Einhaltung des Verbots zu kontrollieren.

So existierten institutionelle Regeln, die nur die Ängste der Schüler vertieften. Es entwickelte sich eine Macht-Ohnmacht-Spirale. Das Verhalten der Schüler löste bei Lehrern Angst vor Kontrollverlust und heftige Aggression aus. Die Regeln stellten dabei eine Art Kompromiß dar zwischen der Identifikation mit den von den Schülern provozierten Impulsen, z. B. dem Wunsch, sie hungern zu lassen, und der Abwehr dieses Wunsches. Der Kompromiß bestand dann darin, lediglich mit dem Entzug von Nachtisch zu drohen. Die Regeln dienten der Abwehr der unerträglichen Phantasien und Gefühle der Lehrer; sie bewirkten bei den Schülern wiederum Ohnmachtsgefühle und Aggression. Die Schüler wurden auf diese Weise regelrecht in die Dissozialität (Regelmißachtung) getrieben. Ähnlich »ungesetzliche« Lösungen wie das Verstecken von Essen in den Schälchen fanden die Schüler bei fast allen Regeln.

Da die Schüler häufiger die Toiletten verwüstet hatten, gab es die Regelung, daß die Toiletten nur noch zu bestimmten Zeiten geöffnet waren. Es durfte auch immer nur ein Schüler je Klasse zur Toilette geschickt werden. Diese Regelung hatte zur Folge, daß die Schüler in der Pause hinter die Büsche pinkelten, was zwar verboten war, aber selten bestraft wurde, weil niemand imstande war, die Einhaltung dieser Regel durchzusetzen.

Die Schüler provozierten das Aufstellen dieser Regeln aufgrund des Wiederholungszwanges. Die Regeln schwächten so weiter das Ich der Schüler, da sie die Macht-Ohnmacht-Spirale aufrechterhielten und die Ängste der Schüler (Essen, Analität etc.) nur weiter schürten. Sie wurden erneut in die ohnmächtige Position gedrängt, gegen die sie sich aggressiv zur Wehr setzten.

Regina Clos (1987) hat in einem Aufsatz beschrieben, wie institutionelle Regelungen in der Sonderschule für Lernbehinderte gerade das Trennungstrauma der Schüler dieser Schule wiederholen.

Ich vermute, daß sich in den spezifischen Sonderschultypen ganz spezielle Abwehrkonstellationen gebildet haben, die gerade die Erfahrungen ihrer Schüler reproduzieren und dadurch deren Entwicklung hemmen können.

So fühlte ich mich in der Sonderschule für Körperbehinderte und Praktisch Bildbare sehr wohl, hatte nur vier bis sechs Schüler in der Klasse und konnte einen schönen, spielerischen und lustvollen Unterricht gestalten, so daß mich Schüler gelegentlich küßten vor Freude, wenn ich ein Arbeitsblatt austeilte. Als ich jedoch wollte, daß einer meiner Schüler, der leicht körperbehindert war, selbständig mit den öffentlichen Verkehrsmitteln statt mit dem Behindertentransport in die Schule kommt, hatte ich einen zweiwöchigen Telefonkrieg mit dem Schulamt zu überstehen.

So besteht die Gefahr, daß Schulen für bewegungsbeeinträchtige Kinder dazu neigen, auf dieses Trauma ihrer Schüler mit einer Überbehütung zu reagieren und es damit unbewußt verstärken.

Die Schule für Erziehungshilfe ist in der Gefahr, auf das Leitsymptom ihrer Schüler, die erhöhte Aggression, mit erhöhter Kontrolle zu reagieren und damit die Gefühle von Ohnmacht und Kontrollverlust zu verstärken und so die Macht-Ohnmacht-Spirale und Aggression weiter anzutreiben.

Für die Förderung der Entwicklung der Schüler müssen wir aber auch diese institutionalisierten, unbewußten Prozesse in den Sonderschulen reflektieren. Balint-Gruppen-Angebote (vgl. Roth 1985) wären hier eine sinnvolle Einrichtung oder aber konsequenterweise die Suche nach Alternativen zum derzeitigen behindertenspezifisch extrem aufgegliederten Sonderschulsystem. Die Forschungsergebnisse zur integrativen Beschulung geben hier wichtige Impulse (Deppe-Wolfinger u. a. 1990; Eberwein 1988; Reiser 1987; Wocken u. Antor 1987), die deutsche Sonderpädagogik ist aber noch weit von einer breiten Umsetzung und Lösung der mit Integration verbundenen Probleme entfernt (vgl. Datler 1987; Speck 1988, 288ff.).

## 4. Geschlechtsspezifische Aspekte von Aggression und Dissozialität

Die Frage ist nun, welche intrapsychischen Erklärungsmodelle zu einer Antwort beitragen können, warum Aggression und Dissozialität so deutlich bei Knaben und Männern überwiegt. 1978 wurden nur 15,1 % aller verurteilten Straftaten von Frauen begangen (Einsele 1982, 75).

Aggression ist im Schulalter deutlich überwiegend bei Jungen anzutreffen (vgl. Bach 1984b, 145). Das Wegnehmen von Schulsachen wurde von Grundschullehrern bei Jungen dreimal so häufig und das Schlagen von Mitschülern elfmal so oft wie bei Mädchen beobachtet (Kluge 1974, 18). Delinquente Verhaltensweisen sind bei männlichen Kindern und Jugendlichen mit 90 % noch deutlich höher (Otto 1970, 109). Havers kommt nach Durchsicht der verschiedensten empirischen Untersuchungen zu dem Ergebnis:

»Da unter den Schülern mit Verhaltensstörungen aggressiver und delinquenter Art die Jungen erheblich stärker vertreten sind... liegt die Vermutung nahe, daß auch insgesamt mehr Jungen als ›verhaltensgestört‹ und ›erziehungsschwierig‹ bezeichnet werden... Die Hypothese, daß Schüler häufiger als Schülerinnen ›erziehungsschwierig‹, ›verhaltensgestört‹ oder ›disziplinschwierig‹ genannt werden, wird durch die empirischen Forschungen voll und ganz bestätigt« (Havers 1978, 64).

Im Schuljahr 1989/1990 wurden an den staatlichen Sonderschulen für Erziehungshilfe in Hessen 691 Schüler unterrichtet; davon waren 585 männlich und 106 weiblich. In der privaten Sonderschule für Erziehungshilfe, an der ich unterrichtete, waren von 114 Schülern 10 weiblich. Bei etwa 75 % der Schüler war extreme Aggression der Hauptüberweisungsgrund in die Sonderschule für Erziehungshilfe.

Sehen wir Aggression als Ausdruck narzißtischer Wut und im Zusammenhang mit frühen Störungen verinnerlichter Objektbeziehungen, so fragt sich konsequenterweise, ob vor allem Jungen einen größeren narzißtischen Mangel erleiden. Die Dissozialität erscheint bei ausschließlicher Betrachtung der intrapsychischen Vorgänge als ein weiterer Schritt, diesen Mangel zu kompensieren. Bei der Dissozialität werden äußere Situationen und Handlungen zur Festigung der Abwehr und Stärkung der Kompensation in Anspruch genommen, weil differenziertere, rein intrapsychische Abwehrmechanismen nicht zur Verfügung stehen (Mentzos 1984, 235).

Mit der Selbstpsychologie kommen wir bei der Frage nach den geschlechtsspezifischen Aspekten der Aggression in unlösbare Widersprüche. Nach Kohuts Theorie müßte das Vorherrschen von narzißtischer Wut bei Knaben bedeuten, daß sie nicht im selben Maße wie Mädchen in ihrem Selbstgefühl gespiegelt wurden. Dies widerspricht den traditionellen Theorien der Psychoanalyse über die Frau. Freud stellte vor allem zwei Mythen über die Frau auf. Einerseits führe ihr Penismangel zur Wahrnehmung ihrer anatomischen Minderwertigkeit, und zweitens sei die ambivalente Liebe der Mutter zur Tochter für deren narzißtischen Mangel verantwortlich. »Nur das Verhältnis zum Sohn bringt der Mutter uneingeschränkte Befriedigung; es ist überhaupt die vollkommenste, am ehesten ambivalenzfreie aller menschlichen Beziehungen« (Freud 1933, 143).

Der Glanz im Auge der Mutter wird nach psychoanalytischen Theorien hauptsächlich dem Knaben zuteil (vgl. Mitscherlich 1987, 137). Auch Kohut hält an diesem Mythos fest, macht sich über geschlechtsspezifische Unterschiede ansonsten wenig Gedanken. Fraglich ist also, warum hauptsächlich Knaben mit narzißtischer Wut reagieren, wenn sie doch so viel besser gespiegelt werden.

Solange psychoanalytische Theorien zur weiblichen Entwicklung Abwehrprodukte männlicher Phantasien darstellen (vgl. Rohde-Dachser 1989), läßt sich die Frage nach der Aggression schwer beantworten. Sind der Phalluskult und die Theorie vom Penisneid der Frau Abwehrprodukte, zum Beispiel Reaktionsbildungen gegen den Gebär- und Brustneid des Mannes (Bettelheim 1975), so mag auch die Theorie der ambivalenzfreien Beziehung zwischen Mutter und Sohn Abwehr in Form von Idealisierung sein.

Chodorow (1985) jedenfalls kommt zu anderen Erkenntnissen, die, wie ich zeigen möchte, Aggression und Dissozialität der Knaben und Männer eher verständlich werden lassen.

Die primären Bezugspersonen von Jungen und Mädchen sind weiblich, weil überall, so Chodorow, Frauen bemuttern. Am Anfang des Lebens steht für beide Geschlechter die Beziehung zu einer Frau. Mütter sind immer noch die primären Versorgerinnen und primären inneren Objekte der Kinder, so Chodorow. Väter sind für Knaben und Mädchen sekundäre Objekte. Grundlegende Eigenschaften der Familienstruktur führen zu verschiedenen Arten der Differenzierung des Ich und seiner verinnerlichten Objektbeziehungen (Chodorow 1985, 122 f.).

Die Mutter-Sohn-Beziehung ist von Anfang an durch die geschlechtliche Verschiedenheit geprägt. Der Sohn wird von der Mutter stärker als Objekt gesehen. Die Mutter-Tochter-Beziehung wird von der Mutter eher als Erweiterung ihres Selbst erlebt, die Tochter wird geliebt, aber weniger als Objekt begehrt, so Chodorow.

Weil sie dasselbe Geschlecht wie ihre Töchter haben und selbst einmal Mädchen waren, neigen Mütter von Töchtern nach Chodorow dazu, diese nicht in gleicher Weise als verschieden von sich selbst zu betrachten wie Mütter von Söhnen. In beiden Fällen empfindet die Mutter ein Gefühl der Einheit und Kontinuität mit ihrem Kind. Dieses Gefühl ist jedoch Töchtern gegenüber auf jeden Fall stärker und anhaltender. Die primäre Identifikation und die Symbiose mit Töchtern sind im allgemeinen stärker, und die Besetzung der Töchter behält eher narzißtische Elemente bei, d. h. basiert auf dem Erleben der Tochter als Erweiterung oder Verdoppelung der Mutter, während die Besetzung der Tochter als sexuell anderes Wesen normalerweise nur ein schwächeres, weniger signifikantes Thema ist. Mütter identifizieren sich normalerweise mehr mit ihren Töchtern und empfinden sie als weniger separat (ebd., 143).

Weil sie sich von ihren Söhnen geschlechtlich unterscheiden, erleben Mütter, so Chodorow, diese als männliche Gegenstücke. Die Besetzung ihrer Söhne ist von Anfang an eher eine Objektbesetzung eines sexuell Anderen, möglicherweise durch narzißtische Komponenten ergänzt. Gleichzeitig treibt das mütterliche Verhalten den Sohn in eine sexualisierte, genital getönte Beziehung (ebd., 144).

Um Mann werden zu können, muß der Junge sich früh aus der primären Beziehung zur Mutter lösen. Mit ihr fällt auch ein großer Teil seiner Gefühls- und Phantasiewelt der Verdrängung anheim. Seine Angst ist von nun an, in die primäre Beziehung zurückzusinken, da diese Regression die Zerstörung seiner männlichen Identifikation bedeutet.

Die Mutter-Tochter-Beziehung erleidet keinen derartigen Bruch. Sie bleibt, wenn auch hochambivalent ein Lebenlang bestehen und behält auch ihre symbiotische Färbung bei. Der Vater kommt als interessanter heterosexueller Partner hinzu, erhält aber nur zweitrangige Bedeutung. Die Sexualisierung des Beziehungsangebotes geht nach Chodorow vom Vater aus. Im Normalfall behält das Mädchen beide Eltern als Liebesobjekte und als Rivalen.

Der Knabe benötigt nach der Theorie Chodorows den Vater oder eine männliche Bezugsperson, um die Introjektion der Mutter, die archaische Identifikation mit der weiblichen Mutter mittels einer männlichen Identifikation abwehren zu können. In der männlichen Version wird nach Rohde-Dachser (1989a, 207) eine männliche Person regelmäßig durch den Penis repräsentiert und seinetwegen begehrt oder auch gefürchtet. Der Penis fungiert auf diese Weise als Partialobjekt (Parsprototo).

Dem Penis kommt auch nach Chasseguet-Smirgel eine entscheidende Bedeutung zu. Danach (1974, 163ff.) müssen sich alle Kinder aus der Allmacht ihrer Mutter befreien und ein Gefühl der Vollständigkeit entwickeln. Ein Knabe erreicht diese Befreiung durch seine Männlichkeit und den Besitz eines Penis. Sein Penis und seine Männlichkeit symbolisieren seine Unabhängigkeit und Separatheit von der Mutter. Die Entwicklung eines Penisneides oder eines Wunsches nach einem Penis beim Mädchen ist bei Chasseguet-Smirgel ein Versuch der Befreiung von der Mutter. Der Penis oder Phallus ist ein Symbol von Macht oder Allmacht. Sowohl für den Knaben als auch für das Mädchen kommt bei Chasseguet-Smirgel dem Phallus ein hoher Symbolwert zu (ebd., 166).

Bei Chasseguet-Smirgel findet die Liebe des kleinen Mädchens zur Mutter keinen Platz (Chodorow 1985, 162). Sie hält an der Freudschen Theorie des Objektwechsels und der beeinträchtigten Mutter-Tochter-Beziehung fest. »Das zweite Objekt – der Vater und sein Penis – wird wegen der enttäuschenden Beziehung zum ersten Objekt einem Idealisierungsprozeß unterworfen« (Chasseguet-Smirgel 1974, 138).

Chodorow dagegen nimmt Abschied von der Vorstellung, das Mädchen müsse sich von der enttäuschenden Mutter abwenden. Väter werden bei ihr lediglich hinzugenommen.

Die weibliche Persönlichkeit ist bei ihr weniger auf Verdrängung und Abspaltung innerer Objekte aufgebaut, weil Töchter die Introjektion der Mutter nicht abwehren müssen, um ihre Geschlechtsidentität zu erhalten. Weil sie die präödipale Liebe zur Mutter weiterführen, definieren und erleben sich Mädchen im Verlauf ihres Heranwachsens als kontinuierlich mit anderen verbunden (Chodorow 1985, 220).

In einer Kultur, in der vor allem Frauen bemuttern und die Aufgaben der primären Beziehung übernehmen, erscheint weniger die Mutter-Tochter-Beziehung und der Objektwechsel des Mädchens (die Hinwendung zum Vater) problematisch, wenn, wie Chodorow annimmt, das Mädchen die Mutter nicht aufgibt, sondern ihr nur eine neue Beziehung hinzufügt. Problematisch erscheint vor allem auch die Vater-Sohn-Beziehung. Der Sohn ist für seine Selbstentwicklung, zur Identifikation, fundamentaler als das Mädchen von männlichen Bezugspersonen abhängig. Nicht der Objektwechsel des Mädchens, sondern der Identifikationswechsel des Knaben scheint in einer Kultur, in der Vaterschaft unsicher ist, ein entscheidendes Problem zu sein. Der Vater hat nicht nur die Aufgabe der Triangulierung, sondern für die Selbstentwicklung des Knaben strukturierende fundamentale Funktionen.

Ein Problem der männlichen Entwicklung scheint mir zu sein, daß der Knabe auf Männer angewiesen ist, die durch die kulturellen Normen weniger zuverlässig zur Verfügung stehen als die Mütter. Genau an dieser Schwierigkeit scheinen aggressive und dissoziale Knaben zu scheitern.

Eine dänische Untersuchung zeigte, daß nur 25 % der wegen Delinquenz und schwerer Verhaltensstörung in ein Heim eingewiesenen Jungen vom ersten bis sechsten Lebensjahr ein und denselben Vater hatten. Bei der Vergleichsgruppe der Normalbevölkerung waren dies immerhin 83 % (Jonsson 1967).

Bei meiner Arbeit mit aggressiven, dissozialen Knaben habe ich nicht eine intakte Vater-Sohn-Beziehung erlebt (vgl. auch Schmidt

1986, 11; Havers 1978, 141). Meist fehlte der Vater in der Erziehung gänzlich, wie bei Jürgen, Wilfried und Sebastian; oder aber er bot sich wie bei Robert nicht als Identifikationsobjekt an. Roberts Vater verachtete Robert, weil er nicht intelligent genug sei.

Das Fehlen des Vaters oder die Unmöglichkeit, sich mit diesem zu identifizieren, machen dann den narzißtischen Mangel des aggressiven und dissozialen Knaben aus. Aggressives Verhalten bei Knaben ist Ausdruck erhöhter narzißtischer Kränkbarkeit, weil ihnen wesentliche Momente in der Selbstentwicklung verlorengehen, da sie die Identifikation mit der Mutter abwehren müssen und ein zuverlässiger männlicher Ersatz fehlt. In der Dissozialität suchen sie dann nach Männlichkeit. So war es bezeichnend, daß alle Jugendlichen unserer Schule fast ausschließlich in Gruppen stehlen gingen. Sich gemeinsam der Gefahr aussetzen, stärkte die Männlichkeit. Zudem agierten sie nun einen Konflikt aus, bei dem sie die Verfolgung durch mächtige, aggressive Männerbilder (so ihre Phantasien von der Polizei) provozierten. Das Diebesgut, wie die Mercedessterne, diente nicht selten als Beweis phallischer Potenz.

So war auch ihr Wunsch, Herrn X als Klassenlehrer haben zu wollen, eine Suche nach dem Vater und Abwertung der wegen der Verschmelzungsgefahr bedrohlichen Frau, der Mutter, die für sie meist das einzige Identifikationsobjekt darstellte und deren Imago von daher sekundär mit Allmacht und Bedrohung ausgestattet wurde.

Der Mythos von der besten aller Beziehungen, der Mutter-Sohn-Beziehung, beruht meiner Meinung nach auf einer Idealisierung der Mutter (Spaltung). Hier handelt es sich um Abwehrprodukte, analog zu den Theorien vom Penisneid und der Minderwertigkeit weiblicher Anatomie.

So scheint mir Dissozialität nicht, wie bei Winnicott (1988, 152 ff.), die Suche nach der Mutter, sondern die Suche nach dem Vater zu sein. Die antisoziale Tendenz besteht nach Winnicott aus zwei Aspekten, dem Stehlen und der Destruktivität. Im Stehlen sieht er die Suche nach der Mutter, die das Kind verloren hat. Die Destruktivität ist bei Winnicott die Suche nach einer Umwelt, die stark genug ist, seine Destruktivität zu überleben. Winnicott sieht in der antisozialen Tendenz einen Selbstheilungsversuch, ein Zeichen von Hoffnung.

Meiner Erfahrung nach ist es weniger das Versagen der Mutter, das natürlich erschwerend hinzukommen kann, als das des Vaters und Dissozialität, die Suche nach dem Vater, nach Männlichkeit. Diese Erfahrungen fand ich auch bei meinen ethnopsychoanalytischen Studien in Jamaika (vgl. Heinemann 1990) bestätigt. Jamaika ist eine Kultur mit extremen Formen männlicher Gewaltkriminalität. Die »Gunmen« und »Killer«, die Tag für Tag die Bevölkerung in Angst und Schrecken versetzen, sind meist Jugendliche und Männer aus den Frauenhaushalten der Slums von Kingston. Ohne Vater aufgewachsen, wie es dort die übliche Sozialisationsbedingung ist, entwickeln sie illusionäre Phantasien männlicher Größe und Potenz. Die Identifikation mit diesen Phantasien ersetzt die fehlende Beziehung zu einem Vater, der die Möglichkeit bietet, realistische Vorstellungen eigener Männlichkeit zu entwickeln. Teilweise geringfügige Kränkungen lösen dann heftige Aggression aus.

Die problematische Vater-Sohn-Beziehung kann zu illusionären Männlichkeitsphantasien, zur Spaltung der Gefühlswelt (Aggression) und Dissozialität führen. Die Psychoanalyse lastete diese Entwicklung bisher immer wieder der Mutter an. Gerade die Ergebnisse der Forschung zur Aggression und Dissozialität könnten aber zur Rehabilitierung der Mutter und der Mutter-Tochter-Beziehung beitragen.

»Möglicherweise tragen die frühen Verinnerlichungen der mütterlichen Funktionen wie auch die Beziehung zu ihr dazu bei, ein strukturierteres Selbstbild aufzubauen, als es dem Knaben vergönnt ist; ihm wird die Des-Identifizierung mit den Funktionen der Mutter in ganz anderer Weise, von außen wie auch von der Mutter selbst, abverlangt, als dem Mädchen. Die Fähigkeit, ein Gedächtnis für frühe Erlebnisse und Gefühle zu entwickeln, ist beim Knaben durch den aufgezwungenen Identifikationsabbruch häufig verkümmert. Die evokative Möglichkeit des Gedächtnisses, Objekte, das heißt mitmenschliche Beziehungen und deren tröstende und angstmildernde Funktionen, nach Bedarf vor seinem inneren Auge zu wecken, könnte aus den genannten Gründen beim Mädchen ausgeprägter sein als beim Knaben, auch trotz aller späteren Störungen durch die Identifikation mit den selbstentwertenden Einstellungen der Mutter« (Mitscherlich 1987, 136 f.).

Die Konsequenz dieser Überlegungen sollte allerdings nicht die »friedfertige Frau« (Mitscherlich 1987) sein, die Becker und Stillke (1987) als Mythos kritisieren und als Verleugnung der präödipalen Aggression der Frau. Die Annahmen Chodorows legen zwar eine stärkere Fähigkeit der Frau zu Triebneutralisierung und Integration innerer Objekte nahe, sollten aber nicht darüber hinwegtäuschen, daß Frauen durchaus auch heftige Formen von Aggression zeigen, vor allem in der Wendung gegen sich selbst (Becker und Stillke 1987, 22). Möglicherweise trägt hierzu die stärkere Verschmelzung des Selbst mit dem inneren Bild der Mutter bei. Diese Verschmelzung birgt natürlich auch die Schwierigkeit, sich aus der Beziehung zur Mutter zu lösen, was ein hohes Potential für Aggression darstellen kann. Frauen scheinen dieses Potential nur anders zu verarbeiten.

*Tilo Grüttner*
Psychoanalyse und Pädagogik im Heim
einer Einrichtung für Erziehungshilfe

## 1. Therapeutisches und pädagogisches Zusammenwirken – das Modell

Es ist leicht einzusehen – besonders nach der Lektüre des vorangegangenen Kapitels –, daß in einem Heim für dissoziale Jugendliche eine Kooperation von psychoanalytisch orientierter Therapie und Pädagogik wünschenswert und notwendig ist. Es ist allerdings schwer, dies in die Praxis umzusetzen, weil es große Anforderungen an die mitmenschlichen Fähigkeiten der an dieser Kooperation Beteiligten stellt.

Soll das gemeinsame Vorhaben gelingen, ist Hilfe – z. B. in Form von Supervision – unbedingt nötig. Aber Hilfe annehmen, heißt auch, sich als hilfsbedürftig erleben und darstellen; und das ist schon wieder nicht so einfach.

Ich möchte darüber berichten und reflektieren – auch zur Reflexion einladen –, wie in einem Heim für dissoziale Jugendliche und junge Erwachsene* im Alter von ca. 13 bis ca. 21 Jahren versucht wird, mit Hilfe von Therapie und Pädagogik Entwicklung, Nachreifung und Problembewältigung zu schaffen. Meine Ausführungen werde ich so gliedern, daß ich zunächst unser Modell therapeutischen und pädagogischen Zusammenwirkens beschreibe, dann facettenartig wichtige Situationen für Therapeuten und Pädagogen im Heimalltag schildere und in einem letzten Kapitel anhand eines Beispiels darstelle, wie ein Jugendlicher und seine Bezugspersonen im Heim diese Stationen und Situationen durchlebt haben.

Im allgemeinen haben Pädagogen und Therapeuten am meisten

---

* Ich war in diesem Heim als Supervisor und bin jetzt dort als Therapeutischer Leiter tätig. Die berichteten Beispiele resultieren aus langjähriger Praxiserfahrung und sind aus Datenschutzgründen mit Hilfe paralleler und ähnlicher Beispiele so entstellt, daß Zuordnungen ausgeschlossen sind.

Angst vor besonders aggressiven oder besonders depressiven Jugendlichen. Entsprechend wichtig ist deshalb ein Setting, das effektive Hilfe verspricht:

Um Spaltungsvorgänge, die von den Jugendlichen erfahrungsgemäß häufig induziert werden, zu bearbeiten oder wenigstens halbwegs transparent machen zu können, ist jeder Jugendlichenwohngruppe im Heim ein Therapeut bzw. eine Therapeutin zugeordnet. Alle Wohngruppenmitglieder, also Jugendliche, das pädagogische Team und Therapeuten, treffen sich einmal wöchentlich zu einer Gruppenversammlung, in der alles Wesentliche besprochen bzw. angesprochen und zur Weiterbearbeitung delegiert wird. Darüber hinaus nehmen die Therapeuten nach Möglichkeit an der Arbeitsübergabe der Pädagogen teil. Ferner treffen sie sich mit den Pädagogen ihrer Wohngruppe zu gemeinsamen Besprechungen, in denen den Therapeuten Aktuelles aus dem Heimleben der Jugendlichen berichtet wird – das so therapeutischer Bearbeitung zugänglich werden kann, auch wenn es die Jugendlichen nicht selbst einbringen – und die Pädagogen erfahren können, welche Sicht die Therapeuten vom Alltag der Jugendlichen und von ihren Handlungen haben. Dieser Austausch hat sich sehr bewährt, trägt den Therapeuten aber gelegentlich auch den Vorwurf ein, ihre Schweigepflicht zu verletzen – was aber real nicht geschieht, denn die Therapeuten informieren die Jugendlichen, wenn sie den Pädagogen etwas aus der Therapie mitteilen möchten.

Neben dieser Möglichkeit, sich über die Arbeit auszutauschen, gibt es 14tägig eine externe Supervision für das gesamte Wohngruppenteam (also Pädagogen und Therapeuten) und eine Supervision im Plenum, an der alle Mitarbeiter des Heimes teilnehmen. Montags morgens wird eine sogenannte Wochenendbesprechung abgehalten, in der vom Verlauf des Wochenendes in den Wohngruppen berichtet wird und Pläne für die kommende Woche besprochen werden; Teilnehmer dieser Gesprächsrunde sind Heimleitung, pädagogische und therapeutische Leitung sowie Vertreter der einzelnen Wohngruppen. Außerdem gibt es regelmäßige Besprechungen zwischen Heimleitung und den einzelnen Fachbereichen des Heimes und zwischen Heimleitung und Wohngruppen.

Schließlich wurde die sogenannte Einzelfallbesprechung eingeführt: Zu dieser Besprechung treffen sich turnusmäßig oder bei besonderen Vorfällen alle mit einem Jugendlichen befaßten Personen. Meistens tagt diese Runde mit dem Jugendlichen zusammen. Manchmal beginnt sie aber auch zur internen Meinungsbildung für die Bezugspersonen ohne den Jugendlichen; er wird dann später zum Gespräch hinzugebeten.

Durch dieses Konferenzsystem können Spaltungsvorgänge transparent und bearbeitbar werden. Den Pädagogen werden so auch therapeutische Überlegungen zugänglich, den Therapeuten wird der pädagogische Alltag vertrauter. Die Therapeuten bekommen zusätzliche Informationen über den Jugendlichen in der wöchentlichen Einzeltherapiesitzung mit den Jugendlichen. In den alle vier bis sechs Wochen stattfindenden Familien- bzw. Elterngesprächen, an denen auch die jeweiligen Bezugspädagogen des Jugendlichen teilnehmen, ist eine weitere Möglichkeit zu pädagogischer und therapeutischer Kooperation gegeben.

Die Kooperation beider Bereiche wird auch schon im Aufnahmegespräch deutlich: Hier machen sich im allgemeinen pädagogische und therapeutische Leitung gemeinsam ein erstes Bild von dem Jugendlichen, der ins Heim kommen soll. Wenn schon klar ist, in welche Wohngruppe der Jugendliche kommen könnte, nimmt auch ein Vertreter der betreffenden Wohngruppe am Aufnahmegespräch teil. Nach diesem Gespräch haben wir ein Orientierungsgespräch zwischen Aufnahmeteam und Team der Wohngruppe eingerichtet, in die der Jugendliche aufgenommen werden soll. Den Mitarbeitern der aufnehmenden Wohngruppe liegen die Unterlagen der anfragenden Stelle vor, das Aufnahmeteam berichtet über das Aufnahmegespräch. Auf diese Weise wird die Sicht des Aufnahmegesprächsteams und die Sicht der Mitarbeiter der Wohngruppe wechselseitig relativiert, so daß damit eine Möglichkeit geschaffen ist, sich von seiten der Wohngruppe möglichst umfassend auf die Aufnahme des Jugendlichen vorzubereiten.

Zur Orientierung für alle an der gemeinsamen Arbeit Beteiligten dienen auch die Heimregeln. Hier sind Mindeststandards aufgeschrieben, die das Verhalten aller Beteiligten im Hinblick auf soziale

Verträglichkeit ordnen und überschaubar machen sollen. Eine der wichtigsten Regeln lautet: »Die Heimgemeinschaft lebt gewaltfrei.« Diese Regel weist auf ein Ziel hin, das, mit aggressiven Jugendlichen zu erreichen, viel gemeinsame Beziehungsklärung erfordert und Mut auch zur Wahrnehmung aggressiver Potentiale bei Pädagogen und Therapeuten. Die Übertragungs- und Gegenübertragungsreflexion ist hierbei eine wichtige Hilfe.

Da wir die Erfahrung gemacht haben, daß wir nur mit solchen Jugendlichen gut arbeiten können, die freiwillig zu uns kommen, bekommen diese nach dem Aufnahmegespräch die »Hausaufgabe«, uns zu schreiben, ob sie ins Heim kommen und was sie hier für sich erreichen wollen. Von den Eltern der Jugendlichen erwarten wir, daß sie bereit sind, zu den Familiengesprächen zu kommen. Einzeltherapie ist verpflichtend, das heißt, daß die Therapeuten versuchen, mit den Jugendlichen ihrer Wohngruppe in Kontakt zu kommen. Diese Bedingungen sind nicht so sehr als Voraussetzungen für die Aufnahme ins Heim zu sehen, sondern vielmehr als Ziele, die wir mit unserer Arbeit zu erreichen suchen.

Die Realität, die mit diesem Modell für alle Beteiligten handhabbar werden soll, sieht im allgemeinen etwa so aus:

Die Eltern von Kurt H. wenden sich an das Heim mit der folgenden Klage:

»Wir haben mit unserem Sohn, seit er die Grundschule verlassen hat, vor jetzt ungefähr vier Jahren, dauernd Probleme, die sich so äußern, daß er die Hauptschule so gut wie gar nicht besucht und auch nicht nach Hause kommt. Sämtliche Maßnahmen wie Schulwechsel, Einschaltung vom Schulpsychologischen Dienst, vom Jugendamt und von der Familienhilfe haben nichts gebracht. Unser Sohn verschwindet auf dem Weg zur Schule immer wieder. Er übernachtet sogar draußen oder in einem fremden Keller. Einmal ist er mit meinem ganzen Lohn verschwunden. Laden- und Mofadiebstahl hat er auch schon gemacht. Er ist auch sehr aggressiv zu uns und zu anderen. Gegen seine Angriffe und seine schlimmen Ausdrücke sind wir wehrlos. Wir haben es immer wieder im guten versucht, auch im bösen. Aber nichts hat geholfen, auch nicht Sitzungen mit verschiedenen Therapeuten und Psychologen. Unser Sohn war auch schon mal kurze Zeit in einem Heim und sogar in der geschlossenen Abteilung der Landesklinik. Aber es ist alles bisher ohne Erfolg. Im Moment ist er ganz verschwunden, und wir wissen nicht, wo er ist. Aber wenn er wieder auftaucht, muß doch etwas geschehen. Nur wir wissen auch nicht, was noch hilft.«

Bei der Begegnung mit solchen Klagen pendeln die eigenen Gefühle und Gedanken zwischen »Hoffnungslos« und »Das kann doch nicht so bleiben!«, zwischen »Der bringt hier alles durcheinander« und »Mal sehen, wie er wirklich ist«. Dazu kommt noch der Druck der Eltern: »Sie sind doch die Fachleute, wir sind am Ende.«

Der Gedanke, daß ich mir im Gespräch mit meinen Kolleginnen und Kollegen Hilfe holen kann, bringt dann das Modell wieder in den Blick und gibt Hoffnung auf Entlastung.

Der Moment, in dem die äußere Realität in den Heimalltag einbricht, kommt dann, wenn eine Aufnahmeanfrage eintrifft. Wie wir mit Hilfe unserer Modellvorstellungen versuchen, den Heimalltag zu bewältigen, möchte ich im folgenden näher schildern. Die Beschäftigung mit der Situation der Aufnahmeanfrage soll hierbei als Einstieg dienen.


## 2. Die Aufnahmeanfrage – eine Situation
   zwischen irrealer Angst und extremer Verleugnung

Bei der Beschäftigung mit einer Aufnahmeanfrage werden wir immer wieder mit menschlicher Not in einer oft extrem aggressiven Umwelt konfrontiert. Die geschilderten Einzelschicksale von Jugendlichen vollziehen sich in einer Atmosphäre von Haß, Neid, Gewalttätigkeit, Abwertung, Hilflosigkeit und Ohnmacht, aber auch von Ansprüchlichkeit, Gier, Selbstüberschätzung und Realitätsverleugnung. Dabei kommen wir leicht in eine seelische Bewegung, die zwischen zwei Extremen schwankt: In fast irrealer Verzerrung kann die Lektüre der Berichte der anfragenden Stelle uns ängstlich-betroffen machen – weil plötzlich das Bewußtsein eigener

Kompetenz ausgelöscht zu sein scheint – und ablehnende Tendenzen mobilisieren, z. B.: »Dieser Jugendliche bringt uns das gesamte Heim durcheinander« oder »Um dem gewachsen zu sein, müßten wir alle Karatekämpfer sein; dafür sind wir ja gar nicht ausgebildet.«

Es kann aber auch geschehen, daß wir uns in extremer Verleugnung der Realität ganz großartig finden – mit einer oft unbewußten Tendenz, die Personen und Stellen abzuwerten, die sich vorher mit dem Jugendlichen befaßt haben – und meinen: »Für den sind wir gerade richtig, das ist kein Problem.« Dabei ist sicher eine – zumindest unbewußte – Versuchungssituation, sich geschmeichelt zu fühlen, dann gegeben, wenn in den Akten der anfragenden Stelle vermerkt ist, daß unser Heim geeignet sein könnte, diesem Jugendlichen effektiv zu helfen; und wenn dann überzeugte Vertreter der anfragenden Stelle auch noch persönlich anwesend sind, kann es sein, daß Befürchtungen, die beim Aktenstudium noch da waren, auf einmal verschwunden sind und eine Heimaufnahme geschieht, mit der alle Beteiligten überfordert sind – was man leider immer erst im nachhinein feststellen kann. Ein solches Beispiel möchte ich jetzt schildern.

## Johannes S., 16 Jahre alt

In der Anfrage nach einem Heimplatz stand über Johannes unter anderem folgendes:

»Die negative Entwicklung von Johannes, die sich in destruktivem Verhalten im Familienkreis, in Schule und Bekanntenkreis gezeigt hatte, hat sich nach einer kurzen Pause auch im Heim fortgesetzt. Er drangsaliert die jüngeren Kinder, die älteren versucht er zu Fehlverhalten zu verleiten, was ihm leider oft gelingt. Bei Ermahnung zeigt er vordergründige Einsicht, setzt aber anschließend sein destruktives Handeln fort. Das geht von Diebstahl über Zündeln bis zu Körperverletzung. Vor einiger Zeit meinte er sogar, er müsse immer eine Waffe bei sich haben. Das ging bis zu drohendem Realitätsverlust, woraufhin wir ihn in die Jugendpsychiatrie bringen mußten. Auch dort ist er aggressiv entgleist und mußte dreimal fixiert werden. Jetzt hat er sich zwar wieder beruhigt, wir sind aber nicht mehr in der Lage, ihm die adäquate Betreuung zu geben, die er braucht.«

Aus der Vorgeschichte von Johannes wurde unter anderem mitgeteilt:

»Sowohl Kindesmutter wie Kindesvater haben Heimerfahrung. Der Vater ist alkoholabhängig und hat in der frühen Kindheit von Johannes häufig die Mutter geschlagen und wohl das Kind auch. Möglicherweise hat Johannes deshalb eine Haltung von Angst und Machtgehabe entwickelt, womit er seine Umgebung immer wieder bedroht und in Angst versetzt. Die Mutter ist inzwischen zum drittenmal verheiratet und hat in dieser Ehe noch einen Sohn bekommen, auf den Johannes extrem eifersüchtig ist. Die Eltern wurden mit der zunehmenden Aggressivität von Johannes nicht mehr fertig und gaben ihn in ein Heim. Beratungsgespräche sagten sie oft zu, aber kamen dann nicht.«

Als ich die Akte las, hatte ich arge Bedenken, ob Johannes bei uns gefördert werden könnte. Für das Vorstellungsgespräch hatte ich mir notiert:

1. Johannes braucht unbedingt Therapie. Seine Therapiemotivation prüfen und feststellen, ob die Eltern regelmäßig zu den Familiengesprächen kommen können – und wollen!
2. Johannes braucht eine klare pädagogische Führung.
3. Herausfinden, ob wir das leisten können.

Zum Gespräch, das ich nur ausschnittweise darstellen möchte, kommen Johannes, seine Eltern, je ein Vertreter der Klinik und des abgebenden Heims sowie eine Vertreterin des Jugendamtes. Da ich mit Schwierigkeiten gerechnet habe, bin ich froh, als mir Johannes auf meine Frage, weshalb er hier sei, ziemlich bereitwillig antwortet. Dabei kann er Schulschwänzen als Problem zugeben und noch sagen, daß es auch sonst im Heim »nicht so gut« geht. Ehe ich hierauf – wie ich es vorhatte – näher eingehen kann, fängt die Mutter an zu weinen. Ich lasse mich von Johannes ablenken und wende mich der Mutter zu. Sie bekäme immer Schuldgefühle, weil sie sich vorwerfe, daß sie ja im Grunde schuld sei, weil sie zu früh geheiratet hätte. Das habe man ihr schon vorgeworfen. Ich wende ein, daß das wohl weniger ein Thema von Schuld als vielmehr von Überforderung sei.

Wie schwer es die Mutter im Umgang mit Johannes hat – was ihr aber gar nicht deutlich wird –, kommt heraus, als sie schildert, daß sie »gut« mit ihm zurechtkommt, »wenn er machen kann, was er will: Man muß ihn einfach in Ruhe lassen.« Meine Kollegin wollte an dieser Stelle sagen, daß das aber im Heim schwer sei. Sie kommt aber nicht dazu, denn hier schaltet sich der Vertreter der Klinik ein und hebt lobend hervor, daß sich Johannes nach anfänglichen Schwierigkeiten gut in den Klinikalltag eingepaßt habe. Die Vertreterin des Jugendamtes fügt ein, daß man sich in der Klinik auch habe »intensiver« um ihn kümmern können als im bisherigen Heim. Dem wird vom Vertreter des Heimes nicht widersprochen. Es wird vielmehr akzentuiert, daß man dort keine Therapie mache, Johannes diese aber »dringend« brauche. Deshalb habe man auch unser Heim empfohlen, weil man der Meinung sei, daß Johannes hier am besten geholfen werden könne.

Erst viel später verstanden wir, daß wir an dieser Stelle schon unsere Kritikfähigkeit verloren hatten. Wir glaubten nämlich auf einmal auch, daß Johannes bei uns richtig wäre. Statt nun weiterhin zu prüfen, ob er in unser Heim paßt und ob er und seine Eltern auch unser Therapieangebot für sinnvoll halten, machen wir mit ihm einen Rundgang durchs Heim und sind erfreut, als ihm gefällt, was er dabei mitbekommt. Darüber sind wohl alle sehr erleichtert, so daß wir ihm danach nur noch die »Hausaufgabe« geben, uns innerhalb von acht Tagen zu schreiben, ob er zu uns ins Heim kommen möchte und wie er sich seinen Aufenthalt hier vorstellt.

Nach dem Gespräch sind wir fast ein wenig euphorisch, was noch durch den Brief bestärkt wird, den Johannes uns kurz danach schreibt:

»Ich möchte in das Heim aufgenommen werden. In der Klinik habe ich sehr viel gelernt und mir für den neuen Start bei Ihnen einige Sachen fest vorgenommen. Ich will zum Beispiel machen, was mir gesagt wird, ohne jedesmal zu sagen, daß ich keinen Bock darauf habe. Außerdem will ich keine Scheiße mehr bauen und auch kein Messer mehr bei mir tragen, weil ich das nicht mehr nötig habe. Ich will auch nicht mehr jedesmal ausrasten, wenn ich denke, daß ich ungerecht behandelt werde, sondern dann versuchen, ruhig zu bleiben. Ich hoffe auch, daß ich es schaffen werde, mich immer zu benehmen, damit ich Ihnen keinen Grund liefere, mich rauszuwerfen, weil mir das Heim bei dem Rundgang sehr gut gefallen hat und ich gern zu Ihnen kommen möchte.«

Was uns wieder »auf die Erde« holte, war das Gespräch mit dem Team der Wohngruppe, in die Johannes kommen sollte. An unserem anfänglichen Ärger über die – berechtigte – Skepsis des Teams merkten wir allmählich, daß wir in einem Akt von Realitätsverleugnung für Johannes und seine Betreuer zu idealisierten Objekten geworden waren. Auch Johannes war in dieser Verleugnung gefangen und hatte sich in seinem Brief unter den Zwang überhöhter Ansprüche seines Ideal-Ichs gestellt. Das konnte er im Heim nicht lange durchhalten.

Sein Therapeut merkte es als erster: Johannes hat »keinen Bock auf Therapie«, kommt aber anfangs und läßt sich sogar auf die Aufgabe ein, sich zu malen. Er produziert zwei Bilder: Auf dem ersten Bild malt er sich ganz groß in die Mitte und um sich herum ziemlich klein »lauter arme Schlucker«. Das zweite Bild zeigt umrahmt von Totenköpfen und Giftsymbolen eine Familie (Vater, Mutter und Kind), die höhnisch grinsend auf ein zweites Kind schauen, das etwas abseits gemalt ist und den Mund zum Weinen verzieht. »Die haben den rausgeschmissen und machen sich nun über den lustig«, brüllt Johannes und sticht mit dem Stift so lange auf das Bild ein, bis die Spitze des Stiftes abbricht. Dann läuft er aus dem Therapiezimmer.

Es gelingt in der Folgezeit nicht, diesen Prozeß therapeutisch und pädagogisch zu bearbeiten. Johannes dekompensierte, und auch bei uns war eine Einweisung in die Jugendpsychiatrie nötig. Das brachte uns nun Vorwürfe von der Vertreterin des Jugendamtes ein, Vorwürfe in dem Sinne, daß wir Johannes »abgeschoben« hätten, nachdem wir Erwartungen geweckt hätten, die wir jedoch nicht erfüllen könnten: »Und die Leidtragenden sind allemal die Jugendlichen!«

Die Enttäuschung war verständlich, aber leidtragend waren wir alle; und das ist schwer auszuhalten, so daß nur allzu verständlich wird, daß sich Verleugnungstendenzen immer wieder einschleichen und aufgrund von Schuldgefühlen auch Spaltungstendenzen auftreten in »Versager«, die man verurteilen muß, und in »idealisierte Helfer«, die sich ohne Rücksicht auf eigene Grenzen – ja bis zum eigenen Zusammenbruch – für andere einsetzen *müssen*. Der oralen Gier der dissozialen Jugendlichen entspricht das verzehrende Sich-Aufopfern der dann »hilflosen Helfer«. Reflexion von Übertragung und Gegenübertragung kann hier helfen, den Sog der Verleugnung zu stoppen und wieder fähig zu echter Hilfe zu werden.

### Peter G., der 14jährige »Zehnjährige«

Wenn Eltern sich persönlich an das Heim wenden, kann es vorkommen, daß ein Vorstellungsgespräch stattfindet, ohne daß wir vorher Unterlagen vorliegen haben. Ein solches Gespräch mit Peter, seinen Eltern, einem pädagogischen Kollegen aus dem Heim und mir möchte ich nun schildern:

Mein Kollege fragt Peter, weshalb er denn hier ist: »Weil es mir hier so gut gefällt und weil alle hier lieb zu mir sind.« Diese Antwort verwundert mich doch einigermaßen. Peter wird weiter gefragt, warum er denn nicht mehr zu Hause bleiben kann. »Langeweile« gibt er als Grund an. Dann erzählt er aber von seinen drei jüngeren Schwestern, mit denen er nicht klarkommt. »Wenn die mich ärgern, gebe ich denen eine Ohrfeige.« Sofort denke ich: Wie paßt das zu diesem lieben Peter von eben? Und dann fügt er noch hinzu, daß er auch nicht in die Schule möchte, weil man dort »nicht lieb« zu ihm ist. Als wir ihn näher nach Erlebnissen in der Schule fragen, erzählt er Situationen, die gar nichts mit Liebsein zu tun haben, z. B.:

»Als der Y. mich geärgert hat, da habe ich mich gewehrt. Dem habe ich ein Veilchen verpaßt; und dem X., dem langen Lulatsch, habe ich mit der Faust ins Gesicht geschlagen, als der am Boden lag, immer wieder. Da hat die Lehrerin geschrien. Dabei bin ich klein für mein Alter, die meisten schätzen mich auf neun oder zehn, aber ich bin schon 14.«

Während ich zuhöre, bin ich hin- und hergerissen zwischen Interesse und Entsetzen, zwischen dem Gedanken, ob Peter einen Hirnschaden hat oder krank ist. Was mich besonders verwundert, ist der Umstand, daß sich die Eltern die aggressiven Schilderungen ihres Sohnes mit ziemlicher Gelassenheit anhören.

Als ich sie dann frage, weshalb denn aus ihrer Sicht Peter ins Heim solle, erzählen sie von seiner Krankheit. Daß er so leiden müsse, habe ihn ganz aggressiv gemacht. Das sei manchmal gar nicht auszuhalten. Früher sei es noch schlimmer gewesen. Peter sei jetzt auch medikamentös eingestellt, aber er nehme die Medikamente nicht selbst, man müsse sie ihm immer geben. Aber das sei ja nicht so schlimm. Beunruhigt seien die Eltern, wenn Peter verzweifelt sei. Als er z. B. vor kurzem das Lied »Weißt Du wieviel Sternlein stehen?« hörte, hätte er gesagt: »Wenn Gott mich lieb hätte, wäre ich nicht auf der Erde.« Ich kann mich an der Stelle gut in Peter hineinversetzen und sage, daß man oft verzweifelt ist, wenn man eine so schwere Krankheit hat, und dann lieber sterben möchte als weiter leiden. In einem solchen Moment könnten dann aggressive Gedanken, besonders wenn man sie auch ausdrücken dürfte, gegen die Depression helfen. Aber Aggression ausdrücken, hieße in diesem Falle nicht: losprügeln – denn das schafft Verletzungen und Schuldgefühle –, sondern sich eher mit Farbe und Pinsel auf dem Papier oder in Worten mit Gebrüll austoben.

Daß man aggressive und depressive Gedanken so deutlich ausdrücken sollte, ängstigt die Eltern. Besonders die Mutter ist besorgt, ob das nicht »alles nur verschlimmert«. Dazu äußern die Eltern noch die Sorge, daß sich Peter nicht schont: Er hat geschädigte Nieren und ein schwaches Herz, aber immer wieder will er voll Sport treiben. »Da nimmt er keine Rücksicht auf seine Gesundheit.«

Als die Eltern schließlich fragen, ob wir uns eine Aufnahme Peters ins Heim vorstellen können, meine ich, daß das gehen könnte, wenn alle Beteiligten gleich zu Beginn über das Krankheitsbild und über den Umgang mit der Krankheit informiert werden, auch die Jugendlichen der Wohngruppe, in die Peter kommen würde. Mein Kollege ist skeptisch und »kann die Frage jetzt noch nicht beantworten«.

In der Nachbesprechung sagte mir mein Kollege, daß ihm immer unbehaglicher geworden war, weil er den Eindruck hatte, ich sei regelrecht begeistert gewesen, und er hätte mich gern gebremst. Seine Phantasie ging beim Gespräch in die Richtung, daß es mit Peter »im Heim Mord und Totschlag« gäbe, während ich mir ausgemalt hatte, daß wir »in jedem Fall« mit Peter zurechtkommen würden, »vielleicht sogar besser als die Klinik«.

Mein Höhenflug war das eine, die Katastrophenphantasie meines pädagogischen Kollegen das andere Extrem. Jeder von uns hatte die Realität des anderen ausgeblendet: Ich hatte nicht bedacht, daß der pädagogische Heimalltag der Realisierung therapeutischer Vorstellungen Grenzen setzt, und er hatte nicht bedacht, daß der Therapeut den Pädagogen beim Umgang mit Peters Aggressivität ja auch helfen könnte.

Im Gespräch mit dem Team der Wohngruppe, die Peter vielleicht aufnehmen könnte, wurde schließlich klar, daß seine Aufnahme ins Heim unsere Möglichkeiten übersteigen würde. Es war nicht ganz leicht, das als Anerkennung unserer Realität zu verstehen und nicht in gegenseitige Abwertungen und Vorwürfe zu geraten, etwa in dem Sinne, »daß die Therapeuten am grünen Tische gut reden haben« oder »daß die Pädagogen sich nicht genug anstrengen bzw. zuviel Angst und zuwenig Lebenserfahrung haben«.

Aus Angst vor Fehleinschätzungen haben wir früher darauf hingearbeitet, daß möglichst alle Personen, die mit dem Jugendlichen im Heim zu tun haben würden, ihn und seine bisherigen Bezugspersonen vor der Aufnahme sehen. Das hat uns nicht davor bewahrt, manche Jugendliche wieder entlassen zu müssen, mit denen wir »nicht klarkamen«. Inzwischen wissen wir, daß wir immer nur Facetten des Jugendlichen sehen, und daß sich erst im Laufe des gegenseitigen Kennenlernens ein Gesamtbild ergibt. Daher erfolgt die Aufnahme jetzt nach Vorstellungsgespräch und Diskussion mit dem Team der Wohngruppe, die den Jugendlichen aufnehmen soll.

Nach der Aufnahme geht es dann um ein immer besseres gegenseitiges Kennenlernen, das notwendigerweise zu Verwicklungen führt, die in den nächsten beiden Kapiteln näher beschrieben werden sollen.

## 3. Verwicklungen und die Gefahr des Scheiterns der Beziehung

Die Pädagogen – eher als die Therapeuten – werden durch ihren täglichen Umgang mit den Jugendlichen schnell in Situationen verwickelt, die ihre Belastbarkeit sehr auf die Probe stellen. Dabei finden die Jugendlichen mit hoher Treffsicherheit die »schwachen« Punkte ihrer Bezugspersonen heraus. Aggressive Reaktionen der Pädagogen als Folge fortgesetzter Provokation durch aggressive Jugendliche lösen dann häufig große Schuldgefühle aus. Deshalb höre ich oft die Frage: »Darf man denn, wenn man provoziert wird, mit gleicher Münze antworten?« Als ich darauf einmal etwas salopp sagte: »Nicht mit gleicher Münze, aber mit klarer Grenzsetzung, vielleicht auch etwas aggressiv im Ton«, wurde das fast mit Erleichterung aufgenommen.

Von Kind an sind ja oft nicht nur »böse Handlungen«, sondern schon »böse Worte und Gedanken« verboten. In vielen Familien sind »Grimms Märchen« verpönt »wegen der vielen grausamen Stellen«, dabei wird in diesen Märchen gerade auch ein Beispiel gegeben, wie man ohne Schaden mit aggressiven Impulsen umgehen kann. Zwei Verhaltensweisen, die Angst vor Aggression abzuwehren, sind sehr verbreitet: Entweder geht man streng dagegen vor – mit Regeln, Moral, »Krieg« – oder man verleugnet bis zu Harmonie um jeden Preis.

### »Krieg« statt Angsterfahrung

Die Lektüre der Lebensgeschichte von Christian B. löste bei möglichen Bezugspersonen schon Angst aus, bevor er seinerzeit mit 13 Jahren ins Heim kam:

Seine Eltern hatten früh geheiratet und sich kurz nach der Geburt des Sohnes wegen extremer Streitigkeiten, die bis zu Gewalttätigkeiten des Vaters führten, wieder getrennt. Die Mutter hatte danach noch zwei unglückliche Ehen geführt und lebte schließlich mit einem Freund zusammen. Seit seinem vierten Lebensjahr war Christian in drei Pflegefamilien gewesen. Die Aufenthalte waren immer wieder daran gescheitert, daß die Pflegefamilien mit Christians Schwierigkeiten überfordert waren: zeitweise einkoten und einnässen, lügen, aggressives Verhalten und zuletzt auch noch stehlen. Die Mutter versprach dem Sohn immer wieder die Rückkehr in ihren Haushalt, konnte das aber nie einlösen.

Beim Vorstellungsgespräch im Heim wird sehr schnell deutlich, daß Christian äußerst mißtrauisch ist und eine besondere Begabung hat, herauszufinden, wann die Erwachsenen unsicher sind. Er reagiert geradezu allergisch auf moralische Vorhaltungen oder pädagogische Erklärungen, denn er spürt gut – so war es z. B. bei der letzten Pflegefamilie –, daß mit solchen Ermahnungen oder Erklärungen oft persönliche Unsicherheiten verdeckt werden sollen. Als das zur Sprache kommt, fällt der Mutter ein, daß Christian oft aggressiv statt z. B. traurig reagierte, wenn sie in der Vergangenheit von der Idee sprach, daß doch ein Heimaufenthalt für ihn gut wäre, weil er da besser gefördert werden könnte als bei ihr. Jetzt geht ihr auf, daß sie innerlich zwiespältig ist: Neben dem Gedanken, daß das Heim für Christian gut sei, ist auch ein Schuldgefühl, »daß ich ihn abschiebe und mich nicht genug um ihn kümmere«. Sie fügt hinzu: »Ich kann aber schlecht darüber reden, denn dann kommt alles wieder hoch, was ich inzwischen gut verdrängt habe.«

Als ein Mitarbeiter Christian das Heim zeigt, kommen wir noch auf ein Thema, das die Mutter ebenfalls verdrängt hat: Als ich nach Christians leiblichem Vater frage, stellt sich heraus, daß er in der Nähe von Christians Oma wohnt. »Ich will aber nicht, daß mein Sohn das weiß, denn der Erzeuger von Christian ist ein Verbrecher!« Sie hasse ihn immer noch. Daß es für den Sohn wichtig sein könnte, sich nun am Anfang seiner Pubertät ein realistisches Bild vom Vater zu machen, kann seine Mutter »nicht einsehen«.

Im Gespräch mit den Pädagogen von Christians Wohngruppe erinnerte ich mich an mein Gefühl und das Bild, das ich von Christian hatte, als seine Mutter den leiblichen Vater so abwertete:

»Ich sah den vierjährigen Jungen trotzig-unzugänglich bei seiner ersten Pflegefamilie sitzen. Er wird ermahnt, weil er wieder mal was angestellt hat, und getadelt, weil er keine Reue zeigt. Was die Erwachsenen nicht wissen: Innerlich ist der Junge tief traurig und sehnt sich nach seinem Vater: Wenn Papa jetzt hier wäre, der würde es denen geben, mir helfen und mich mitnehmen.«

Beim Erzählen wußte ich plötzlich, warum mir wohl das Bild gekommen war und mich so tief berührt hatte. Aus eigener Erfahrung weiß ich, wie sich ein Junge fühlt, wenn er in diesem Alter seinen Vater verliert und zu »fremden« Leuten kommt, auch wenn die es »gut mit einem meinen«. Ich hoffte, daß dieses Bild und die Mitteilung meiner persönlichen Erfahrung den Pädagogen helfen würden, mögliche Aggressionen Christians auch als Abwehr von Trauer oder Sehnsucht nach guten Eltern zu verstehen. Solche Aggressionen wären nämlich dann nicht wie Regelverstöße und Grenzverletzungen zu behandeln, sondern wie Hilferufe, die im Moment doch nur verzerrt oder »völlig verkehrt« zum Ausdruck kommen können.

Leider klafft immer wieder eine große Lücke zwischen therapeutischem Verständnis bei einem Kontakt von jeweils einer Stunde pro Woche und pädagogischen Alltagsnotwendigkeiten mit Kontakten rund um die Uhr. Das war auch so im Umgang mit Christian seitens des Therapeuten und seitens der Pädagogen. Im Therapiegespräch kamen sehr schnell die Beziehung zur Mutter in den Blick und die Sehnsucht nach einem verständnisvollen Vater. Das führte zu Gefühlen schmerzlicher Enttäuschung, aber auch zu Haßgefühlen angesichts des Gedankens, daß er von den Pflegefamilien »wohl nur wegen des Geldes« versorgt und von der Mutter »betrogen« worden sei, weil sie ihr Versprechen, ihn zu sich zu holen, nie eingelöst hat. »Verständnis« fand Christian bei einem anderen Jungen mit einem ähnlichen Schicksal. Statt aber zu trauern, bekämpften die beiden nun die in ihren Augen lieb- und verständnislosen Erwachsenen.

Das ging über verbale Beleidigungen, Verweigerung von Pflichten bis zum Werfen mit Gegenständen.

In reflektierenden Gesprächen mit dem Therapeuten gelang es den Pädagogen anfangs, mit den sie treffenden Aggressionen fertigzuwerden. Aber diese Auseinandersetzungen zermürbten auch. Erschwerend kam hinzu, daß einige Pädagogen durch Christians Biographie an eigene schmerzliche Erlebnisse erinnert wurden. Ähnlich wie bei Christians Mutter mobilisierte der durch Christians Verhalten ausgelöste Einbruch der eigenen Vergangenheit bei den Pädagogen Verdrängungstendenzen, die schließlich darin gipfelten, daß Christian das Heim verlassen mußte. Im Streit mit einer Pädagogin, die in ihrer Not sehr moralisierend auf der Erfüllung einer Pflichtaufgabe bestand, hatte Christian ein Messer auf sie geworfen. Da er auch sonst schon gedroht hatte, »alle Sozis (= Sozialarbeiter) abzustechen«, war hier für das Team die Grenze der eigenen Belastbarkeit erreicht, und Christian mußte gehen.

Angesichts solcher Schwierigkeiten in der Arbeit mit dissozialen Jugendlichen ist es verständlich, wenn da der Wunsch nach Harmonie sehr stark aufkommt – wie im Falle von Walter N.

## Harmonie statt Konflikterleben

Walter, seinerzeit knapp 17 Jahre alt, war wegen verschiedener Diebstahlsdelikte zu vier Wochen Jugendarrest verurteilt worden. Sein Richter war der Meinung, daß Walter eine intensive Betreuung benötige, und veranlaßte, daß sich ein Sozialarbeiter noch während der Arrestzeit mit Walter beschäftigte. Im Bericht über diese Kontakte fällt auf, daß der Sozialarbeiter Walter schon nach dem zweiten Kontakt das »Du« anbietet und die Delikte sehr verharmlost:

Walter wurde zum Diebstahl verführt. Er tat es nicht aus eigenem Verschulden, sondern weil er eine freundschaftliche Beziehung zu einem älteren Jugendlichen hatte. Diese Beziehung, die er zu Hause nicht finden konnte, weil da nur Krach mit der Familie war, war für Walter wie ein Strohhalm, an den er sich klammerte. Beziehungen zu Mädchen aufzunehmen, war er viel zu gehemmt.

Als vorletzter von acht Geschwistern hatte Walter von seinen über-forderten Eltern wenig Förderung erfahren. Die Mutter war ver-wöhnend, der Vater eher jähzornig: »Wenn er schlechte Laune hatte, trank er, prügelte und warf mit Flaschen nach uns.« Obwohl Walter die Wutausbrüche seines Vaters sehr verurteilte, konnte auch er »ausrasten«, was ihm eine Anzeige wegen Körperverletzung einbrachte.

Der Sozialarbeiter setzte sich sehr dafür ein, daß Walter in unser Heim kam. In der Begründung heißt es unter anderem:

»Walters bisheriger Lebensweg und besonders seine Entwicklung zum delinquenten Verhalten zeigen, daß er den alltäglichen Lebens-anforderungen nicht gerecht werden kann. Auch die Familie kann ihm dabei nicht helfen. Aus der Wahrnehmung seiner Defizite sucht er Anlehnung an Ältere, mit deren Hilfe er seine Defizite auszuglei-chen sucht. So ist er leicht lenk- und beeinflußbar. Damit er beruf-liche und soziale Kompetenz aufbauen kann, braucht er einen schützenden Raum, wo er pädagogische und therapeutische Unter-stützung bekommt, damit er die erlebten Enttäuschungen und Rückschläge verarbeiten kann und eine eigene gesicherte Identität erlangt.«

Das Team der Wohngruppe hatte richtig Mitleid mit Walter, und dieser »dankte« mit sehr angepaßtem Verhalten, das auf die anderen Jugendlichen in der Gruppe eine Art moralisierenden Druck aus-übte. So war Walter oft Zielscheibe von Aggressionen der anderen Jugendlichen. Er verstand nicht, wieso die ihn angriffen, wo er doch »gar nichts getan« hatte. Die Erwachsenen, die »froh« waren, »daß mal einer nicht gleich Terror macht«, schützten ihn und verurteilten die anderen, was natürlich keine Beruhigung, sondern nur eine »seltsame Ruhe« brachte.

Die Erwachsenen kamen erst unter Druck, wenn sie bei Walter »berechtigte Kritikpunkte« anzusprechen versuchten. Er reagierte nämlich dann mit stummem, vorwurfsvollem Rückzug, was bei den Erwachsenen Schuldgefühle auslöste. So gab es keine fruchtbaren Auseinandersetzungen, sondern es entstand ein ungesundes Schon-klima. Statt Walter z. B. auf eine regelmäßige Teilnahme am Heimprogramm zu verpflichten, machte man sich Sorgen, wieso er schon wieder Magenschmerzen habe oder ob man ihn vielleicht »zu sehr rangenommen« habe. Weil er andererseits den Erwachsenen oft zur Hand ging – er wußte z. B. immer, wo der Schraubenzieher oder Hammer war, den andere nicht zurückgebracht hatten, oder er half beim Saubermachen – und sich sehr mit ihnen identifizierte, sah man ihm vieles nach. Die Pädagogen hatten z. B. unendliche Geduld, ihm einen beruflichen Einstieg zu ermöglichen. Innerhalb von 1 ½ Jahren versuchte man sechs (!) verschiedene Maßnahmen, die Walter jeweils nach drei bis vier Wochen wieder aufgab. Nun vermutete man »psychische Blockaden, z. B. übergroße Angst vor der Auseinandersetzung mit anderen Menschen«, und stellte ihn in einer Tagesklinik vor. Dort hat er »keinen Bock« und wird darauf »verstärkt« einzeltherapeutisch betreut. Da der Therapeut ärgerlich auf die Klinik war, gelang es ihm nicht, Walters Anteil am Scheitern der Klinikinitiative zu problematisieren.

Nach zwei Jahren stellt das Team fest: »Alle Bemühungen, Walter zu einem Einstieg in den Beruf zu verhelfen, sind bisher gescheitert.« Dennoch hält es weiter daran fest, »daß Walter hochmotiviert ist, eine Ausbildung zu beginnen«. Man war richtig mit Walter fusioniert. Das zeigte sich besonders, als Walter zu diesem Zeitpunkt wieder einmal einen Diebstahl beging. Der Bezugspädagoge begründete das Delikt mit »Frustrationen bei der Berufsfindung« und verwies darauf, daß man gerade eine neue Stelle für Walter gefunden habe, daß er »hochmotiviert« sei und daß man diese Entwicklung durch eine Gefängnisstrafe nicht gefährden dürfe. Auch der Richter geriet in diesen Sog von Realitätsverlust, und Walter bekam eine Bewährungsauflage.

So ging es weitere 1 ½ Jahre, bis ein neuer Therapeut in die Wohngruppe kam – der bisherige Therapeut hatte an einem anderen Ort ein neues Betätigungsfeld gefunden. Der neue Therapeut konnte unbelastet von der Vorgeschichte der Wohngruppe mit Walter Kontakt aufnehmen. Er hatte zwei Bilder vor Augen, wenn er Walter sah: Er sah ihn als eine Art »Hausmeister« für die Wohngruppe, aber auch als das »Baby« der Gruppe, zu dem man immer lieb sein mußte, wollte man nicht einem vorwurfsvollen Schmollen ausgesetzt sein, das Schuldgefühle machte, oder einer endlosen Argumentationskette wie bei einem altklugen Kind. Dem Therapeuten kamen im Kontakt mit Walter auch immer wieder Erinnerungen an die Babyzeit und an die Trotzphase seiner eigenen Kinder.

Als der Therapeut dem Pädagogenteam seine Eindrücke schilderte und auch hinzufügte, daß der Kontakt mit Walter sehr anstrengend sei und ärgerlich mache, kam als erste Reaktion, daß man doch mit so einem »armen Schwein« – »ehrlich gesagt« – »mehr Mitgefühl« haben müsse. Und dann kamen viele Schuldgefühle seitens des Teams, daß man Walter »nicht gerecht« geworden sei; manche meinten sogar, daß man »versagt« habe.

Es war für das Team zunächst nur ein schwacher Trost, daß die – oft unbewußte – eigene Bedürftigkeit mit der Bedürftigkeit der dissozialen Jugendlichen unbemerkt eine unheilvolle Allianz einging, die dann zu Fusionierung und Realitätsverlust führte. Aber es wirkte erleichternd und führte zu einem realitätsgerechteren Umgang mit Walter. Die überhöhten Anforderungen konnten reduziert werden, und sowohl das Team wie auch Walter konnten mit der Perspektive auseinandergehen, daß er eine Lagerarbeitertätigkeit einigermaßen zufriedenstellend ausüben und auch in einer Wohngemeinschaft leben konnte. Besonders wichtig war für alle die Erfahrung, »daß wir uns auch harte Sachen gesagt und es ausgehalten haben«. Als »etwas späte« Erkenntnis kam dann noch hinzu: »Die Harmonie in der Gruppe war doch auch ganz schön anstrengend. Aber unsere Angst vor Ablehnung war größer als unser Mut, mal was zu sagen. Das merkt man erst jetzt so richtig, wo es anders ist.«

## Die »wahre« Not der Jugendlichen

Gegen den Wunsch, daß der Umgang miteinander harmonisch sein soll, ist nichts einzuwenden. Es ist nur wichtig, daß daneben auch der Wunsch Platz hat, sich auseinanderzusetzen, wenn es nötig ist. Ein Problem wird der Wunsch nach Harmonie, wenn er notwendige Auseinandersetzung und Angst vor Ablehnung verdrängen oder überdecken soll. Dann entsteht eine Atmosphäre von gespannter Ruhe ohne die Möglichkeit klarer Orientierung. Das bringt alle

Beteiligten in Not; zuerst zeigen das die Jugendlichen – wenn auch oft zunächst sehr verdeckt. Ein solcher Jugendlicher war der 13jährige Horst T.:

Die Bezugspädagogin fand eines Tages bei einem Rundgang in Horsts Zimmer eine zum Teil eingerissene, mit Brandlöchern versehene Heftseite, auf der folgender Text stand:

»Liebe F… Wie geht es dir eigentlich mit mir? Bestimmt nicht gut. Ich habe echt bei euch nicht eingebrochen. Das könnt ihr ruhig der Kripo sagen. Das ist ein Testament. Ich werde auch einen Einzelfall anmelden. Tschüß bis bald. Horst. Alle Sozis (= Sozialarbeiter) sind nett außer manchmal du F…lein. Horst. Ich liebe mein Zuhause. Ich will gern bald wieder hin.«

Dieses Blatt beunruhigt die Pädagogin sehr. Deshalb kommt sie zu mir, um sich Rat zu holen. Sie hat besonders Angst bei der Idee, »daß der sich was antut«. Aber sie erzählt vom Umgang mit ihm vor allem Begebenheiten, die in mir eher Gefühle wie Wut und Ärger aufkommen lassen statt Besorgnis. Dabei fällt mir auf, daß die Pädagogin beim Erzählen viel lächelt, was so gar nicht zu den erzählten Begebenheiten paßt. Dafür paßt für mich zum Lächeln der Pädagogin die Verkleinerungsform ihres Vornamens (»F…lein«) auf Horsts Blatt. Offenbar können weder Horst noch seine Pädagogin ihren Ärger und vielleicht auch ihre Sorgen angemessen ausdrücken. Ich lasse mir deshalb erzählen, wie es mit Horst im pädagogischen Alltag aussieht:

»Der ist eine richtige Nervensäge. Kaum hat man ihm etwas verboten, macht er es schon wieder oder gleich etwas anderes. Oder er tut, als habe er nichts gehört. Bei dem muß ich mich sehr zurückhalten. Manchmal denke ich: Den könnte ich stundenlang verprügeln. Und das macht mir richtig Angst, daß es mal mit mir durchgehen könnte.«

Da ich den Jugendlichen kenne und erlebt habe, daß andere Pädagogen ihn mit einer deutlichen Ermahnung durchaus bremsen können, kommt mir die Reaktion dieser Pädagogin auffällig vor, so daß ich sie frage: »Erinnert Sie Horst vielleicht an jemanden?« »Nicht, daß ich wüßte«, kommt als spontane Antwort. Da mich das nicht zufriedenstellt, sage ich, sie könne sich ja Zeit lassen, vielleicht fiele ihr dann doch jemand ein. Nach einiger Zeit kommt ihr dann ein Einfall:

»Mein jüngerer Bruder. Da spreche ich nicht gern drüber, deshalb ist mir der wohl auch nicht gleich eingefallen. Den habe ich richtig gehaßt. Wir haben uns oft geprügelt, und einmal hatte ich so eine Wut auf den, da hätte ich den wohl totgeschlagen, ich war total außer mir, wenn mein Vater uns nicht getrennt hätte. Meine Eltern haben unheimlich getobt; und seitdem habe ich den nicht mehr angerührt. Seitdem bin ich überhaupt viel ruhiger geworden.«

Wir haben noch einige Male über die Ähnlichkeit von Horsts Verhalten mit dem ihres Bruders gesprochen. Dadurch veränderte sich allmählich ihr Umgang mit diesem Jugendlichen. Vor allem änderte sich der Umgang mit den eigenen aggressiven Impulsen. Die Pädagogin verstand auch, daß sie entgegen der Meinung ihrer Eltern kein »Teufel« war, sondern viel Wut hatte, wenn der Bruder sie ärgerte, aber sie merkte auch, daß hinter ihrer Wut oft große Verzweiflung darüber steckte, daß sie mit dem Bruder, den sie auch liebte, nicht »klarkam«. Besonders diese letzte Erkenntnis erleichterte sie sehr von Schuldgefühlen, die sie von Kind an in sich trug.

Eines Tages sah Horst, daß sie ein Mikadospiel wegräumte, das einer der Jugendlichen auf dem Tisch liegengelassen hatte. Horst kommentierte das mit: »Damit kann man einen umbringen.« Die Pädagogin antwortete: »Geht's dir heute nicht gut?« Horst sah erstaunt-nachdenklich auf und ging aus dem Raum. Der Kommentar von Horsts Bezugspädagogin: »Ich war selber erstaunt über meine Reaktion, aber ich glaube, bei ihm ist viel, was ich von mir kenne. Das ist manchmal richtig unheimlich.«

Wenn wir uns trauen, die im Umgang mit den Jugendlichen entstehenden Übertragungs- und Gegenübertragungsverwicklungen im Sinne eines szenischen Verstehens anzunehmen, profitieren alle Beteiligten davon. Das ist ein Paradox: Indem wir uns verwickeln lassen und auch unsere Ängste spüren, erreichen wir Klärungen. Wenn wir mit Harmonie oder »Krieg« unsere Ängste überdecken müssen, kommen alle Beteiligten in Not. Spaltungen, Abwertungen oder Ausstoßungen sollen dann helfen, die Not nicht wahrzunehmen. Aber das ist eine Sackgasse. Solche Sackgassen gibt es in ängstlichen Heimgemeinschaften, sie gibt es genauso in ängstlichen Familien. Thea Bauriedl beschreibt einen Weg aus der Sackgasse:

»Wenn ich es zum Beispiel mit einer derart verklammerten und verfeindeten Familie psychotherapeutisch zu tun habe, versuche ich herauszufinden, welche Lebensinteressen jedes einzelne Familienmitglied hat und weshalb es diese Lebensinteressen bedroht sieht. Unter Lebensinteressen verstehe ich z. B. Wünsche nach Kontakt, Nähe, Verständnis, Sicherheit, Geborgenheit, Versorgung, Sexualität. Diese Wünsche machen in solchen Familien so viel Angst, das heißt, es würde so viel Angst machen, sie zu äußern bzw. auch geäußert zu hören, daß sie zunächst verleugnet werden und dann durch moralische oder ›militärische‹ Formen von ›Krieg‹ bzw. Drohung und Erpressung ersatzweise befriedigt werden müssen. Durch den direkten Ausdruck der Wünsche würden Konflikte entstehen, die die Beteiligten nicht aushalten können, weil sie nicht glauben, sie durchstehen zu können. Man kann sich in solch einer Beziehung nicht vorstellen, durch vertrauensvolle Annäherung und ›aushandeln‹ von Wünschen und Bedürfnissen miteinander zufrieden werden zu können.

Die Alternative zu ›Entweder-Oder‹, ›entweder Du – oder ich‹, heißt ›und‹. Wenn in einer gelingenden Familientherapie das Bewußtsein zunimmt, daß jeder nur *mit* dem anderen wirklich zufrieden werden kann, ja, daß er die Zufriedenheit des anderen unbedingt dazu braucht, um selbst zufrieden sein zu können, dann lösen sich die oben beschriebenen ›kriegerischen‹ Phantasien und Verhaltensweisen von selbst auf. Der Friede, der so entsteht, hat allerdings nichts mit Harmonie zu tun. Friede in diesem Sinn bedeutet viel mehr, daß die Konflikte zwischen den unterschiedlichen Interessen und Bedürfnissen ausgetragen werden, ohne daß die Beziehung an den Punkt kommen muß, an dem es nur noch heißt: ›Entweder ich oder du.‹ Es handelt sich um eine Beziehungsstörung, wenn aus einem Konflikt ein Krieg wird« (Bauriedl, 1985, 158f.).

Weil die eigene Bedürftigkeit nicht wahr sein darf, gibt es leider im Heim wie in der Familie oft »Krieg« oder Harmonie um jeden Preis. Die jeweils geschilderten Beispiele sollen ermutigen, sich – wenn auch mit Angst – der Vielfalt der Realität zuzuwenden und sich nicht unter der Einengung von Verleugnung, Entwertung oder Spaltung zu bekämpfen und dabei krank zu werden.

## 4. Psychoanalyse – Hindernis oder Hilfe für die Pädagogen

Es ist zwar schon ziemlich lange her, aber ich erinnere mich noch sehr gut an die erste Sitzung mit Therapeuten und Pädagogen, die ich als Supervisor im Heim abhielt. Drei Vorfälle wurden berichtet:

1. Ein Pädagoge erwischt einen Jugendlichen, der gerade dabei ist, den Kleinbus des Heimes für eine Spritztour aufzubrechen. »Ich wollte ihn zur Rede stellen und fragen, was das soll; da ist er gleich mit einem Schraubenzieher auf mich losgegangen und hat mich am Arm verletzt. Ich konnte ihn doch nicht zusammenschlagen.«
2. Ein zweiter Pädagoge kommt zufällig vorbei, als ein Jugendlicher sein Auto beschädigt. »Am liebsten hätte ich den sofort geschüttelt und angebrüllt, aber ich habe versucht, vernünftig mit dem zu reden. Aber der war nur unverschämt und wurde ausfallend.«
3. Ein dritter Pädagoge berichtet, daß ihn ein Jugendlicher den ganzen Abend mit lauter Musik genervt hat. Als der Pädagoge an die Zimmertür kam, war sie verschlossen. Er schimpfte, die Musik wurde kurz leiser gestellt. Als der Pädagoge wieder weg war, wurde die Musik wieder lauter. Der Pädagoge ging wieder zur immer noch verschlossenen Tür – obwohl nach der Heimregel die Zimmer für die Pädagogen jederzeit zugänglich sein müssen –, schimpfte, die Musik wurde leiser. Dann wieder laut. Das ging so einige Male. Beim letztenmal roch der Pädagoge auch noch Rauch hinter der Zimmertür. Er mahnte nun dringlich, die Tür zu öffnen. Statt dessen hämisches Lachen hinter der Tür. Dem Päd-

agogen riß der Geduldsfaden, und er trat die Tür ein. Der Jugendliche beschuldigte ihn der Sachbeschädigung, er hätte sowieso gerade aufmachen wollen. Der Pädagoge war daraufhin von Schuldgefühlen wie gelähmt und entschuldigte sich.

Mir fiel das Zuhören schwer, denn ich hatte richtig aggressive Phantasien in bezug auf die Jugendlichen; das wenigste war, sie gehörig anzubrüllen und zu ohrfeigen. Ich dachte auch: »Was die Pädagogen sich alles gefallenlassen! Mit mir würden die Jugendlichen das nicht machen!« – und ich spürte einerseits Mitgefühl, »was die Pädagogen alles bei ihrer Arbeit erdulden«, und andererseits Sorge, »wie die das alles aushalten, ohne krank zu werden!«. Als ich die Runde nach Äußerungen und Eindrücken zu den geschilderten Beispielen fragte, war ich erstaunt, daß man sich vor allem damit befaßte, »was wohl in den Jugendlichen vorgegangen und wie das zu verstehen ist«. Wie ein roter Faden zog sich durch die einzelnen Beiträge die Ansicht: »Ich bin ja gar nicht gemeint. Der hat was auf mich übertragen: wahrscheinlich die Wut auf seinen Vater oder vielleicht auch auf die Mutter.«

Großes Befremden kam auf, als ich fragte, ob die Betreffenden die Jugendlichen denn bei der Polizei angezeigt hätten. Was das denn mit Psychoanalyse zu tun habe, wurde gefragt. Daß man dann »gar nicht mehr mit denen arbeiten« könne, wurde befürchtet. Daß es um Delikte wie Sachbeschädigung, Körperverletzung und um versuchten Einbruch ging, wurde sofort weggewischt. Realitätsprüfung fand nicht statt; eher spürte ich eine starke Tendenz zu verleugnen, aus Angst, von den Jugendlichen abgelehnt zu werden.

Als ich nach dieser Sitzung nach Hause fuhr, mußte ich mich »richtig sortieren«. Ich kam mir wie aus einer fremden Welt zurückgekehrt vor. Jemand hatte in der Sitzung auch gesagt: »Das Heimgelände ist exterritoriales Gebiet. Hier gilt auch die Schulpflicht nicht.« Stärker konnte die Verleugnung der Realität nicht formuliert werden. In diesem Sinne war auch der oft geäußerte Satz: »Ich verstehe das« kein Beweis für erfolgte Realitätsprüfung, die zu pädagogischem Handeln hätte führen müssen. Statt pädagogisch zu handeln, hieß es: »Wir müssen uns das erst einmal ansehen und abwarten.«

Ergebnis des Wartens war dann eine versuchte psychoanalytische Deutung. So kamen die Pädagogen auf einmal unbemerkt in eine traditionelle therapeutische Haltung, und wo pädagogisches Handeln erforderlich war, entstand eine Lücke. Diese füllten die Jugendlichen mit aggressiven Handlungen bis hin zu Selbstjustiz.

Einmal wurde z. B. ein Junge verprügelt, der die anderen immer wieder dadurch ärgerte, daß er seinen Hausdienst nicht oder nicht ordentlich versah – dabei ist es Aufgabe der Pädagogen, sich um die Einhaltung der Regeln zu kümmern. Ein anderes Mal wurde ein Junge von anderen festgebunden und gequält, »weil er immer wieder störte«. Die Pädagogen waren hilflos; denn sie hatten Schuldgefühle: Einerseits hätten sie das Opfer schützen und die Täter zurechtweisen müssen, andererseits »verstanden« sie die Täter, »denn wir hatten auch selbst Wut auf das Opfer«. Aber Schuldgefühle angesichts solch aggressiver Regungen in ihnen hinderten die Pädagogen, selbst zu handeln.

Weil die »Not«-Rufe der Jugendlichen, z. B. »Der X muß mal einen drüber kriegen«, von den Erwachsenen nicht aufgegriffen wurden, begannen sie, das Handeln in ihre Hände zu nehmen. Dieses Tun der Jugendlichen hatte den Charakter von Not-Reaktionen, um endlich die Erwachsenen zu zwingen, für sie Hilfsichfunktionen zu übernehmen. Bei soviel Zurückhaltung der Erwachsenen hatten die Jugendlichen auf einmal kein Gegenüber mehr. Das versetzte sie unbewußt in Panik, die sie dann mit aggressiven Handlungen zu kanalisieren versuchten, denen die Erwachsenen hilflos gegenüberstanden.

Gleichsam gefangen in psychoanalytischen Deutungsbemühungen, konnten die Heimpädagogen keine Handlungsfreiheit erlangen. Die anstrengende Arbeit förderte ein Regressionsklima, in dem die Pädagogen immer ohnmächtiger wurden. Sie ließen sich »zuviel bieten«, sie wurden von den Jugendlichen beleidigt und entwertet, reagierten aber gar nicht, denn sie meinten: »Die sind immer so! Dafür können die nichts.«

Eine Wende im Umgang mit dem Verhalten der Jugendlichen kam, als die Pädagogen mehr Hilfsichfunktionen übernahmen und die Jugendlichen ichstärkend mit der Realität konfrontierten. Ein neuer Kollege brachte diesen Impuls ein. Er bestand z. B. deutlich darauf, nicht beleidigt oder entwertet, sondern ernst genommen zu werden. Er bestand nicht in moralisierender Weise darauf, daß die Jugendlichen »bestimmte Dinge doch einsehen müssen, und daß man bestimmte Dinge voraussetzen können muß«. Er setzte auch nicht voraus, daß die Jugendlichen »wissen müssen, daß sie bestimmte Dinge tun sollen«, sondern er bestand darauf, daß sie diese Dinge taten. Wenn das nicht »von selbst« geschah, verzweifelte er nicht, weil er ja damit rechnete, »daß sie es nicht von selbst tun«; er ging dann zu dem betreffenden Jugendlichen und sorgte dafür, indem er Hilfsichfunktionen übernahm, daß dieser es »jetzt« tat. Das gab zwar einige Male Ärger, manchmal auch heftige Wut, aber es entstanden keine Schuldgefühle: Die Jugendlichen litten nicht mehr darunter, daß sie wieder mal versagt hatten und das nicht wiedergutmachen konnten, weil sie »es ja schon gestern« hätten erledigen sollen; und der Pädagoge litt nicht mehr darunter, daß er sich als persönliches Versagen vorwarf, »wenn die das immer noch nicht aus sich heraus tun«.

Hier begann ein Umdenken und damit ein Abbau von Mißverständnissen in bezug auf das, was Psychoanalyse ist und was sie den Pädagogen nutzen kann. »Reine« Triebbefriedigung stand nicht mehr im Vordergrund, sondern Ichstärkung wurde in den Mittelpunkt der Arbeit gestellt. Das fiel vielen Pädagogen sehr schwer, denn mit dem Umdenken kam auch ein Neuordnen der bisherigen pädagogischen Prioritäten und Wertvorstellungen in Gang. Dabei erwies sich als ganz besonders schwierig, den eigenen Umgang mit den Ansprüchen der Jugendlichen zu problematisieren. Im Extrem fühlen sich die Pädagogen verpflichtet, die Wünsche der Jugendlichen zu erfüllen, »weil die es ja sowieso bisher so schwer gehabt haben und ja auch hier nicht zu Hause, sondern nur im Heim sind«. Das geht so weit, daß die Pädagogen zugunsten der sofortigen Triebbefriedigung der Jugendlichen riskieren, selbst mit den Heimregeln in Konflikt zu kommen:

Der Turnhallenbesuch ist z. B. nur in Anwesenheit der Pädagogen erlaubt. Ist nun ein Pädagoge zufällig mit anderen Verpflichtungen beschäftigt, fällt es meist sehr schwer, den Jugendlichen einen Triebaufschub zuzumuten; eher geschieht es, daß man die Jugendlichen in die Turnhalle läßt und sich dem Risiko aussetzt, von der Heimleitung eine Rüge wegen Aufsichtspflichtverletzung zu bekommen. Das führt dann zu ärgerlichen Auseinandersetzungen mit der Heimleitung, die anscheinend leichter zu ertragen sind als Vorwürfe der Jugendlichen, daß sie »den Sozis ja egal sind« und »daß die (= Sozialarbeiter) nur hier sind, um Geld zu verdienen«. Um der Angst vor der Aggression der Jugendlichen und den Schuldgefühlen zu entgehen, die aus solchen Vorwürfen entstehen, überfordern sich die Pädagogen und kommen oft in arge Bedrängnis.

Wie hier Psychoanalyse eine Hilfe sein kann, möchte ich an zwei Beispielen verdeutlichen.

## Der überforderte Pädagoge

Herr S. kommt eines Tages zu mir und möchte einen Rat, wie er besser mit Situationen zurechtkommt, wo mehrere Jugendliche zugleich etwas von ihm wollen, z. B. bei der Taschengeld-Auszahlung oder bei der Joghurt-Ausgabe. In solchen Situationen versucht er alles schnell zu erledigen. Wenn dann ein Jugendlicher noch etwas anderes will, kann Herr S. »ungeheuer wütend« werden: »Da muß ich mich bremsen, daß ich nicht handgreiflich werde. Und das verunsichert mich doch stark.« Da ich Herrn S. als einen sehr freundlichen Pädagogen kenne, dachte ich beim Zuhören: »Der will es allen rechtmachen und überfordert sich dabei.« Diesen Gedanken teile ich mit, und Herr S. fühlt sich sofort verstanden:

»Stimmt! Ich will es allen rechtmachen, alle gleichbehandeln. Wenn vier kommen, sage ich zwar: einer nach dem anderen, aber irgendwie will ich die alle auf einmal bedienen.«

Mir fällt spontan dazu ein: »Wie eine Mutter, die sich bemüht, alle ihre Kinder gleich zu lieben.« Dazu Herr S.:

»Wir waren zu Hause vier Kinder, und wir haben die Mutter auch genervt. Aber die hat uns immer geholfen – wie ich das beim Hausdienst mache. Zusammen geht es ja auch besser. Da kann man auch miteinander reden. Aber dann bekomme ich meine andere Arbeit nicht mehr erledigt.«

Herr S. ist einigermaßen beeindruckt, daß sein Verhalten im Heimalltag unbewußt so sehr davon geprägt ist, wie er als Kind den Alltag zu Hause mit der Mutter erlebt hat. Ich sage ihm, daß es jetzt erst einmal wichtig sei zu sehen, ob ihm die Erinnerung an früher sein Verhalten den Jugendlichen gegenüber verständlicher machen kann. Nachdem er das dann einige Zeit geprüft hat, wollen wir noch einmal über seine Erfahrungen sprechen.

In dieses Gespräch kommt Herr S. mit neuen Einsichten: Er habe sich erinnert, daß er als kleiner Junge die Mutter sehr geliebt habe und genau so werden wollte wie sie. Aber dann sei ihm jetzt eingefallen, daß die Mutter auch sehr mit den Kindern geschimpft hat – wozu er ja auch neigt –, wenn sie sich »genervt« fühlte. Aber das sei für die Kinder sehr schlimm gewesen, weil sie sich dann wegen ihres Verhaltens der Mutter gegenüber schuldig gefühlt hätten. »Das konnte man auch nicht wiedergutmachen; und das war besonders schlimm.« Als Herr S. das erzählt, kommt ihm plötzlich eine ganz wichtige Frage: »Meinen Sie, daß die Jugendlichen deshalb auch oft gegen mich aggressiv sind, weil ich zu spät etwas sage?«

Diese Frage öffnet Herrn S. einen ganz neuen Verstehenshorizont. In der Reflexion von aggressiven Situationen mit den Jugendlichen in seiner Wohngruppe merkt er, daß er sehr oft – wie seine Mutter – etwas sagt, »wenn es schon zu spät und nicht wiedergutzumachen ist«. Dann ist es nicht verwunderlich, daß die Jugendlichen aggressiv reagieren – wie er früher –, weil sie sonst von Schuldgefühlen erdrückt würden. Die Konsequenz aus dieser Erkenntnis war für Herrn S., daß er nun versuchte, schneller auf die Jugendlichen zu reagieren – das brachte ihm auch seine pädagogische Kompetenz zurück. Wenn er jetzt zu einem Jungen sagt: »Das ärgert mich«, heißt das: »Hör auf mit dem, was du gerade machst!« Schlimmstenfalls kommt dann eine ärgerliche Bemerkung zurück und dann ist es gut. Früher hieß »Das ärgert mich«: »Das hättest du nicht tun sollen.« Das ließ den Jugendlichen mit einer nicht wiedergutzumachenden »Schuld« zurück, auf die er – um sie loszuwerden – höchst aggressiv reagierte, was wiederum neue Schuld auf ihn häufte, weil Herr S. solche Aggression als »unberechtigt« verurteilte. So entstand jeweils ein Teufelskreis, in dem beide gefangen waren.

Indem Herrn S. durch die Gespräche und entsprechende Reflexion klargeworden war, daß er sich bisher durch eine pathologisch verinnerlichte Objektbeziehung (»Ich muß gut sein und es allen rechtmachen und alle gleich behandeln«) überfordert hatte, konnte er allmählich davon Abstand gewinnen und allmählich klare Grenzen setzen, womit er sich – und auch die Jugendlichen, die mit ihm zu tun hatten – entlastete.

### Der überforderte Jugendliche

In einer Wohngruppe mit vorwiegend älteren Jugendlichen ist Thema, daß Gregor (18 Jahre alt) überhaupt keine Pflichten erledigt. Er geht nicht in die Lehrwerkstatt, er geht nicht zur Berufsschule, er weigert sich, den Hausdienst zu tun. Gleichzeitig fällt auf, daß er sich sehr an einen anderen Jugendlichen aus der Wohngruppe klammert und sich so kleidet, als wäre er der Zwillingsbruder des anderen. Als nun Kritik an seiner Verweigerungshaltung geübt wird, brüllt er: »Ihr seid ja alle blöd! Wieso soll ich denn überhaupt arbeiten gehen, einer muß mich doch versorgen!« Das klang so unverschämt, daß mein erster Impuls war: »Sofort rauswerfen!« So ging es auch den Pädagogen, die das wütende Brüllen erst einmal stoppten.

Neben meinem ärgerlichen Gefühl über Gregors Wutausbruch entdeckte ich aber auch ein trauriges Gefühl. Beide Gefühle führten mich zu einem neuen Bild: Ich sah plötzlich in Gregor auch ein kleines Kind, das vor lauter Unglücklichsein unausstehlich wird und um sich tritt, wenn man Mitgefühl für sein Unglück zeigt. Als ich das äußerte, kam kein Protest, wie es sonst häufig seitens der Jugendlichen geschieht. Sie fühlten wohl ebenfalls, daß hinter Gregors Wutausbruch auch eine Sehnsucht nach Anlehnung und Gehaltenwerden stand – wie es auch in seiner »Zwillings«-Kleidung zum Ausdruck kam.

Das führte schließlich zu einer ganz neuen Einschätzung von

Gregors weiterem Werdegang. Berufsausbildung und Verselbständigung erwiesen sich als Perspektiven, welche die Pädagogen gern für Gregor gesehen hätten. Gregor selbst war noch nicht soweit. Für ihn ging es erst einmal darum, etwas Zuhause nachzuholen, um sich auf diese Weise seelisch für seinen weiteren Lebensweg zu rüsten. Statt in den Beruf ging er erst einmal wieder in sein Elternhaus zurück.

Anfangs sahen die Pädagogen das als »Niederlage« an. Später konnten sie einsehen, daß sie überhöhte Ansprüche an Gregor gestellt hatten, deren Erfüllung mehr der eigenen narzißtischen Befriedigung gedient hätte, als daß sie Gregor von Nutzen gewesen wäre. Daß er dagegen rebelliert hat, war gesunder Widerstand.

## Ein Fazit

Ist man in der Auseinandersetzung mit den Jugendlichen unbemerkt in einem Macht-Ohnmacht-Konflikt gefangen, kann psychoanalytisches Denken benutzt werden, um zu rationalisieren, wieso ich den Jugendlichen nicht mit der Realität konfrontiere. In dieser Funktion dient es pathologischer Angstabwehr und behindert die pädagogische Arbeit. Als Anleitung zum Umgang mit Übertragung und Gegenübertragung, als Hinweis, daß die eigene Biographie und die eigene Person Hilfe für das Verständnis des Gegenübers werden können, und als Methode für das Begreifen, daß unser Handeln nicht nur von bewußten, sondern auch von unbewußten Motiven gesteuert wird, ist psychoanalytisches Denken eine wertvolle Hilfe für das Erfassen der Realität. So genutzt, stärkt Psychoanalyse die pädagogische Kompetenz und wird zu einer fruchtbaren Basis für die Zusammenarbeit von Therapeuten und Pädagogen.

## 5. Genutzte psychoanalytische Hilfe – ein Fallbeispiel: Tom

In diesem Kapitel möchte ich an einem Beispiel schildern, was in meinen bisherigen Ausführungen eher facettenartig zur Sprache kam. Dazu erzähle ich die Geschichte von Thomas F. im Heim von seiner Aufnahme bis zu seinem Weggang. Thomas selbst fand seinen Vornamen »ätzend« und wollte mit »Tom« angeredet werden.

In der Aufnahmeanfrage für den damals 15jährigen Tom fanden sich Charakterisierungen, die uns Angst machten, zumindest Bedenken auslösten, ob es mit Tom hier im Heim gutgehen könnte. Da stand z. B.:

»Thomas schwänzt öfter die Schule. Er unterdrückt Klassenkameraden und verleitet sie zu Streichen; wenn sie sich weigern mitzumachen, droht er ihnen Prügel an. Er ist vorwiegend aggressiv-aufsässig, wobei er auch schon einmal eine Lehrerin geschlagen hat, aber er neigt auch zu depressivem Rückzug. Er entfernt sich in den Pausen oft vom Schulhof und hat dabei schon zwei Ladendiebstähle begangen. Zur Rede gestellt, leugnet er oder entweicht. Er hat schon im Schlafsack nachts draußen übernachtet, wobei ihm Kälte und Hunger nichts auszumachen schienen. Von Anzeigen wurde bis auf eine Ausnahme bisher abgesehen, weil es der Junge sowieso schon sehr schwer hat.«

Daß es Tom »schwer hat«, bezog sich auf seine Vorgeschichte:

»Vater und Mutter waren schon einmal verheiratet gewesen und hatten jeder zwei Kinder mit in die neue Ehe gebracht. Tom war das erste gemeinsame Kind der neuen Verbindung. Als die Mutter nach 13 Monaten wieder schwanger wurde, war der Vater damit sehr überfordert und begann zu trinken. Streitigkeiten bis hin zu Prügeln folgten. Dadurch wurde auch die Mutter bis ans Ende ihrer Kräfte gebracht, so daß sie sich kurz nach der Entbindung umbrachte. Der Vater zog dann mit seinen Kindern zu seiner Tante, die für ihn ›schon immer wie eine Mutter‹ gewesen war, lernte kurz darauf eine neue Frau kennen, die auch schon eine Ehe hinter sich hatte und drei

Kinder mitbrachte. Nach vier Monaten Kennenlernen heiratete das Paar, obwohl es auch in dieser kurzen Beziehung schon schwere Auseinandersetzungen gegeben hatte. Der neuen Familie gelang es nicht, sich zu stabilisieren. Die Streitigkeiten eskalierten bis zu einer unglücklichen Auseinandersetzung: Im Verlauf eines heftigen – auch zum Teil handgreiflichen – Ehestreites geht der alkoholisierte Vater in den Keller und kommt nicht wieder. Die Stiefmutter dachte, er würde unten – wie oft – weiter trinken und dann seinen Rausch ausschlafen. Er stürzte aber schwer und verblutete. Eine Anklage wegen unterlassener Hilfeleistung gegen die Stiefmutter wurde fallengelassen. Seit dem Tod des Vaters wurde Tom ›äußerst schwierig‹ und war ›nicht mehr zu führen‹.«

## Die erste Begegnung

Meine Kollegin und ich waren einigermaßen gespannt, wie die erste Begegnung sich gestalten würde. Sorgen gab es bei ihr, weil Tom eine Lehrerin angegriffen hatte. Wie würde er sich hier gegenüber den Pädagoginnen verhalten? Ich hatte eher Befürchtungen in der Richtung, daß er womöglich Unruhe unter den Jugendlichen stiften könnte; aber ich war auch fasziniert davon, daß Tom in der Lage war, Entbehrungen auf sich zu nehmen.

Tom kommt mit Stiefmutter und einer Vertreterin des Jugendamtes zum Vorstellungsgespräch. Zunächst stellen wir die Einrichtung vor. Tom hört aufmerksam zu, und ich bekomme das Gefühl, daß es ganz gut mit ihm gehen könnte. Dann fragen wir Tom nach dem Grund seines Kommens. »Die Schule«, sagt er etwas lustlos. Er fügt auf Nachfragen noch hinzu, daß der Schulweg zu lang war. Da sei er auf halber Strecke aus dem Bus gestiegen, wieder nach Hause gegangen – die Stiefmutter war auf der Arbeit – und habe dann Video geschaut, Computer gespielt oder sich mit gleichgesinnten Freunden verabredet.

Die Stiefmutter schaltet sich hier ein und korrigiert, daß das ja wohl keine echten Freunde gewesen sein können, wenn sie ihn von der Schule abgehalten haben. Als wir die Länge des Schulwegs als Grund für das Schwänzen in Zweifel ziehen und Tom noch »keine

Lust eben« als weiteren Grund angegeben hat, zieht er sich in sich zurück. Wir Erwachsenen mühen uns vergebens, ihn weiter zum Sprechen zu bewegen. Ich merke, wie ich etwas ärgerlich werde, beachte das aber nicht weiter. So geht es wohl auch den anderen Erwachsenen; denn es wird überlegt, ob und wie wohl Tom im Heim zurechtkommen könnte.

Die Stiefmutter erwähnt als eine Stärke von Tom, daß er Hausarbeiten gut verrichten könne, »aber nur, wenn er will!«. Als ich dabei dann aber erneut das Gefühl bekomme, daß es im Gespräch nicht vor und nicht zurück geht, fällt mir wieder ein, daß Tom ja auch allein ganz gut zurechtkommt, wenn er es sogar schafft, trotz Hunger und Kälte draußen zu schlafen. Ich sage dann laut, daß ich es erstaunlich fände, daß Tom zu solcher Leistung fähig sei, und er könne ja vielleicht auch so weiterleben. Hier stimmt die Vertreterin des Jugendamtes zwar zu, fügt aber dennoch hinzu, daß er ja erst 15 Jahre alt sei, so daß er noch nicht auf eigene Füße entlassen werden könnte.

Ehe das Gespräch hier weitergehen kann, sagt Tom wütend: »Der Bastard!« Seine Stiefmutter fragt irritiert: »Wen meinst du denn?« Tom: »Den Wichser da! Den mach' ich kaputt« – und dann schlägt dieser doch etwas schmächtige Jugendliche plötzlich mit aller Gewalt auf den Tisch. Obwohl mich sonst nichts so schnell aus der Ruhe bringt, spüre ich etwas Angst, und ich bin froh zu merken, daß der Gedanke, mich im Ernstfall wehren zu können, mir Entlastung bringt.

An dieser Stelle des Gespräches sind alle Erwachsenen erst einmal erschrocken. Die Mutter sieht es als »ungehörig« an und drängt auf eine Entschuldigung. Ich merke auf einmal, als ich mich innerlich etwas distanziert habe und im Sinne eines szenischen Verstehens das Geschehene zu begreifen suche, daß hinter meiner anerkennenden Äußerung auch etwas von ohnmächtiger Wut zu finden war, weil Tom uns mit unseren Bemühungen um ihn so ignorierte. Ich hatte mittels der Anerkennung von Toms Überlebensfähigkeit meine Ohnmacht und entsprechenden Ärger ins Gegenteil verkehrt und damit meine Angst, Tom ausgeliefert zu sein, verleugnet; so konnte ich mich in diesem Augenblick nur als jemanden erleben, der Tom etwas Gutes tun wollte, nicht aber als den, der ich auch war, nämlich jemand, der Tom an einer ganz empfindlichen Stelle getroffen hatte.

Diese Überlegungen halfen mir zu verstehen, daß Toms starke Wut, die fast zu Haß geworden war, in Wirklichkeit als ein Ausdruck von Panik verstanden werden mußte. Dieser vordergründig plötzlich so aggressive Jugendliche hat panische Angst! Das spürte ich auf einmal ganz deutlich und meine Angst wurde weniger. Jetzt wußte ich, daß Tom gar nicht so selbständig ist, wie es schien. Das Gegenteil ist der Fall: Sein größter Wunsch ist offenbar, daß man ihm Halt gibt, ihn umsorgt und beschützt.

In dem Maße, wie mir das alles klar wird, fühle ich, daß ich Tom innerlich näherkomme, und ich kann mich wieder in das Gespräch aktiv einschalten. Ich teile meine Überlegungen laut mit. Tom reagiert nicht direkt, aber die Mitarbeiterin des Jugendamtes greift das auf und bietet Tom an, mit ihm nach dem Gespräch darüber zu reden. Tom bleibt hier stur. Er sagt: »Der hat gesagt, ich soll draußen schlafen, also bin ich gleich weg.« Ich versuche klarzustellen, daß ich das so nicht gemeint habe. Aber das kommt nicht an.

Ich werde wieder etwas ärgerlich, merke aber auch einen Anflug von Schuldgefühlen wegen meines Ärgers von eben. Das hilft mir, mich nicht wieder von Tom abzuwenden. Und so spüre ich hinter seiner provokanten Äußerung wieder seine Unsicherheit und Angst. Also sage ich ihm nochmals, daß ich seine Äußerungen als Ausdruck seiner Panik verstehe. Die Vertreterin des Jugendamtes erneuert nochmals ihr Angebot. Da Tom weiterhin stumm bleibt, beenden wir an dieser Stelle das Gespräch. Da Tom mir Prügel angedroht hatte, überlegte ich vor der Verabschiedung, ob ich ihm die Hand geben sollte. Ich merkte, daß ich mich innerlich mit ihm »ausgesöhnt« hatte, und bot ihm meine Hand zum Abschied an – auch damit rechnend, daß er vielleicht aggressiv würde. Er drehte sich aber weg und ging auch in weitem Abstand vor Mutter und Sozialarbeiterin zum Auto, das alle drei nach Hause brachte.

Ich hoffte, daß Tom wahrgenommen hätte, daß ich ihn mit meiner »Anerkennung« nicht ausstoßen wollte, und daß es ihm gelingen würde, seine innere Abwehrhaltung ähnlich zu ändern, wie es mir glücklicherweise während des Gespräches gelungen war. In Erinnerung an meine kurzzeitigen Schuldgefühle wegen meiner Wut hoffte ich auch, daß er sich seinen Wutausbruch nicht allzu übelnehmen würde, sondern erlebt hätte, daß wir damit fertig geworden sind. Allerdings hatte ich Bedenken, wie die Stiefmutter damit umgehen würde, da sie in der Gesprächssituation sehr vorwurfsvoll und Schuldgefühle auslösend reagiert hatte, was wiederum von der Angst getragen zu sein schien, wir könnten ihr das Verhalten des Stiefsohnes als Beweis mangelnder Erziehungsfähigkeiten anlasten.

Etwa zwei Monate nach diesem Gespräch meldet sich die Vertreterin des Jugendamtes wieder und teilt mit, daß nach einigen Gesprächen mit Tom und seiner Stiefmutter nun bei allen der Wunsch gewachsen sei, zu einem weiteren Gespräch ins Heim zu kommen.

## Das zweite Gespräch – die Aufnahmesituation

Vor diesem Gespräch waren wir noch gespannter als vor dem ersten, auch etwas ängstlich in der Erwartung, daß es vielleicht wieder schwierige Situationen geben könnte. Zu merken, daß wir durchaus zwiespältige Gefühle angesichts der bevorstehenden zweiten Begegnung mit Tom hatten, half uns, nicht gleich zu verzagen, als Tom bei der Begrüßung erst mal einen ziemlich abweisenden Eindruck machte. Wir gestanden ihm und uns allen zu, daß es das letztemal für alle ziemlich schwierig war, und daß wir diesmal versuchen wollten, uns weiter kennenzulernen, um herauszufinden, ob es einen gemeinsamen Weg geben könnte.

Unsere Einstellung, Schwierigkeiten als »ganz normal« anzusehen und die Schwierigkeiten des ersten Gespräches als zur Gesamtproblematik zugehörig, half wohl Tom und auch seiner Stiefmutter, sich auf das Gespräch einzulassen, ohne Vorwürfe fürchten zu müssen. Denn diesmal konnten wir sogar »in die Tiefe« gehen. Als erstes bringt die Stiefmutter ihre Sorge, daß Tom in der Clique, in der er ist, »abgleiten und auf die schiefe Bahn kommen« könnte. Besonders der Anführer sei »schlimm«: Er sei »groß wie ein Baum«, »brutal« und trinke »mit seinen knapp 17 Jahren schon Alkohol wie ein Säufer«. Sie könne gar nicht verstehen, wieso Tom diesen Jungen so bewundere. Das »weiß« Tom auch »nicht«.

Als wir später über den Vater und seinen Tod sprechen, fällt auf, daß die Stiefmutter den Vater genauso schildert wie den Anführer der Clique. Kein Wunder, daß Tom sich für ihn interessiert. Da Tom weiß, daß die Stiefmutter nicht gut auf den Vater zu sprechen ist – er war »brutal, Alkoholiker, arbeitsscheu« –, wagt Tom nicht offen auszudrücken, daß er den Vater auch anders sieht, und daß er ihn geliebt hat. In unbewußter Verschiebung kann er nun in seiner Bewunderung für den Anführer der Clique seine Liebe zum Vater pflegen. Sogar die Ambivalenz seiner Beziehung zum Vater ist dort lebbar: So wie natürlich Tom Angst vor der aggressiven Seite des Vaters hatte, so hat er auch Angst, daß die Clique ihm brutal zusetzen könnte, wenn er etwas täte, was dort nicht gutgeheißen wird.

Als ich diese Überlegungen, die mir halfen, Tom zu verstehen, der Gesprächsrunde mitteile, hört Tom aufmerksam zu, seine Stiefmutter wird dabei eher unruhig. Sie betont nochmals ihre Sorge, daß die Clique doch für Tom nicht gut sein könne; sie hatte nämlich meine Ausführungen so verstanden, als habe ich sagen wollen, die Clique und der Vater seien ganz in Ordnung gewesen. Daß es darum ging, Toms Vorliebe für diese Clique zu verstehen, kam nur bei Tom und den anderen an. Über den Tod von Toms Mutter wollte die Stiefmutter gar nicht reden. Sie sagte auch, daß sie der Großmutter mütterlicherseits seinerzeit verboten hätte, mit den Kindern über die Mutter zu reden, »damit die nicht unnötig beunruhigt werden«. Ihr eigener Wahlspruch sei: »Ich gehe immer nur vorwärts, nie zurück!«

Da ich die Angst der Stiefmutter spürte, machte ich hier nicht zum Thema, daß natürlich Tom auch ihr gegenüber eine zwiespältige Einstellung haben müßte: Sie hat sich zwar gut um die Kinder gekümmert, aber nicht dafür gesorgt, daß der Familie der Vater erhalten blieb. Im Bewußtsein der Schwere der Thematik sage ich an dieser Stelle nur allgemein, daß wir es für wichtig halten, daß die Vorgeschichte der Jugendlichen und ihrer Familien besprochen wird, weil nach unserer Auffassung nur so ein Verständnis der Probleme erreicht werden kann, die den Jugendlichen schließlich ins Heim gebracht haben. Dafür gebe es Einzeltherapie für die Jugendlichen und Familiengespräche für ihn zusammen mit seiner Familie und den Bezugspersonen im Heim. Dieses Angebot wird sowohl von Tom wie auch von seiner Stiefmutter sofort interessiert aufgegriffen. Überhaupt taut Tom zusehends auf und will nun auch bereitwillig das Heim besichtigen. Als dies geschehen ist, bekommt er als »Hausaufgabe«, innerhalb einer Woche zu schreiben, ob er ins Heim kommen will und wie er sich seinen Aufenthalt hier vorstellt. Die Verabschiedung war fast herzlich, und alle waren sichtlich erleichtert. Wir waren gespannt, ob und was Tom schreiben würde. Nach fünf Tagen kam der folgende Brief:

»Mein Name ist Tom F., und ich wurde am … 1969 als ältestes Kind von H… und C… F. geboren. Im Mai 1974 starb meine Mutter und mein Vater im September 1979. Zur Zeit lebe ich bei meiner Stiefmutter in X., da meine Eltern verstorben sind. Ich habe noch drei Geschwister, und die Kinder von meiner Stiefmutter leben auch noch bei uns. 1975 wurde ich eingeschult, aber ich mußte nach einigen Wochen in die Vorschule. Ich mußte auch zweimal eine Klasse wiederholen und bin jetzt auf der Hauptschule. Mit meinen Geschwistern verstehe ich mich nicht sehr gut. Deshalb würde ich gern in Ihr Heim kommen. Der Rundgang bei dem letzten Gespräch hat mir sehr gut gefallen. Ich finde auch gut, daß man mit jemand über seine Probleme reden kann.«

Der Verlauf des zweiten Gespräches und dieser Brief versetzten uns fast in Begeisterung. Wir reagierten daher ziemlich unwillig, als das Team der Wohngruppe, in die Tom kommen sollte, Befürchtungen äußerte, ob das mit ihm wohl gutgehen würde »bei der Vorgeschichte!«. Die Reaktion des Teams holte uns wieder auf die Erde. Unsere Verleugnung der schwierigen Seiten Toms verstanden wir als Auswirkung einer Überich-Problematik bei uns: Im ersten Gespräch mußten wir extreme Selbstentwertungen ertragen, was wir ja auch für das zweite Gespräch befürchtet hatten.

Als es nun im zweiten Gespräch anders lief und der Brief so positiv ausfiel, unterlagen wir einer Selbstüberhöhung; unsere Selbstunsicherheit wurde einfach abgespalten. So erlebten wir eine narzißtische Befriedigung, die unseren Blick für die Realität trübte – eine Situation, die im anstrengenden Heimalltag nur allzuleicht auftreten kann. Hier bewährte sich, daß wir im Heim als Schutz vor solchen unrealistischen Verzerrungen das Orientierungsgespräch zwischen Aufnahmeteam (therapeutische und pädagogische Leitung) und Team der aufnehmenden Wohngruppe eingerichtet haben; denn unser Gespräch mit dem Wohngruppenteam ermöglichte eine halbwegs realistische Einschätzung dessen, was Wohngruppe und Heim bei der Aufnahme von Tom erwartete: Wir rechneten mit Regelverstößen, wie Schulschwänzen oder Nichteinhaltung von Ausgehzeiten, wir befürchteten weiterhin aggressive Durchbrüche in Enttäuschungssituationen, wir sahen auch Schwierigkeiten in Therapie und Familiengesprächen, wenn die Rede auf die leiblichen Eltern käme oder wenn die Beziehung der Stiefmutter zum leiblichen Vater und zu Tom besprochen würde. Schließlich waren wir auch nicht sicher, wie Tom wegen der vorhandenen Geschwisterrivalität mit der Wohngruppe zurechtkommen würde.

Toms Werdegang im Heim und unseren Umgang mit ihm werde ich nun an exemplarischen Situationen schildern.

## Toms Einstieg ins Heimleben und erste Schwierigkeiten

Toms erste Wochen im Heim und die Reaktion der Bezugspersonen auf ihn erinnern an die Situation im zweiten Aufnahmegespräch. Tom zeigt sich von seiner besten Seite, die Erwachsenen, besonders der Bezugspädagoge, sind sehr angetan von ihm. »Daß er das so schafft, hätten wir nicht gedacht«, war einhellige Meinung über Tom; denn er bemühte sich sogar, in Konflikten einsichtig zu sein und nicht aggressiv, wie er es gewohnt war.

Als Tom nach etwa fünf Wochen eine Freundin fand, reagierte er bei Konflikten nicht mehr einsichtig, sondern eher bockig: »Ihr versteht mich ja nicht, aber meine Freundin, die versteht mich.« Das brachte allmählich Ärger in die Wohngruppe und Aufspaltungen in solche, die »in Ordnung« waren, weil sie Tom verstanden, und solche, die »blöd« oder »Asi« waren, weil sie eigene Positionen behaupteten.

Das Wohngruppenteam ist »enttäuscht« von Tom, kann aber vom Therapeuten eine Verstehenshilfe bekommen, als dieser deut-

lich macht, daß hier wohl die Geschwisterrivalität Toms reinszeniert wird. Da auch Tom in der Therapie über dieses Thema sprechen konnte, trat wieder eine Beruhigung ein, jedoch nicht für allzu-
lange Zeit: Ein Mitglied der ehemaligen Clique Toms wurde von
einem Auto überfahren und starb. Kurz darauf trennte sich Toms
Freundin von ihm, weil sie sich in einen Jugendlichen einer anderen
Wohngruppe verliebt hatte.

Trotz der Versuche von Therapeut und Wohngruppenpädagogen, Tom zu ermutigen, seinen Schmerz über den Verlust von
Freund und Freundin auszudrücken, verschloß er sich dem Gespräch. Er handelte: Mittels dreier Einbrüche in zwei Kioske und
eine Gastwirtschaft suchte er Trost und »Entschädigung« für das
erlittene »Unrecht«. Tom konnte den Verlust wichtiger Bezugspersonen nicht als Unglück erleben, sondern empfand es als »ungerecht«, daß er das erleiden mußte, und entwickelte Vorstellungen
darüber, wer daran »schuld« war. Daß er mit einer Anzeige rechnen
mußte und ihm Sozialstunden oder sogar Jugendarrest drohten,
fand er »total mies«. Auch sein Bezugspädagoge fand diese Aussicht
für Tom »zu hart«. In seiner Stellungnahme, die das Gericht ange-
fordert hatte, beschrieb er dann auch, daß Toms Delikt doch vor
dem Hintergrund seiner schwierigen Familiengeschichte verständlich sei, daß es Tom leid tue und daß man »noch einmal von einer
Bestrafung absehen« solle, zumal Tom ja auch in Therapie sei. Daß
Tom in dieser Zeit die Therapie eher schwänzte als anwesend zu sein
– weil der Therapeut darauf bestand, sich mit Tom über die Bedeutung der Delikte zu unterhalten –, ließ der Bezugspädagoge in seinem Bericht unerwähnt. Vom Therapeuten darauf angesprochen,
sagte der Pädagoge, daß Tom im Moment eher eine »positive
Zuwendung« brauche als Arrest oder anstrengende Therapiegesprä-
che; und er kümmerte sich verstärkt um Tom.

Der persönliche Einsatz des Bezugspädagogen für Tom brachte
jedoch keine Beruhigung, er intensivierte nur Toms Tendenz, die
ihn umgebenden Personen in Gute und Böse aufzuspalten, bis das
in einer Wohngruppenversammlung eskalierte: Tom hatte sich immer wieder störend bemerkbar gemacht, was zunächst von den
Pädagogen geduldig hingenommen wurde. Dann aber war der pro-

tokollführende Pädagoge so »genervt«, daß er Tom zurechtwies: Er solle doch versuchen produktiv mitzumachen oder hinausgehen, wenn ihm das nicht möglich wäre. Daraufhin brach es aus Tom heraus: »Laß mich in Ruhe oder ich bring' dich um, du Schwein!«

Die Pädagogen sind schockiert und unterbrechen die Versammlung. Angst kommt auf, man besteht auf einer Entschuldigung und beschließt, daß Tom erst einmal für acht Tage zu einer Familie kommt, die mit dem Heim in der Weise zusammenarbeitet, daß sie von Zeit zu Zeit Jugendliche betreut, die durch Konflikte so sehr mit den Wohngruppenpädagogen verwickelt sind, daß sowohl Jugendliche wie Pädagogen erst einmal Abstand voneinander brauchen, um wieder Kraft für weitere Klärungen zu finden. Tom erklärt sich damit einverstanden, und alle Beteiligten sind froh in der Hoffnung, daß nun wieder Ruhe einzieht.

In diesem sinnvollen Versuch, erst einmal weitere Eskalationen zu verhindern, steckte leider auch eine Tendenz zur Verleugnung, die schon zu einer gewissen Fusion zwischen Bezugspädagogen und Tom geführt hatte. Beide waren sich zumindest unbewußt einig, daß die Delikte doch verständlich und »so schlimm eigentlich auch nicht sind«. In dieser Phase des Geschehens war auch der Wohngruppentherapeut in die Verleugnung mit einbezogen: Er hatte zwar daran »gedacht, daß ja in Toms Geschichte schlimme Situationen vorkommen«, z. B. der tragische Tod des Vaters nach dem Streit mit der Stiefmutter, aber er hatte auch »gedacht, daß es für ein Gespräch darüber noch zu früh« sei. Die in Tom vorhandene, aber noch sehr unbewußte Angst vor einem erneuten Ausbruch seiner aggressiven Impulse wurde neben der Verleugnung dadurch abgewehrt, daß er solche Impulse mittels Projektion auf Personen verschob, die ihn bedrohten, z. B. die Polizei, den Jugendrichter, aber auch diejenigen Pädagogen, die ihn an seine Aufgaben im Heim erinnerten oder ihn bei Verstößen zurechtwiesen.

*Zuspitzung: Die aggressiven Impulse lassen*
*sich nicht länger verleugnen*

Der Aufenthalt Toms in der Betreuungsfamilie verschafft allen Beteiligten genügend Distanz, um es nach acht Tagen wieder miteinander zu versuchen. Das geht auch ganz gut. Es fällt allerdings auf, daß Tom in der Therapie überhaupt nicht über den Verlust von Freund und Freundin und auch nicht über die Delikte reden will, schon gar nicht will er »darüber traurig sein müssen«, wie er entsprechende Angebote seines Therapeuten für sich interpretiert.

In diese Situation relativer Ruhe bricht eine massive Störung ein:

Tom hat in einem Wutanfall auf dem Flur vor seinem Zimmer einen Stuhl zerschlagen. Der Bezugspädagoge fordert ihn auf, die Trümmer wegzuräumen. Tom tut das nicht. Einige Zeit später hört der Pädagoge laute Musik aus Toms Zimmer. Er bittet Tom, die Musik auf Zimmerlautstärke zu stellen. Tom reagiert nicht. Als mehrmalige Aufforderungen nichts fruchten, dreht der Pädagoge die Sicherung heraus. Bei dieser Tätigkeit wird er von Tom überrascht, der ihn von hinten umklammert und droht, ihm den Hals zuzudrücken, wenn er nicht sofort die Sicherung wieder hineindreht. Der Pädagoge überspielt seine Angst und droht seinerseits, daß »gleich etwas passiert«, wenn Tom ihn nicht losläßt. Tom läßt von ihm ab. Es gelingt, sich zu beruhigen, und Tom wünscht selbst eine erneute Ruhepause in der Betreuungsfamilie.

Dieser Vorfall geschah am Vorabend eines Plenums und verbreitete große Angst unter den Bezugspersonen. Das Plenum am nächsten Tag ist deshalb ein geeignetes Forum, die Ängste zu bearbeiten. Da aber Toms Bezugspädagoge an diesem Tag verhindert war, gab es keine Möglichkeit, geäußerte Ängste zu relativieren, so daß Realitätsverzerrungen zunächst nicht auszuschließen waren.

## Erste Verarbeitungen im Plenum

Während es sonst einige Zeit dauert, bis sich die Mitglieder des Plenums dazu äußern, was sie besprechen möchten, meldet sich diesmal gleich ein Pädagoge und beginnt: »Der H. (= Vorname von Toms Bezugspädagogen, weil man sich untereinander duzt) ist mit einem Knüppel bedroht worden, und ich fühle mich auch bedroht.« Sofort sind alle sehr aufmerksam, und mit Hilfe der Pädagogen aus Toms Wohngruppe wird rekonstruiert, daß Tom einen Stuhl zerschlagen und dann laute Musik gemacht hat, daß der Bezugspädagoge die Sicherung herausdrehte und dann bedroht worden ist. Beruhigend wird noch hinzugefügt, daß Tom keinen Knüppel hatte; er hätte den Bezugspädagogen »nur am Kragen gepackt«. Herr A., der Pädagoge, der das Thema eingebracht hat, läßt sich nicht beruhigen:

»Knüppel oder Stuhlbein, das ist mir egal, der Junge muß raus. Da wünsche ich mir auch Hilfe von der Heimleitung im Sinne der Fürsorgepflicht. Denn man kann doch nur ohne Angst und Aggression richtig arbeiten. Ich jedenfalls möchte geschützt werden. Ich kann so nicht arbeiten!«

Am liebsten hätte ich an dieser Stelle gesagt: »Dann suchen Sie sich doch ein anderes Heim!«, aber der Heimleiter kommt mir zuvor und stellt fest, daß es natürlich die Heimregel mit dem Verzicht auf Gewalt gibt und auch die Fürsorgepflicht der Heimleitung, aber man müsse jeden Fall auch individuell sehen und könne nicht »pauschal« die Heimregel anwenden. Allerdings habe er Sorge, daß sich der Bezugspädagoge vielleicht mit Tom überfordert. Das wiederum wird von seinen Teammitgliedern verneint, die betonen, man habe ihn das schon gefragt und hätte auch »eine Ablehnung der Weiterbetreuung von Tom mitgetragen«, aber H. habe gesagt, er wolle auch weiterhin Bezugspädagoge für Tom bleiben. Am Ende wird im Plenum der Wunsch geäußert, daß man doch das nächste Mal das Thema nochmals aufgreifen wolle, wenn H. wieder dabei sei. Ich verstärke das, indem ich meinerseits sage, daß ich gut fände, mit Hilfe von H. noch genauer zu klären, wie sich der Vorfall denn nun abgespielt habe.

Hier ertappe ich mich, daß ich von »H.« spreche statt von Herrn

M., obwohl das gar nicht meine Art ist, Mitarbeiter des Heims mit Vornamen zu benennen. In der Reflexion darüber entdecke ich Ärger über Herrn M. in dem Sinne, daß er den aggressiven Ausbruch Toms vielleicht hätte verhindern können, wenn er dafür gesorgt hätte, daß Tom den angerichteten Schaden (zerbrochener Stuhl) wiedergutmacht, damit nicht Schuldgefühle entstehen, deren Unerträglichkeit oft aggressive Impulse auslöst. So verstanden hieß mein Ärger: Ein kompetenter »Herr M.« hätte die Situation gemeistert, »der H.« hat das leider nicht geschafft. Solcher Ärger bezog sich auch auf Herrn A.; denn ich verstand seine Klage auch als Vorwurf an die therapeutische und pädagogische Leitung, daß wir bei den Aufnahmeterminen nicht die »richtigen« Jugendlichen für die Wohngruppen auswählen.

Hier zeigte sich eine starke narzißtische Thematik, verstärkt noch durch eine Ideal-Ich-Problematik bei allen Beteiligten. Selbstunsicherheit wurde abgewehrt durch unrealistische Größenvorstellungen. Die eine Seite sagte: Wir schaffen das mit Tom, und er gehört auch in unser Heim. Die andere Seite sagte: Wir müssen es ohne Angst und Aggressivität schaffen. Beides zusammen führt wegen mangelnder Realitätserfassung zu Überforderungssituationen, die aber wegen der eigenen narzißtischen Bedürftigkeit leicht der Verleugnung anheimfallen.

Im nächsten Plenum ist Herr M. anwesend und wird sofort gebeten, den Vorfall nun »authentisch« zu schildern. Der Ärger mit Tom habe schon am Nachmittag angefangen, erklärt er. Tom wollte seine Verpflichtungen im Heimprogramm nicht erfüllen. Herr K. hatte ihm daraufhin angekündigt, dann könne er auch bei einem Ausflug am Wochenende nicht teilnehmen. »Das liegt ganz bei dir!« Sofort kommt der Einwand im Plenum: »Wer sein Programm nicht selbst erledigen kann, der ist auch nicht in der Lage, mit H.s Ankündigung selbst fertig zu werden.« So wundert es das Plenum nicht, daß Tom wohl infolge des Überfordertseins mit dieser Entscheidung seinen Stuhl zerschlägt. Herr M. hatte das nicht so erfassen können, er war nur »einfach sauer«, hatte aber nicht für Wiedergutmachung des Schadens sorgen können, »weil der Stuhl ja Tom selbst gehörte«. Auch beim Abendessen ist Tom unleidlich. Herr M. sagt aber nichts. Als dann gegen 22 Uhr laute Musik aus Toms Zimmer kommt, geht Herr M. »schon ziemlich genervt« dorthin:

»Ich habe ihm nur gesagt: Mach die Musik leise, mehr will ich heute von dir gar nicht mehr, alles weitere morgen. Als dann nichts passiert, bin ich an den Sicherungskasten gegangen und habe begonnen, die Sicherungen rauszudrehen. Auf einmal ist Tom da und packt mich am Hemd. Ich hatte Angst: Hau ich ihn, oder haut er mich? Soll ich ihn schlagen? Nein! Hoffentlich schlägt er mich nicht. Soll ich meine Angst zeigen? Nein! Also sage ich: Laß bitte los, sonst passiert was. Hör auf! Glücklicherweise läßt er los und geht weg in sein Zimmer. Weil ich nicht wußte, ob Tom nochmals kommt, habe ich dann C. (Herrn A.), der in der anderen Wohngruppe Dienst hatte, geholt und mit ihm erst mal eine Tasse Kaffee getrunken.«

Durch die Schilderung von Herrn M. entsteht im Plenum eine ganz andere Atmosphäre als vorher. Der Eindruck, er sei mit Tom überfordert, weicht dem allgemeinen Eindruck, daß er Tom gewachsen sei. Seine Wohngruppenkollegen und -kolleginnen versichern sich dessen auch noch einmal im Plenum. Aber Herr A. ist nicht zufrieden. Er ist nach wie vor in Angst und erhebt nochmals seine »Forderung: Pädagogik muß angst- und gewaltfrei sein, und die Leitung hat die Voraussetzungen dafür zu schaffen!« Da die Zeit für dieses Plenum dem Ende zuging, wurde dieser Forderung nur noch einmal die andere aus dem letzten Plenum entgegengestellt: »Man muß jeden Fall individuell gewichten. Wir können die Heimregeln nicht einfach pauschal anwenden.« Allerdings wurde Tom von seiten der Leitung in einem Brief nach dem Hinweis auf den Vorfall mit Herrn M. mitgeteilt:

«... daß Du ab sofort solche oder vergleichbare Angriffe auf Mitarbeiter und Mitarbeiterinnen oder auch Jugendliche zu unterlassen hast. Wie in den Heimregeln aufgeschrieben ist, lebt die Heimgemeinschaft gewaltfrei. Wenn es Dir nicht möglich ist, Dich künftig daran zu halten, müssen wir ernsthaft überlegen, ob Du in der Wohngruppe bleiben kannst. Das Jugendamt werden wir auch von dem Vorfall unterrichten.«

Mit Hilfe der beiden Plenen, dem Brief der Leitung, einem erneuten Aufenthalt Toms bei der Betreuungsfamilie und einer Entschuldigung Toms beim Bezugspädagogen nach zwei Wochen schien erst mal wieder Ruhe eingekehrt zu sein.

## Vertiefung der Auseinandersetzung mit Toms Aggressivität

Ehe Tom zu der Betreuungsfamilie fuhr, fand noch eine Wohngruppenversammlung statt. Die Pädagogen hatten sich vorgenommen, das Thema »Gewalt und Hilfe gegen Gewalt« einzubringen. Das führte zu Fragen an Tom, wie: »Warum hast du denn deinen Stuhl zertrümmert?« »Weil ich Bock hatte.« Es führte zu Fragen an die Gruppe: »Wieso hat keiner von Euch dem H. geholfen?« Die Antworten: »Ich hatte einfach Schiß.« »Kein Bedarf.« »Ich habe mich ins Bett verkrümelt.« Ein Jugendlicher stellt die Frage: »Was löst überhaupt die Gewalt aus?« Dabei fällt einem anderen ein Vorfall ein, der vor einiger Zeit passiert ist. Da hatte ein Jugendlicher einen anderen so gereizt, daß dieser zuschlug, woraufhin er vom Opfer bei der Polizei angezeigt wurde. Da dem Therapeuten in diesem Zusammenhang einfiel, daß ja das Opfer früher viel mißhandelt worden war, und er wagte, das hier zu sagen, war allen eine Möglichkeit gegeben, solche aggressiven Handlungen als unbewußte Wiederholungen früherer Erfahrungen zu begreifen.

Das gab viel Stoff für Gespräche mit dem Therapeuten und mit den Pädagogen. Es entstand bei den Erwachsenen ein gutes Gespür dafür, daß der gute Rat, in solchen Fällen doch »in den anderen Häusern Hilfe zu holen«, oder die Drohung, daß »bei Wiederholung der Heimaufenthalt gefährdet« sei, wenig ausrichten.

Daß aggressive Handlungen und Phantasien unbewußte Wiederholungen früherer Traumata sind, konnte auch der Therapeut von Tom einmal sehr anschaulich erfahren. Tom war zur Therapie mit dem Wunsch gekommen, »ein Beil« zu malen. Spontan spürte der Therapeut Angst, denn ihm kam die Phantasie, Tom könne mit einem Beil hinter ihm stehen und ihm von hinten eins überziehen. Der Therapeut sagt aber nichts, sondern sieht zu, wie Tom das Beil malt. Dabei kommt ihm das Bild eines kleinen Jungen, der da sitzt und ganz vertieft mit Buntstiften malt; aber das Thema des Malens macht auch leichtes Schaudern. Da fällt dem Therapeuten der Tod von Toms Mutter ein, und er äußert: »Das war vielleicht wie ein Beil im Rücken, als du damals hörtest, daß deine Mutter tot ist.« »Nein, nicht bei meiner Mutter, sondern bei meinem Vater war das wie ein Schlag in den Rücken, als ich das sah.« Mehr wollte er an dieser Stelle erst einmal nicht sagen.

Dieser Vorfall half den Erwachsenen – der Therapeut teilte dieses wichtige Ereignis in der Therapeuten- und in der Wohngruppen-teambesprechung mit –, einen anderen Aspekt von Toms Aggressivi-tät zu verstehen. Seine Aggressivität gegen andere war nicht nur ein Kampf gegen die auf böse Angreifer projizierten eigenen aggressiven Anteile, sondern sie war auch ein Hinweis auf gewaltsame Schicksals-schläge, die er erlitten hatte. In diesem Zusammenhang entstand dann noch eine Verstehensmöglichkeit für Toms aggressiven Ausbruch gegen Herrn M.: Herr M. hatte Tom an jenem Nachmittag auch gedrängt, zur Therapie zu gehen, weil Tom mal wieder »keinen Bock« hatte. Dieser Tag war »zufällig« der Tag, an dem sein Vater nach dem Streit mit der Stiefmutter gestorben war. Bewußt konnte das an diesem Tag noch nicht Thema werden, aber unbewußt fand eine Reinszenierung dieses schlimmen Erlebnisses statt.

Eine weitere Vertiefung der Bearbeitung von Toms Schicksal trat mehr zufällig ein. In die Wohngruppe kam eine Studentin, die ein Praktikum absolvieren wollte. Es ergab sich, daß Tom Zutrauen zu ihr faßte und sich öfter mit ihr unterhielt. Er sprach mit ihr auch über den Vorfall mit Herrn M., seinem Bezugspädagogen. Dabei wurde deutlich, daß ihm gar nicht bewußt war, daß er mit seinem Verhalten Herrn M. bedroht hatte. Er ist ganz erstaunt, als die Praktikantin ihm dies sagt – was uns im nachhinein wieder erstaunte, weil wir ja dach-ten, wir hätten es ihm eindringlich genug deutlich gemacht.

Als Beispiele für Bedrohlichkeit erzählt Tom dann der Praktikan-tin Erlebnisse aus seiner Familiengeschichte: daß er erlebt hatte, wie der Vater die Mutter schlug, daß er von einer Fehlgeburt der Mutter und von ihrem Selbstmord wußte, daß er den Vater in seinem Blut gesehen hatte, da er am Morgen nach dem Streit mit der Stiefmutter zusammen in den Keller gegangen war. Daß Tom dies alles wußte, erfuhren wir erst auf diesem Umweg über die Praktikantin. Uns gegenüber hatte er immer nur davon gesprochen, daß die Eltern »tot« seien oder eben »verstorben«.

Ihre Gegenübertragungsgefühle beschrieb die Praktikantin so:

»Manchmal kommt mir Tom wie ein Freund vor oder wie ein Bruder. Dann möchte ich am liebsten vergessen, daß ich Praktikantin bin, und mit ihm herumalbern oder sogar in die Disco gehen. Manchmal komme ich mir auch so vor wie eine Mutter. Mir tut es dann richtig gut, wenn er mir erzählt und ich ihn trösten kann.«

Als die Praktikantin das in der Therapeutenrunde, in der sich die Therapeuten mit mir über die Therapien der einzelnen Jugendlichen austauschen, berichtet, fällt Toms Therapeuten als erstes ein: »die Clique«. So verstanden wie von der Praktikantin muß sich Tom in der Clique gefühlt haben. Die Praktikantin hat auch das »Gefühl, daß Tom mich nicht wie eine Erwachsene sieht, sondern eher wie einen Kumpel«.

Wir besprechen dies auch in der Runde des Wohngruppenteams. Den dortigen Mitarbeiterinnen fällt in diesem Zusammenhang auf, »daß sich Tom mehr den Männern anschließt, uns meidet er irgendwie«. Also entsteht die Frage: »Von wem bekommt er mütterliche Zuwendung, wer kann sie ihm geben?« Die Pädagoginnen wollen dieser Frage nun nachgehen und erhoffen sich, »daß er dann vielleicht etwas weicher wird«. Der Therapeut will das Thema in die Therapie und auch in die Familiengespräche einbringen.

### Erneute Zuspitzung und Lösung

Ermutigt durch die Erzählung der Praktikantin traut sich nun auch der Therapeut an das schwere Thema »Schicksal von Mutter und Vater« bei Tom heran. Tom erzählt auch, entzieht sich aber, sobald er traurig wird. Spricht der Therapeut aus, daß er Toms Traurigkeit wahrnimmt, wird er als »Spinner« beschimpft; manchmal rennt Tom auch aus dem Zimmer. Im Familiengespräch ist es vor allem die Stiefmutter, die unwirsch reagiert: Beim Gespräch über Toms Mutter und Vater fühlt sie sich angegriffen; sie berichtet, wie schwer sie es in der Familie hatte, und dann schimpft sie über Tom, wie schwer er ihr das Leben gemacht hat, und daß sie auch vom Heim schon »viel Schlimmes« über ihn gehört hat. Auch hier läuft Tom raus. Seine Stiefmutter ist getroffen, daß er sie »so blamiert«.

In dieser Phase des Heimaufenthalts Toms fühlen sich alle Beteiligten sehr unbehaglich. Es ist eine Atmosphäre von enttäuschten Ansprüchen, Selbstvorwürfen, Schuldgefühlen, Entwertungen. Auf einmal ist nicht mehr die größte Angst, daß Tom aggressiv »ausrasten« könne, sondern »daß er sich vielleicht etwas antut«. Spricht der Therapeut eine solche Sorge an, wird er mit der Bemerkung »Quatsch« abgewiesen.

Bei Tom ist eher eine andere Tendenz zu bemerken: Er wird wieder häufiger aggressiv und verweigert sich. Gleichzeitig besorgt er sich einen ausgedienten »Kampfanzug« von der Bundeswehr, mit dem er fast stolz umherläuft – sehr zum Ärger eines seiner Wohngruppenpädagogen, der »stundenlang« mit ihm über die »Unsinnigkeit« von Waffen, Uniformen und Kriegsgerät diskutiert, weil er das »total ablehnt«. Das hatte jedoch nur zur Folge, daß sich Tom entweder verschloß oder höchst aggressiv reagierte. Das wiederum entnervte den Pädagogen. So entstand wieder einmal ein Klima, »wo er jederzeit explodieren kann«. Tom bat hier von sich aus um einen Aufenthalt in der Betreuungsfamilie, was alle erleichtert befürworteten.

Doch der Aufenthalt selbst bewirkte diesmal zunächst keine Entlastung. Im Gegenteil: Als Tom zurückkam, wurde uns mitgeteilt, daß in der Betreuungsfamilie ein Pullover fehlte. Bei einer anschließenden Zimmerkontrolle wurde dieser in Toms Gepäck gefunden. Tom schien darüber fast erleichtert zu sein, die anderen waren tief enttäuscht, und einige Mitarbeiter äußerten: »Wir werden mit ihm nicht mehr fertig, der muß weg!« Hellhörig wurden alle Erwachsenen, als Tom auf einmal von sich aus den Wunsch äußerte: »Ich will hier weg, wohin weiß ich auch noch nicht, aber weg von hier.«

Es kam zu einer Einzelfallbesprechung, die zunächst nur mit den beteiligten Erwachsenen stattfand: »Wenn er gehen will, dann soll er doch gehen. Das müssen wir respektieren.« »Das meint der doch nicht im Ernst«, sagt sein Bezugspädagoge, »aber ich gebe zu: Als ich im Urlaub war, habe ich gedacht: Schön wäre es, wenn er weg wäre, wenn ich wiederkomme. Der ist so anstrengend.« »Vielleicht ist das für Tom genauso anstrengend«, sagt ein anderer Mitarbeiter. Dem Therapeuten fällt ein, daß auch die Stiefmutter immer beklagt, wie sehr sie sich immer bemüht hat und wie anstrengend für sie die Wochenenden sind, an denen Tom die Familie besucht.

Mir kommt auf einmal das Bild von Tom im Kampfanzug, und ich erinnere mich an das Ende des Krieges, wo ich einen verrosteten Stahlhelm fand und mich von da an sicher fühlte. Damals dachte ich auch: »Wenn du jetzt noch ein Gewehr hättest, könnte dir nichts mehr passieren.« Dabei war mir aber auch ganz klar, daß ich »von mir aus nicht schießen« würde. Als mir das so klar wird, kann ich mich wieder mit Tom verbunden fühlen.

Als ich meine Gedanken der Runde mitteile, erzählt auch der Pädagoge, der so gegen den Kampfanzug zu Felde gezogen war, von seiner Angst vor Aggressivität und Krieg. Auf einmal wird es »ganz persönlich«, Verstehen wird möglich, und die vorher so vehement vertretenen pädagogischen Einsichten entpuppen sich auch als Abwehr eigener Ängste. Als dann Tom in unsere Runde kommt und wir berichten, was uns so durch den Sinn gegangen ist, kann er zuhören und muß nicht rauslaufen. Er selbst sagt wenig. Wir aber stellen fest, daß wir uns alle überfordert haben. Aus Angst zu versagen trauten wir uns gar nicht mehr, die Realität anzusehen, sondern steigerten uns in immer höhere Ansprüche an uns und an Tom, womit als Kehrseite die Angst vor Versagen und die Bereitschaft zu Vorwürfen wuchs. Tom schützte sich, indem er uns in gute und böse Partner spaltete. Dabei war er ein Guter, der mittels projektiver Identifikation seine aggressiven Anteile auf die »Bösen« verschoben hatte.

Aber »nur« gut zu sein ist auch eine große Last, die niemand lange tragen kann. Das wurde als unbewußter Sinn des Diebstahls in der Betreuungsfamilie in der Therapie deutlich. Durch unseren »persönlicheren« Umgang mit ihm, war es ihm auch möglich, näher an sich heranzugehen. Er offenbarte z. B. dem Therapeuten nach und nach, daß er immer nach Vorfällen, bei denen er aggressiv reagiert hatte, dachte: »Ich bin so brutal wie mein Vater. Das habe ich von dem geerbt, das ist mein Schicksal. Da habe ich sogar schon an Selbstmord gedacht.« Hier wurde deutlich, daß Tom sehr an Schuldgefühlen litt, den anderen eine Last zu sein. Das hatte er ja auch oft von der Stiefmutter gehört. Tom hatte ein sehr starkes verbietendes Überich; so konnte er lange auch »nicht verstehen, wieso meine Stiefmutter nicht vor Gericht mußte, sie hat ihm ja nicht geholfen!« Diese »Ungerechtigkeit« half Tom aber später zu akzeptieren, daß es auch Situationen gibt, »die passieren, ohne daß man sie verhindern kann«. Die angemessene Reaktion auf ein solches Unglück ist dann das Erleben von Ohnmacht, Verzweiflung, Wut und Trauer und nicht das Erheben endloser Vorwürfe und das Sich-Quälen mit Schuldgefühlen.

## Ausblick

Die Wende im Umgang mit Tom kam, als es uns gelang, mit Hilfe des szenischen Verstehens zu begreifen, daß Toms Geschichte im Heim reinszeniert worden war. Ähnlich wie die Stiefmutter dachten wir zunächst, wir könnten Tom ein neues Zuhause geben. Natürlich wußten wir »theoretisch«, daß seine Vergangenheit auch hier eine Rolle spielen würde. Unsere Angst davor führte zu Verleugnung und Selbstüberschätzung. Toms Ausbrüche kamen deshalb oft »wie aus heiterem Himmel«, wo wir doch als »Professionelle« damit hätten rechnen müssen.

Die theoretische Einsicht, daß man bei einer Vorgeschichte wie der von Tom gleichsam »mit allem rechnen« muß, und daß das vor allem ein wirksamer Schutz ist, weil man vorbereitet ist und dem Verursacher deshalb keine Vorwürfe machen muß, geht leider bei der Arbeit mit dissozialen Jugendlichen immer mal wieder verloren. Denn die anstrengende Arbeit ist auch immer von dem verständlichen Wunsch begleitet, »daß es doch auch mal gut sein muß«. Aber leider ist eher Vorsicht statt Beruhigung notwendig, wenn es in der Arbeit mit dissozialen Jugendlichen harmonisch zugeht; denn zu echter Harmonie sind sie zunächst gar nicht fähig. Schaffen sie es anfangs trotzdem, ist es meist »nur« eine Kraftanstrengung – wie bei Tom –, die bald wieder zusammenbrechen muß. Damit an dieser

Stelle keine »unnötigen« Schuld- und Versagensgefühle entstehen, ist es wichtig, daß die Erwachsenen sich und die Jugendlichen nicht mit überhöhten Ansprüchen überfordern, was immer dann geschieht, wenn die eigene Bedürftigkeit verleugnet wird.

Solche Überlegungen halfen uns, auch mit der Stiefmutter nachsichtiger umzugehen, was bei ihr zu einer gewissen Lockerung führte, die wiederum Tom zugute kam. Hierbei war für Tom besonders wichtig, daß sie in einem Gespräch einmal sagen konnte, daß sie den Vater Toms anfangs doch geliebt hat. Das half Tom, auch seinerseits Gutes am Vater und an sich zu finden. In der Berufswahl, Handwerker zu werden wie sein Vater, fand er eine Annäherung an den lange entwerteten Vater. Auch die Beziehung zur Stiefmutter besserte sich, aber er zog später nicht in ihre Nähe, wie sie es sich doch »im stillen« gewünscht hatte. »Dort zu wohnen würde mich immer an den Tod meines Vaters erinnern«, war für Tom Grund genug für seine Entscheidung. Nach drei Jahren Heim zog Tom im 2. Lehrjahr in eine Wohngemeinschaft, die einmal wöchentlich von einem Sozialarbeiter betreut wurde, um sich dann nach einem weiteren Jahr ganz auf eigene Füße zu stellen.

Als Tom das Heim verließ, war er immer noch anfällig für aggressive Ausbrüche. Aber er hatte auch gelernt, sich zu schützen, so daß er auch ab und zu seine weiche mitfühlende Seite zeigen konnte – auch wenn es nur eine Art depressiver Stimmung war, die er zwar »ätzend« fand, aber dennoch nicht zudecken oder überspielen mußte.

Bei der Darstellung von Toms Weg im Heim ging es mir darum, an einem überschaubaren Beispiel das Zusammenwirken von Therapie und Pädagogik aufzuzeigen. Insgesamt kam es mir bei meinen Ausführungen nicht nur darauf an darzustellen, wie Pädagogik und Therapie sich gegenseitig beim Prozeß, die Jugendlichen im Heim zu verstehen und zu betreuen, helfen können. Mir kam es auch sehr darauf an zu zeigen, daß effektive Hilfe durch Therapie und Pädagogik auch eine sinnvolle Organisation der gemeinsamen Arbeit verlangt.

*Udo Rauchfleisch*
Psychotherapie mit aggressiven,
dissozialen Kindern, Jugendlichen
und Erwachsenen

Den therapeutischen Umgang mit aggressiven Patienten werde ich vor allem am Beispiel von Manfred, einem bei Therapiebeginn zwölfjährigen Knaben mit schweren Verhaltensauffälligkeiten, darstellen. Diese Darstellung werde ich zum einen nach dem zeitlichen Ablauf der Behandlung, zum anderen nach bestimmten Persönlichkeitsaspekten und ihrer Bedeutung im therapeutischen Prozeß unterteilen. Den Themen »Übertragung« und »Gegenübertragung« werden keine speziellen Unterkapitel gewidmet sein, da diese Phänomene in den verschiedensten Zusammenhängen zu diskutieren sind.

Der Bericht über Manfreds Therapie wird sich wie ein »roter Faden« durch meine Ausführungen ziehen, und ich werde am Beispiel dieses aggressiven Kindes mein therapeutisches Vorgehen schildern und einige grundlegende theoretische Probleme aufzeigen. Indes wird es im Rahmen des vorliegenden Beitrags nicht möglich sein, diese über fünf Jahre sich erstreckende Psychotherapie ausführlich darzustellen und den Weg bis zu Manfreds psychischer Gesundung und einem erfolgreichen Abschluß seiner Ausbildung in einem handwerklichen Beruf im Detail zu schildern. Ich werde mich vielmehr auf einige zentrale Aspekte beschränken müssen.

Die Ausführungen über Manfred werde ich durch kasuistische Vignetten erwachsener aggressiver Patienten mit dissozialen Fehlentwicklungen ergänzen, um das Spektrum über das Einzelschicksal des geschilderten Knaben hinaus zu erweitern und um aufzuzeigen, wie sich diese Phänomene bei erwachsenen Delinquenten äußern und welche Behandlungsstrategien bei ihnen indiziert sind.

# 1. Im »Vorfeld« der Behandlung

Frau L. meldete telefonisch ihren zwölfjährigen Sohn Manfred zur Konsultation an. Dabei überschüttete sie mich geradezu mit einer Flut von Klagen über den Sohn, und es war erst nach längerem Zuhören und mehrmaligen Versuchen, sie darauf hinzuweisen, daß wir bei der Konsultation ausführlich über alle Probleme sprechen könnten, möglich, mit ihr einen Termin für ein Gespräch zu vereinbaren. Immer wieder unterbrach sie mich und führte aus, wie »unerträglich für die ganze Familie« die Situation sei. Sie halte es einfach nicht mehr aus mit ihm. Permanent stehe sie unter der Angst, er habe wieder »etwas Verrücktes« angestellt. Sie könne ihn eigentlich keine Sekunde unbeaufsichtigt lassen. Entweder stehle er ihr – seltener auch dem Bruder und dem Vater – Geld, oder er treibe sich in Warenhäusern und an Kiosken herum und entwende dort fast wahllos »alles, was nicht niet- und nagelfest« sei, Süßigkeiten, Spielwaren, Bleistifte und Kugelschreiber, Radiergummis, aber auch völlig »nutzloses Zeug« (z. B. Knöpfe, Haushaltsgegenstände, Handwerkszeug), was er nachher wegwerfe. Immer wieder entdecke sie unter seinem Bett und in seinem Schrank auch Eßwaren, die er mitunter nur teilweise esse und verschimmeln lasse, sowie »Horror- und Schundromane«, insbesondere für sein Alter völlig ungeeignete brutale Krimis. Hinzu komme, daß Manfred beim geringsten Anlaß – in zum Teil »brutaler Weise« – auf den kleineren Bruder einschlage und dabei »völlig außer Kontrolle« gerate. So habe er vor einigen Tagen dem Bruder »einen Stuhl über den Kopf geschlagen«, und es sei »ein Glücksfall«, daß dieser nicht schwere Verletzungen davongetragen habe. Sie sei sicher, es werde mit Manfred noch ein böses Ende nehmen.

Bei diesem ersten telefonischen Kontakt war für mich besonders auffallend die Heftigkeit, mit der Frau L. ihre Klagen vorbrachte. Es war spürbar, daß sie unter einem enormen Druck stand und selbst in großer Not war. Zugleich erlebte ich bei ihrem Bericht bei mir selber zwiespältige Gefühle: Einerseits sprachen aus ihren Worten ein starkes eigenes Leiden, Angst und Sorge bezüglich Manfreds weiterer Entwicklung und auch Schuldgefühle, daß sie als Mutter »versagt« habe und nun nicht mehr weiter wisse. Andererseits besaßen ihre Klagen über den Sohn aber auch etwas ausgesprochen Anklagendes, und ich erlebte in ihrem Bericht geradezu einen Triumph darüber, daß er eine solche Entwicklung durchlaufen habe.

Ein weiteres ambivalentes Gefühl registrierte ich bei mir, als es um die Vereinbarung des Termins für die erste Konsultation ging: Auf der einen Seite zwang Frau L. mich durch ihren ausführlichen Bericht über die Probleme des Sohnes, mich ihr wesentlich länger zu widmen, als ich es im allgemeinen bei einem ersten telefonischen Kontakt tue. Sie klammerte sich förmlich an mich, wobei sie trotz der eigenen Hilflosigkeit, die sie signalisierte, ausgesprochen dominierend mit mir umging und auf eine mir damals noch nicht verständliche, aber deutlich spürbare Weise »eindringend« und »überwältigend« auf mich wirkte. Auf der anderen Seite zeigte Frau L. neben dieser anklammernden Tendenz die mich im ersten Moment sehr irritierende Haltung eines abrupten, fast feindseligen Rückzugs, als es darum ging, einen verbindlichen Konsultationstermin zu vereinbaren: Eigentlich sei ein weiteres Gespräch mit mir »sowieso sinnlos«, da Manfred doch ins Heim müsse; außerdem wisse sie nicht, ob sie den Sohn zum Mitkommen werde bewegen können. Schließlich wies Frau L. bei drei von mir vorgeschlagenen Terminen jeweils darauf hin, daß dieser Tag oder die betreffende Zeit aus nicht genauer erklärten Gründen »ganz ungünstig« seien, und selbst der am Ende abgemachte Termin blieb insofern unverbindlich, als Frau L. betonte, sie sei nicht sicher, ob sie ihn werde einhalten können.

Fazit dieses ersten telefonischen Kontaktes war bei mir das Gefühl großer Irritiertheit. Ohne genauere Details zu kennen, stand ich unter dem Eindruck, es nicht nur mit einem schwer gestörten Kind, sondern auch mit einer sehr komplizierten Familiensituation zu tun zu haben. Es war mir völlig unklar, ob von seiten der Familie L. überhaupt der Wunsch nach einer Therapie bestand. Außerdem spürte ich bei mir ein Distanzbedürfnis und – falls ich mich auf die Behandlung einließe – den deutlichen Wunsch, »Ordnung« und »Struktur« in das erahnte »Chaos« zu bringen.

Dieser »Einstieg« in die Behandlung ist charakteristisch für Kinder und Jugendliche mit schweren Verhaltensauffälligkeiten ebenso wie für dissoziale Erwachsene: Der Therapeut wird vom ersten Moment an in die Interaktion »hineingezogen« und erlebt heftige eigene – zumeist ausgesprochen ambivalente – Gefühle. Diese Klienten lassen keinen, der mit ihnen und ihren Familien zusammentrifft, »kalt«. Man ist als Lehrer, Erzieher oder Therapeut entweder »für« oder »gegen« sie, in der Regel – als Abbild ihrer gespaltenen Selbstbilder – beides zugleich.

Auch ich fühlte mich einerseits von Frau L. völlig »vereinnahmt« und ließ mich bereits beim ersten telefonischen Kontakt emotional weitgehend in die Familie hineinziehen. Andererseits aber spürte ich fast instinktiv bei mir den Wunsch nach Distanz sowie ein Gemisch von Angst bezüglich der chaotischen Situation, auf die ich mich bei Übernahme der Behandlung einlassen würde, und aggressiver Gespanntheit, die ich bei mir als Reaktion sowohl auf die »vereinnahmende« Art von Frau L. als auch auf ihren abrupten Rückzug registrierte. Zugleich kam bei mir eine gewisse Neugier auf, diese Familie und vor allem Manfred selbst genauer kennenzulernen und zu erfahren, was sich unter der schillernden, mich so irritierenden Oberfläche verbarg.

Es ist nach meiner Erfahrung gerade bei Patienten wie Manfred außerordentlich wichtig, die eigenen Gegenübertragungsgefühle möglichst umfassend wahrzunehmen und sorgfältig zu reflektieren, da sie uns im Rahmen des szenischen Verstehens (Lorenzer, 1973) wichtige Informationen über unsere Patienten zu vermitteln vermögen. Gewiß ist in einem so frühen Stadium der Therapie, wie ich es hier geschildert habe, vieles weitgehend hypothetisch und muß vom Therapeuten dementsprechend kritisch betrachtet werden. Dennoch ist es, wie die dargestellte Sequenz zeigt, oft schon vor Beginn der eigentlichen Behandlung möglich, anhand der eigenen Reaktionen gewisse Einblicke in die Psychodynamik unserer Patienten und ihrer Familien zu erhalten.

Hatte ich aufgrund des Telefongesprächs mit Frau L. erwartet, in Manfred ein expansives, aggressives Kind kennenzulernen, so sah ich mich beim ersten Zusammentreffen mit ihm einer völlig anderen – mich nochmals irritierenden – Situation gegenüber: An der Hand von Frau L., die mir eine Viertelstunde vor dem vereinbarten Termin noch telefonisch mitgeteilt hatte, sie werde sich etwas verspäten, trat ein für sein Alter relativ kleiner, etwas adipöser, blasser Knabe ins Zimmer, der einen ausgesprochen passiven, unterintelligenten Eindruck auf mich machte. Einerseits stumpf wirkend, anscheinend seine Umgebung kaum wahrnehmend und – erst auf Aufforderung der Mutter hin – mir wie geistesabwesend die Hand zur Begrüßung hinstreckend, fixierte er andererseits mitunter ganz plötzlich ängstlich-mißtrauisch irgendeinen Gegenstand in seiner Nähe. Blickkontakt mit mir oder Frau L. vermied er anfangs völlig und saß, dumpf vor sich hinbrütend, neben der Mutter, die – wie schon bei der telefonischen Anmeldung – sofort begann, mich mit einem wahren Schwall von (anklagenden) Klagen über den Sohn zu überschütten. Erst in einer späteren Phase des Gesprächs, in dessen Verlauf sich Manfred spontan nicht äußerte, schoß mitunter wie hinter einem Vorhang, der sich für Sekunden öffnet, plötzlich ein scharfer Blick von ihm hervor und verlieh seinem sonst schlaffen, völlig teilnahmslosen Gesichtsausdruck etwas Lauerndes. Dies waren die einzigen sichtbaren Anzeichen dafür, daß Manfred überhaupt wahrnahm, was um ihn herum vor sich ging. Auf Fragen meinerseits reagierte er mit Schulterzucken, mit einem ausweichenden »Ich weiß nicht« und gelegentlich mit dem Hinweis, es sei so, wie die Mutter es darstelle.

In diesem persönlichen Gespräch mit Frau L. fiel mir nicht nur wie beim Telefongespräch ihre anklammernde, alles geradezu »überrollende« Art auf. Ich fühlte mich schon nach kurzer Zeit vielmehr auch noch aus einem anderen Grund zunehmend unbehaglich: Frau L. sprach nie zu dem Sohn, forderte ihn auch nie auf, selbst etwas zum Gespräch beizutragen. Sie sprach über ihn vielmehr wie über einen abwesenden Dritten, und zwar in einer ausgesprochen entwertenden, ironischen Art – etwa indem sie, auf ihn zeigend, völlig unvermittelt sagte: »Sehen Sie, wie er da hockt, wie ein Idiot« oder: »Mit dem wird das noch ein böses Ende nehmen, der landet noch mal im Gefängnis.« Jeden Versuch meinerseits, sie davon abzuhalten, in Gegenwart des Sohnes weiter ausführlich über seine »Schandtaten« (wie sie sein Fehlverhalten bezeichnete) zu berichten, vereitelte sie, indem sie unerbittlich fortfuhr, mir klar zu machen, daß er sich »auf dem Weg zum Verbrecher« befinde und jede Hilfe »bei so einem« völlig sinnlos sei.

Obwohl derartige Äußerungen den Eindruck vermittelten, Frau L. sei eine völlig uneinfühlsame, von ungeheuren Aggressionen Manfred gegenüber erfüllte Mutter, kehrte sich die Situation abrupt um, wenn sie von Personen des außerfamiliären Kreises, etwa von Mitarbeitern schulpsychologischer Dienste, sprach. Voller Empörung berichtete Frau L., alle diese »angeblichen Fachleute« täten nichts für den Sohn. *Sie* seien letztlich schuld daran, daß Manfred sich so entwickelt habe, da beispielsweise die erste Lehrerin in der Volksschule »überhaupt kein Verständnis für dies Kind« gehabt und ihn »völlig eingeschüchtert« habe. Selbst ein Klassen- und danach ein Schulwechsel hätten nichts genützt, da »die Lehrer ja zusammenhalten und einer dem anderen weitertratscht, was los war«. In dieser Schilderung erschien Manfred unversehens als armes Opfer einer ihm übelwollenden Umwelt, die sich feindselig der Familie L. entgegenstellte.

Auffallend war in diesem Zusammenhang auch die Tatsache, daß Frau L. zwar, angesprochen auf eigene lebensgeschichtliche Situationen, die sie zweifellos gefühlsmäßig berührten, völlig emotionslos über diese Themen hinwegging und offensichtliche Betroffenheit in ironischer Weise als ihre »Anwandlungen« kommentierte. Zugleich war für mich jedoch deutlich spürbar, daß bei ihr eine äußerst fragile Abwehr bestand und die emotional geradezu »eisig« wirkende Distanzierung den hilflosen Versuch dieser Frau darstellte, sich vor einem totalen Zusammenbruch zu schützen (und, wie ich erst später begriff, ein völliges Auseinanderbrechen der Familie zu verhindern).

Es ist kein Zufall, daß in meiner bisherigen Schilderung Manfred selbst weit in den Hintergrund getreten ist und Frau L. den größten Raum einnimmt. Dies war die Situation, die sich mir in den Vorgesprächen und mitunter während der Therapie selber bot. Es ist jedoch nicht nur der Wunsch, dem Leser ein möglichst genaues Abbild meiner ersten Kontakte mit Familie L. zu vermitteln, der mich bewogen hat, Manfreds Mutter so weit ins Zentrum zu rücken.

Mein Vorgehen ist vielmehr auch durch eine theoretische Überlegung bestimmt, die nach meiner Erfahrung erhebliche therapeutische Konsequenzen besitzt: Bei aggressiven Kindern und Erwachsenen sind wir – vielleicht mehr noch als bei Menschen mit anderen psychischen Störungen – geneigt, ihre Fehlentwicklung darauf zurückzuführen, daß ihre Mütter »versagt« haben. Ob wir mit Spitz (1974) vom »entgleisten Dialog« und dem damit in Verbindung stehenden narzißtischen Mißbrauch der Kinder durch ihre Mütter sprechen oder in der Terminologie Winnicotts (1976) darauf verweisen, die Mütter hätten für diese Kinder keine »holding function« erfüllt und hätten, nach dem Entwicklungsmodell von Mahler (1980), dem Kind in der Wiederannäherungsphase nicht die Möglichkeit zum »emotionalen Wiederauftanken« geboten – immer sind es in einem letzten Sinne die Mütter, auf die als die Fehlentwicklung verursachender Faktor rekurriert wird.

Zweifellos treffen diese Beschreibungen bei vielen aggressiven Menschen sehr wohl zu. Es ist aber gerade bei diesen Patienten problematisch und therapeutisch unter Umständen kontraproduktiv, wenn der Behandelnde von einer solchen Auffassung ausgeht: Ist es doch eine allzu vereinfachte, nicht der Realität entsprechende Sicht, wenn er nur die »Schuld« der Mutter thematisiert und nicht zugleich sieht, daß die Mutter ihrerseits in ein soziales System eingebunden ist, das mit dafür verantwortlich ist, ob sie die von ihr erwarteten und für die Entwicklung des Kindes notwendigen Funktionen erfüllen kann oder nicht. Zu diesem System gehört – ob präsent oder nicht – zumindest der Vater, der gerade für die Entwicklung von Knaben eine besondere Rolle spielt. Hinzu kommt aber auch die nähere und weitere soziale Umgebung mit ihren die Eltern unterstützenden oder behindernden Einflüssen. Es ist aus diesem Grunde allzu verkürzt, lediglich die Mütter als Verursacherinnen der Fehlentwicklungen ihrer Kinder zu nennen und außer acht zu lassen, daß diese Frauen in ein soziales System eingebettet sind, das es ihnen zum Teil verunmöglicht, ihren Kindern gerecht zu werden. Man kann deshalb mit Rohde-Dachser (1989b) allenfalls von einer »strukturellen Schuld« der Mütter sprechen (vgl. Rauchfleisch 1992).

Diese Überlegungen mögen manchem Leser vielleicht sehr theoretisch und ohne praktische Relevanz erscheinen. Daß ihnen jedoch auch eine erhebliche therapeutische Bedeutung zukommt, wird deutlich, wenn man sich vor Augen hält, daß die Mutter (ebenso wie der Vater) nicht nur in ihrer realen Gestalt besteht, sondern ihre Wirkung vor allem als internalisiertes Bild (als Objektrepräsentanz) entfaltet. So »schlecht« die Erfahrungen der Kindheit auch gewesen sein mögen, immer finden sich – oft gerade geschützt durch eine Wand von Haß und Wut – auch Inseln realer positiver Beziehungserfahrungen oder zumindest mehr oder weniger illusionäre Bilder »guter« Eltern, die kompensatorisch zur enttäuschenden Realität aufgebaut worden sind. Vermittelt der Therapeut einem solchen Patienten verbal oder averbal, daß er diesen internalisierten Eltern gegenüber eine ablehnende Haltung einnimmt (und dazu gehört auch, daß er sie zu »Schuldigen« am Schicksal des Patienten erklärt), so wendet er sich – ungewollt – gegen einen Teil des Patienten selbst, und zwar unheilvollerweise gegen einen Teil, der für einen konstruktiven Aufbau der Persönlichkeit in der Therapie von zentraler Bedeutung ist.

Von diesen Überlegungen ausgehend, war es für mich bei Familie L. nicht nur aus familiendynamischen Gründen und zur Erfassung von Manfreds individueller Psychodynamik hilfreich, daß die Mutter zunächst so weit im Zentrum stand. Indem sie sich mir in so eindeutiger Weise mit ihrer ganzen Not und inneren Zerrissenheit präsentierte, begriff ich, daß Manfred nicht lediglich das »Opfer« dieser Frau war, die nicht fähig war, sich in ihn einzufühlen, und die ihn aus noch nicht ersichtlichen Gründen ablehnte. Es wurde durch die Art unserer Interaktion für mich vielmehr von Anfang an spürbar, daß in dieser Familie eine unheilvolle Verstrickung zwischen allen Mitgliedern bestand und daß beide Eltern aus ihren Herkunftsfamilien bereits als traumatisierte Persönlichkeiten hervorgegangen waren. Das geradezu »eisige« Hinweggehen von Frau L. über die Gefühle des Sohnes und über alle eigenen emotionalen Belange erwies sich ebenso als – wenn auch hilflose, so letztlich doch bis zu einem gewissen Grade erfolgreiche – Überlebensstrategie wie der hochgradig narzißtische Rückzug des Vaters, den ich erst Monate später kennenlernte.

Im folgenden – zumindest in den wichtigsten Zügen – die »Biographie« von Familie L. Frau L. war als jüngste von zwei Töchtern in einer Familie aufgewachsen, die durch eine sehr strenge, moralisierende Haltung der Mutter und einen »weichen« Vater, der alle Verantwortung an seine Frau delegierte, gekennzeichnet war. Sie habe sich als ungewolltes Kind, so berichtete Frau L., von jeher von der Mutter abgelehnt gefühlt und habe sich gegenüber der älteren, viel erfolgreicheren Schwester niemals behaupten können. Schon früh sei sie deshalb ihre eigenen Wege gegangen und habe sich als Siebzehnjährige eng an einen zehn Jahre älteren Mann angeschlossen, der ein unstetes Leben geführt habe. Als sie im Alter von 18 Jahren von ihm ein Kind erwartet habe, hätten die Eltern sie – vor allem auf Betreiben der Mutter – »rausgeworfen«. Es sei eigentlich nur der Unterstützung ihres Lehrmeisters, der sie in dieser krisenhaften Zeit in seiner Familie aufgenommen habe, zu verdanken, daß sie nicht »auf die schiefe Bahn« gekommen sei.

Während Frau L. selbst während Jahren das Elternhaus nicht habe betreten dürfen, habe die Mutter aus ihr völlig unverständlichen Gründen nach der Geburt der Tochter Beate darauf bestanden, das Kind zu sich zu nehmen. Da sich Frau L. in dieser Zeit außerstande fühlte, allein für ihr Kind zu sorgen (zumal Beates Vater »verschwunden« war und keine Alimente zahlte), war sie, wenn auch widerstrebend, mit der von der Mutter vorgeschlagenen Lösung einverstanden. Es kam in der Folge zu einem für Beates Entwicklung unheilvollen Machtkampf zwischen Frau L. und ihrer Mutter, wobei Beate zum Spielball der alten Konflikte wurde. Erst als Frau L. im Alter von 28 Jahren die Ehe mit Herrn L. schloß, konnte sie die Tochter, die inzwischen bereits erhebliche Verhaltensauffälligkeiten aufwies, zu sich nehmen. Die Konflikte eskalierten weiter, und wenige Jahre später wurde Beate als »Verwahrloste« in ein Erziehungsheim eingewiesen.

Herr L. stammte – im Gegensatz zu seiner Frau – aus einer sozial erfolgreichen Familie. Seine Eltern und Geschwister waren, so Frau L., »feine Leute«, die bei den ohnehin seltenen Begegnungen mit Frau L. diese ihre soziale Benachteiligung deutlich spüren ließen. Herr L. selbst galt in seiner Familie als »Versager«, der es beruflich nicht so weit gebracht hatte wie seine Eltern und Geschwister. Er weigerte sich zunächst strikt, zu einem Gespräch zu mir zu kommen, und ließ mir auf meine mehrfachen Einladungen hin jeweils von seiner Frau mitteilen, er habe keine Zeit für derartige Gespräche. Manfreds Probleme gingen ihn ohnehin nichts an, sondern seien ausschließlich Sache seiner Frau (was mir Frau L. in geradezu triumphierender Weise, bei der aber der bittere Unterton nicht zu überhören war, mitteilte).

Frau L. betonte bei solchen Anlässen auch jeweils, daß diese Haltung »typisch« für ihren Mann sei. Er entziehe sich stets jeglicher Verantwortung in der Familie und wälze alles auf sie ab, dabei sei letztlich er allein schuld an Manfreds Entwicklung: Er beachte den Sohn, den er bis zum Schuleintritt verwöhnt und gegenüber dem jüngeren Bruder extrem bevorzugt habe, seit Manfreds schulischen Mißerfolgen überhaupt nicht mehr. Er schlage Manfred viel, schreie ihn bei den geringsten Anlässen an und halte ihm beständig vor, die ältere Schwester sei schon im Heim, das gleiche Schicksal erwarte ihn auch bald. So verletzend Frau L. selbst sich in Manfreds Gegenwart über den Sohn äußerte, so sensibel erwies sie sich nun jedoch im Hinblick auf die Kränkungen, denen Manfred von seiten des Vaters ausgesetzt war. Ferner hob Frau L. hervor, daß bereits zwei frühere Therapieversuche an ihrem Mann gescheitert seien: Er habe sich – wie auch jetzt bei mir – strikt geweigert, zu einem Vorgespräch zu kommen, geschweige denn an der von einem Therapeuten vorgeschlagenen Familientherapie teilzunehmen. Allein wegen seiner »Sturheit« sei keine Therapie zustande gekommen.

Als Herr L. sich schließlich einige Monate nach Therapiebeginn doch noch zu einem Gespräch mit mir bereit fand, lernte ich ihn als einen hochgradig kränkbaren, selbstunsicheren, nach außen jedoch überkompensierend-protzig wirkenden Mann kennen. Dabei zeigte sich, daß er keineswegs unsensibel war und Manfred gegenüber mitunter viel mehr Einfühlung erkennen ließ als Frau L. Er stellte sich mir als erfolgreicher Geschäftsmann dar, der kostspielige Hobbies pflege und das Leben »aus vollen Zügen« genieße – obwohl er, wie ich aus Äußerungen seiner Frau und aus schulpsychologischen Berichten, die mir vorlagen, wußte, erhebliche berufliche Probleme hatte und sich durch sein großspuriges Auftreten vielfach in soziale Konflikte verstrickte.

Sein Verhältnis zu Manfred charakterisierte er selbst, ähnlich wie es Frau L. bereits geschildert hatte, als das einer »tiefen Enttäuschung«. Er habe große Erwartungen in den Sohn gesetzt und sei sehr stolz darauf gewesen, als erstes Kind einen Sohn zu bekommen. Er habe ihm deshalb auch den Vornamen seines eigenen Vaters, den er sehr bewundert habe, gegeben. Anfangs habe sich Manfred auch unauffällig entwickelt und sei ein sehr aufgewecktes, originelles Kind gewesen. Seine Frau habe jedoch nie ein rechtes Verhältnis zum Sohn gefunden, und ihre Schuld sei es, daß Manfred mit der Zeit »immer komischer« geworden sei. Zu gröberen Verhaltensauffälligkeiten sei es bei Manfreds Eintritt in den Kindergarten gekommen: Er habe sich nicht anpassen können, habe entweder anderen Kindern Spielsachen weggerissen und sie geschlagen oder habe völlig verschüchtert und weinend in der Ecke gestanden.

Im Grunde treffe Manfred dabei aber keine Schuld; er habe eine »unmögliche« Kindergärtnerin gehabt, »die hat ihn kaputt gemacht«. Sie habe Manfred den anderen Kindern gegenüber eindeutig benachteiligt und sei unfähig gewesen, auf »dieses sensible Kind« einzugehen. Das gleiche sei dann in der Schule geschehen: Auch hier sei Manfred »in die Hände einer unmöglichen Person geraten«, einer Lehrerin, die ihn ungerecht behandelt und nicht angemessen gefördert habe. Als auch ein Klassen- und selbst ein Schulwechsel keine Verbesserung gebracht hätte, sei bei ihm »der Laden runtergegangen«. Er habe jegliches Interesse an Manfred verloren, »so einer landet am Ende sicher im Gefängnis«.

Aus den Berichten der Eltern sowie aus Unterlagen, die mir von psychologischen Abklärungen in der Kindergarten- und Schulzeit vorlagen, ergab sich von Manfreds Entwicklung folgendes Bild: Wenige Monate, nachdem Herr und Frau L. sich kennengelernt hatten, wurde Frau L. ungewollt schwanger. Obwohl beide Partner einer Eheschließung gegenüber nicht prinzipiell abgeneigt waren, kam ihnen der Zeitpunkt doch insofern ungelegen, als Frau L. ihrem Beruf, in dem sie erste Erfolge erlebte, gern weiterhin nachgegangen wäre und Herr L., wie er formulierte, »gern noch etwas Freiheit gehabt hätte«. Die Schwangerschaft stellte für Frau L. insofern auch eine Konfliktsituation dar, als sie zum zweiten Male unehelich schwanger war und eine Wiederholung des Schicksals, das die ältere Tochter Beate erlitten hatte, befürchtete. Zugleich hoffte sie darauf, daß die Eheschließung es ihr ermögliche, Beate endlich zu sich zu nehmen, was, wie erwähnt, auch tatsächlich stattfand.

Manfreds ersten Lebensjahre sind, soweit aus den Berichten der Eltern ersichtlich, überschattet von den Auseinandersetzungen, die Frau L. und ihre Mutter um Beate führten. Als die Tochter dann endlich in der Familie L. lebte, begannen Beates Schwierigkeiten immer größer zu werden und führten schließlich, als Manfred dreijährig war, zur Einweisung der Tochter in ein Erziehungsheim. In die gleiche Zeit fällt die Geburt des jüngeren Bruders Klaus, der schon bald zum »Sonnenschein« der Familie wurde – dies um so mehr, je sozial auffälliger Manfreds Verhalten wurde. Frau L. berichtete, daß sie Manfred nicht habe stillen können; sie sei viel zu »angespannt« durch die familiären Probleme gewesen und habe infolge ihrer beruflichen und familiären Belastungen auch gar nicht die nötige Ruhe gefunden, um Manfred angemessen zu versorgen. Sie sei wie »gehetzt« gewesen.

Von ihrem Mann habe sie keinerlei Unterstützung erfahren. Da er auch nicht über ein regelmäßiges Einkommen verfügt habe, sei sie gezwungen gewesen, schon kurz nach der Geburt ihre Berufstätigkeit zumindest halbtags wieder aufzunehmen. Es sei ihr deshalb nichts anderes übriggeblieben, als auch Manfred nun stundenweise zu ihrer Mutter zu geben. Wie schon bei Beate habe die Mutter sie einerseits als »Hure« beschimpft; andererseits aber habe sie Manfred mit einer wahren »Affenliebe« und durch extreme Verwöhnung an sich zu binden versucht. Das bis zum dritten Lebensjahr (bis zur Heimeinweisung von Beate und zur Geburt von Klaus dauernde) »Wechselbad« zwischen Mutter und Großmutter habe Manfred sicher »nicht gut getan«. Er sei mitunter ganz verstört gewesen und habe bei der geringsten Versagung jeweils nach der gerade Nicht-Anwesenden geschrien.

An Verhaltensauffälligkeiten in der Kindheit berichtete Frau L. von ausgeprägter Dunkelangst, unter der Manfred gelitten habe.

Wenn er – mitunter erst nach mehrstündigem Wachliegen – eingeschlafen sei, sei er immer wieder, von Alpträumen geplagt, schreiend aufgewacht. Manfred selbst berichtete später, er gerate vor dem Einschlafen oft in große Angst, weil er vor sich riesige Berge von Schuhen sehe, die umgebrachten KZ-Häftlingen gehörten. In einem immer wieder auftretenden Alptraum befand er sich auf der verzweifelten Flucht vor einer riesigen Frauen-Faschingsfigur, die ihn habe fressen wollen. Er erwache dann jeweils voller Panik, schweißnaß (untersucht man diesen Traum daraufhin, welche Impulse und Ängste darin artikuliert werden, so ist auf der einen Seite an Manfreds ungeheure oral-aggressiven Impulse zu denken, auf der anderen Seite findet sich eine gewisse Parallelität zwischen der verfolgenden Frauenfigur und der überwältigenden Art, wie Frau L. mit dem Sohn und auch mit mir umging).

Wie bereits beschrieben, eskalierten die Konflikte in der Kindergarten- und Schulzeit. Manfred zeigte ein schließlich extrem unangepaßtes Verhalten, das zwischen totalem Rückzug und jäh hervorbrechender Aggressivität schwankte, und er war in der Kindergartengruppe ebenso wie nachher in der Schulklasse sozial untragbar.

Diese hier in den Hauptzügen skizzierte Biographie Manfreds ist in vielerlei Hinsicht charakteristisch für die Entwicklung und Symptomatologie aggressiver Kinder und Erwachsener mit dissozialen Tendenzen. Obwohl er – im Gegensatz zu den Familien vieler anderer, später sozial auffällig werdender Menschen – aus einer äußerlich mehr oder weniger intakten Familie stammte, ließen sich bei genauerer Erhellung der Lebensgeschichte und der Familiendynamik bei ihm, wie in der Einleitung skizziert, bereits in früher Kindheit erlittene schwere Traumatisierungen erkennen: die intrafamilialen Konflikte zwischen Mutter und Großmutter, sein Hin- und Hergerissenwerden zwischen ihnen und die daraus resultierenden Loyalitätskonflikte, die hohen narzißtischen Erwartungen des Vaters, der Manfred aus Enttäuschung dann jedoch abrupt »fallen ließ«, die Konflikte zwischen Familie L. und der älteren Schwester, die schließlich aufgrund ihrer sozialen Fehlentwicklung ins Heim »abgeschoben« wurde, ein Schicksal, das nun drohend auch über Manfred schwebte – und nicht zuletzt durch die Geburt des jüngeren

Bruders, der an Manfreds Stelle in der Familie die Rolle des Projektionsträgers aller positiven Erwartungen übernahm und offensichtlich zunächst zu wesentlichen Teilen auch zu erfüllen vermochte.

## 2. Das therapeutische Setting

Nach den Vorgesprächen mit Frau L. und Manfred, den ich nun auch allein sah (wobei er allerdings verbal zunächst kaum irgendwelche Auskünfte gab), hatte ich zwar die Behandlung übernommen, besaß aber im Grunde keine klare Vorstellung davon, wie diese Psychotherapie sich gestalten könnte. Mir war lediglich so viel klar, daß ich es mit einer höchst komplizierten, von vielfältigen Konflikten geprägten Familienkonstellation zu tun hätte und daß eine Psychotherapie mit Manfred ohne die Mitarbeit der Eltern unmöglich sein würde. Zugleich spürte ich, daß Frau L. sich zwar selbst in großer Not befand, einer Behandlung letztlich aber zwiespältig gegenüberstand. Mit der Mitarbeitsbereitschaft des Vaters war, wie frühere Therapieversuche bereits gezeigt hatten und wie sein Verhalten angesichts meiner mehrfachen Einladungen zu Gesprächen erkennen ließ, kaum zu rechnen. Dennoch übernahm ich diese Psychotherapie mit einer gewissen Neugier, zwar ohne große Hoffnung, es werde sich an dieser schwierigen Situation viel ändern lassen, aber zugleich mit dem – bei kritischer Betrachtung eigentlich durch nichts zu rechtfertigenden – Gefühl, »irgendwie« werde es vielleicht doch gehen. Ausschlaggebend für meine Bereitschaft, unter diesen Bedingungen einen Therapieversuch zu wagen, war nicht zuletzt meine spontane Sympathie für Manfred, hinter dessen Fassade dumpfen Dahinbrütens und panikartig-aggressiver Reaktionen ich spätestens seit den ersten Zeichnungen, die er anfertigte, ein höchst originelles Kind wahrnahm.

Eine derartige Ausgangssituation ist nach meiner Erfahrung in zweifacher Hinsicht charakteristisch für die Behandlung vieler aggressiver Kinder, Jugendlicher und Erwachsener: Zum einen befinden wir uns trotz vielleicht umfassender Vorabklärungen (ausführliche Anamneseerhebung, Aufstellen psychodynamischer Behandlungspläne etc.) und Orientierung an Gutachten und anderen Berichten, die uns über diese Patienten oft vorliegen, häufig in einer sehr *unsicheren Situation*: Wir können keine klare Behandlungsmotivation unseres potentiellen Patienten erkennen, erleben ihn vielleicht sogar – bei einer Psychotherapie im Rahmen einer gerichtlichen Auflage – als ausgesprochen ablehnend, wir sehen uns einer Fülle kompliziertester sozialer, interaktioneller und individuell-psychologischer Probleme gegenüber, die sich gegenseitig potenzieren, und müssen, wenn wir ehrlich sind, zugeben, daß wir, was die Prognose angeht, eigentlich skeptisch sind. Zumindest haben wir wenig Grund für eine optimistische Sicht – und dennoch übernehmen wir eine solche Therapie.

So paradox diese Ausgangslage auch erscheinen mag, sie ist meines Erachtens für die bevorstehende Therapie doch eine sehr günstige, vielleicht die einzig mögliche Gegenübertragungskonstellation, ist sie doch Ausdruck einer *realistischen* Wahrnehmung der vielfältigen Schwierigkeiten, mit welchen eine solche Behandlung den Therapeuten wie den Patienten konfrontiert. Bedenken wir allein, von welcher archaischen Gewalt die Aggression dieser Menschen ist (Manfred hat dieser ihn ängstigenden Dynamik in eindrücklicher Weise in seinem Bild von der Invasion von einem anderen Stern Ausdruck verliehen, s. Abb. 1, unten, S. 161; s. auch seinen Traum von KZ-Häftlingen) und wie unheilvoll sie sich in ihrer sozialen Realität artikuliert, so scheint mir eine zögernd-skeptische, die Schwierigkeiten realitätsgerecht ins Auge fassende Haltung des Therapeuten eine sehr sinnvolle Reaktion zu sein.

Das zweite für die Behandlung aggressiv-dissozialer Patienten charakteristische Merkmal, wie es sich auch bei Manfred präsentierte, liegt darin, daß der Therapeut ein *pragmatisches, flexibel auf die Situation des Patienten eingehendes Vorgehen* wählen muß; das hieß im Falle der Familie L.: Mit Manfred einen Behandlungsversuch zu wagen, ohne davon ausgehen zu können, daß Manfred für eine Therapie überhaupt motiviert war, und ohne zuvor zu wissen, inwieweit sich die Eltern und unter Umständen auch der Bruder in die Therapie einbeziehen ließen. »Pragmatisch« darf hier nicht als »konzeptlos« mißverstanden werden. Wir sollten als Therapeuten sehr wohl psychodynamische Hypothesen formulieren und einen Behandlungsplan aufstellen (vor allem wenn wir, wie es oft bei diesen Patienten der Fall ist, mit anderen Fachleuten zusammenarbeiten bzw. im Team eine gemeinsame Behandlungsstrategie verfolgen müssen).

Ein »pragmatisches« Vorgehen zu wählen hieß angesichts dieser Situation etwa, Manfred und Frau L. mitzuteilen, daß ich die Not, in der sich die Familie befinde, spürte und daß ich vorschlüge, wir wollten es einfach einmal miteinander versuchen. Mit Manfred vereinbarte ich zwei Therapiesitzungen wöchentlich. Dies war die Kondition, die er zu akzeptieren bereit war. Die von mir eigentlich gewünschten drei Stunden pro Woche lehnte er unter Verweis auf schulische Pflichten ab (eine der ganz wenigen klaren Stellungnahmen, die er während der Vorgespräche abgab. Er wurde in dieser Ablehnung von drei Wochenstunden übrigens von der Mutter lebhaft unterstützt!). Auch in dieser Hinsicht war es nötig, ein »pragmatisches« Vorgehen zu wählen und nicht auf meiner Bedingung zu bestehen, obwohl mir eine Therapie mit drei Wochenstunden bei diesem Kind mit schweren Verhaltensauffälligkeiten indiziert erschien. Ferner teilte ich Frau L. mit, daß ich parallel zur Therapie des Sohnes gern etwa alle zwei Wochen auch mit ihr ein Gespräch führen möchte.

Wie meine Ausführungen zeigen, bezeichne ich bei Patienten wie Manfred mit einem »pragmatischen«, flexiblen Vorgehen die Bereitschaft des Therapeuten, sich so weit wie möglich auf das »Eröffnungsmanöver« (Blanck et. al., 1978) des Patienten einzulassen. Dies bedeutet keineswegs Konzeptlosigkeit und darf auch nicht in dem Sinne mißverstanden werden, als solle sich der Therapeut dem Patienten völlig unreflektiert anpassen, sich gar von ihm manipulieren lassen. Es geht vielmehr darum, bei diesen Patienten nicht von vornherein Rahmenbedingungen zu setzen, die sie von der Art ihrer Störung oder von der äußeren Situation, in der sie leben, gar nicht erfüllen können. Das Finden eines ihnen entsprechenden therapeutischen Rahmens ist bei vielen dieser Patienten ein erstes – therapeutisches – *Ziel*.

Immer wieder gilt es im psychotherapeutischen Umgang mit diesen Menschen zu reflektieren, inwieweit wir ihren Wünschen nach einem ihnen akzeptablen Setting nachgeben können und wo wir auf strikte Grenzsetzung bestehen müssen und vom Patienten fordern dürfen, daß er sich den von uns gesetzten Rahmenbedingungen anpaßt. Die Entscheidung darüber, welches Verhalten der Therapeut wählt, sollte in der jeweiligen Situation erst nach gründlicher Erforschung der psychodynamischen Hintergründe getroffen werden. Dabei ist es nach meiner Erfahrung von großem Vorteil, wenn es gelingt, einen Konsens zwischen den Wünschen des Patienten und den Vorstellungen des Therapeuten zu finden.

Ein solches Vorgehen sei am Beispiel des 30 jährigen Herrn B., eines strafentlassenen Mannes, veranschaulicht: Der Patient erschien in einer Therapiestunde in einem sehr gereizt-aggressiven Zustand und bestand darauf, ich solle unverzüglich mit ihm in eine nahegelegene Gastwirtschaft gehen und dort die Therapiestunde abhalten. Er blieb an der Tür meines Zimmers stehen und drohte, wieder zu gehen, falls ich seiner Aufforderung nicht sofort Folge leistete. Die wütend mir entgegengeschleuderte Begründung lautete: Er habe es satt, mich stets in der unpersönlichen Atmosphäre der Poliklinik zu sprechen; er wolle jetzt einen persönlicheren Rahmen und der sei nur in einer Gastwirtschaft gegeben. Ich teilte Herrn B. daraufhin mit, daß ich seinen Wunsch, in eine Gastwirtschaft zu gehen, noch nicht richtig verstehen könne und deshalb mit ihm zusammen erst noch die Hintergründe dieses Anliegens klären möchte, bevor ich dazu Stellung nehmen könne. Allenfalls sei ich bereit, seinen Wunsch zu erfüllen (hätte der Patient mir psychodynamisch überzeugende Argumente dafür geliefert, daß die Therapiesitzung an diesem Tage tatsächlich nur in einer Gastwirtschaft möglich gewesen wäre, wäre ich auf seinen Wunsch eingegangen – allerdings hätte ich mein Handeln später von mir aus noch einmal ausdrücklich zum Thema einer Therapiestunde gemacht). Ich habe hinzugefügt, daß wir aus unseren bisherigen Gesprächen jedoch wüßten, wie impulsiv Herr B. sich oft verhalte und wie verhängnisvoll sich dies auf sein Leben auswirke; ich wolle deshalb jetzt nicht ähnlich kurzschlüssig handeln, sondern möchte die Situation mit ihm zusammen erst noch besser verstehen.

Mit dieser Intervention habe ich zum einen noch einmal ausdrücklich das therapeutische Setting genannt und damit ein Gegengewicht gegen die starken manipulativen Tendenzen von Herrn B. geboten. Zum anderen habe ich ihm aber auch signalisiert, daß hinter seinem impulsiven Verhalten psychodynamisch bedeutsame Motive stehen können, die in der Behandlung geklärt werden müssen. Tatsächlich gelang es in diesem Falle, mit dem Patienten eine reguläre Therapiestunde im Sprechzimmer abzuhalten, wobei er allerdings die ganzen 50 Minuten an den Türrahmen gelehnt stehenblieb. Wie sich im Gespräch herausstellte, stand in diesem Falle hinter Herrn Bs. Wunsch nach dem »persönlicheren« Rahmen einer Gastwirtschaft – neben den manipulativen Tendenzen – gerade der umgekehrte Wunsch nach einer weniger intimen Situation, in der er, der in der vergangenen Stunde geweint hatte, hoffte, gefühlsmäßig nicht so tief berührt zu werden. Durch meine Intervention habe ich dem Patienten zwar eine gewisse Spannung zugemutet, indem ich Aufschub der Befriedigung verlangte. Zugleich habe ich aber versucht, diese Spannung auf einem Herrn B. erträglichen Niveau zu halten, indem ich durch die Reflexion der hintergründigen Motive angedeutet habe, daß unter psychodynamischem Aspekt seine Wünsche und Gefühle einen Sinn besäßen, und indem ich nicht von vornherein darauf bestanden habe, daß der Patient auf die Befriedigung seines Wunsches unter allen Umständen verzichten müsse.

Gewiß wäre es ein sehr ungewöhnliches Setting gewesen, wenn ich die Therapiesitzung mit Herrn B. in einer Gastwirtschaft abgehalten hätte. Doch muß man sich fragen, ob der Therapeut nicht – in Ausnahmefällen! – auch eine solche erhebliche Modifikation der Rahmenbedingungen vornehmen darf. Er muß dabei natürlich besonders sorgfältig die Konsequenzen für Übertragung und Gegenübertragung reflektieren, muß die latenten Gefühle des Patienten, vor allem auch die negativen Übertragungsanteile, thematisieren, sollte auch (möglichst schon in der Situation selbst) Widerstands- und Manipulationstendenzen deuten. Aber all dies schließt meines Erachtens nicht aus, daß der Therapeut zusammen mit dem Patienten immer wieder von neuem nach einem Setting sucht (selbst wenn dies nach »orthodoxer« Auffassung ungewöhnlich ist), das auf die jeweilige Angst- und Spannungstoleranz des Patienten abgestimmt ist.

Zweifellos konnte man bei Beginn der Behandlung bei Manfred nicht von einer Therapiemotivation sprechen. Dies war eine Dimension, die aufgrund seiner bisherigen Entwicklung seinem Denken und Fühlen verschlossen war. Daß es aber auch bei Patienten wie ihm im Verlaufe der Behandlung durchaus zu einer Motivation im traditionellen Sinne und zu einem Arbeitsbündnis kommen kann, wurde für mich in eindrücklicher Weise an der folgenden Situation deutlich: Einige Monate nach Therapiebeginn berichtete mir Manfred strahlend, daß sein jüngerer Bruder Klaus mit den Kindern einer Familie befreundet sei, die in engem Kontakt zu meiner Familie stand. Diese Kinder hätten dem Bruder versprochen, demnächst meine Familie zusammen mit ihm zu besuchen. Klaus freue sich nun schon sehr auf den geplanten Spielnachmittag bei uns. Als ich Manfred daraufhin sagte, daß ein solcher Besuch angesichts der Tatsache, daß er bei mir in Therapie sei, leider nicht stattfinden könne, geriet er in eine furchtbare Wut und Verzweiflung. Er schrie mich an, es sei »gemein« von mir, daß ich dem Bruder diese Freude kaputtmache, natürlich sei nun er wieder schuld daran, daß etwas nicht klappe, er sei ja sowieso immer das »schwarze Schaf« in der Familie, nun auch noch diese Gemeinheit von mir! Obwohl ich Manfreds Argumentation gut verstand (zumal zu erwarten war, daß Familie L. tatsächlich Manfred zum »Schuldigen« für die verdorbene Freude erklären würde) und mir auch sein Bruder leid tat, blieb ich dennoch strikt bei meiner Entscheidung, wobei ich Manfred mein Verständnis und Bedauern durchaus mitteilte. Ich fügte hinzu, ich bliebe trotz dieser eigenen widerstreitenden Gefühle so strikt, da für mich seine Therapie Vorrang habe und – bildhaft gesprochen – so wie ein Apfel sei, den ich nicht zwischen ihm und einer anderen Person teilen wolle. Es sei ein Apfel, der nur für ihn allein bestimmt sei, für niemanden sonst.

Es war eindrücklich zu erleben, wie Manfred, der in seiner Wut scheinbar kaum auf meine Intervention gehört hatte, schlagartig ruhig, sichtlich entspannt, ja geradezu heiter wurde (ein Zustand, den ich bisher bei ihm noch nie erlebt hatte) und mich mit einer bei ihm bisher ebenfalls noch nicht erlebten Ernsthaftigkeit fragte, ob ich denn längere Zeit an seinem Wohnort bleiben werde; eine Therapie dauere doch sicherlich mehrere Jahre. Auf meinen Hinweis, daß ich seine Therapie auf jeden Fall bis zum Ende durchführen würde, fügte er hinzu, im Grunde sei das ja auch kein so gravierendes Problem, er könne ja ohne weiteres zu den Therapiestunden auch an den Ort fahren, an dem ich im Falle eines Stellenwechsels dann tätig wäre!

## 3. Die Aggression

Zu Beginn der Behandlung lief Manfred während vieler Therapiestunden ziellos im Behandlungszimmer umher, riß plötzlich, wahllos, Spielzeug aus den Fächern und Schränken und verstreute die Gegenstände im Zimmer. Mitunter saß er dann wieder unbeweglich auf einem Stuhl und äußerte sich verbal zumeist nur mit knappen Antworten wie »Ja« und »Nein« zu Fragen, die ich zum Teil mehrfach wiederholen mußte. Mit strukturiertem Spielmaterial (wie beispielsweise dem Sceno-Test) vermochte er nichts anzufangen; im Sandkasten wollte er nicht spielen; Papier und Schere lehnte er ebenfalls ab. Erst als ich ihm in einer Therapiestunde großformatiges Papier und Wachskreiden vorlegte, begann er sich mit diesem Material zu beschäftigen und Phantasiezeichnungen anzufertigen. Nach einiger Zeit ging er dazu über, diese Zeichnungen zu kommentieren und – z. T. umfangreiche – Geschichten dazu zu erzählen.

Als eines der ersten Bilder zeichnete er das folgende (s. S. 161):

Zu dieser Darstellung erzählte er folgende Geschichte: Das Auto sei ein Wesen von einem fremden Stern. Es habe ein riesiges Maul. Zusammen mit anderen Wesen dieser Art sei es in einer Invasion zur Erde gekommen, von dem Wunsch erfüllt, alles zu zerstören und zu fressen. Die Wesen hätten nur einen einzigen Gedanken: »Haben, haben, haben!« Angesichts dieser furchtbaren Macht werde sogar die Sonne bleich vor Entsetzen (in früheren Darstellungen hatte Manfred wiederholt die Sonne als Symbol eines »guten« inneren Objekts verwendet).

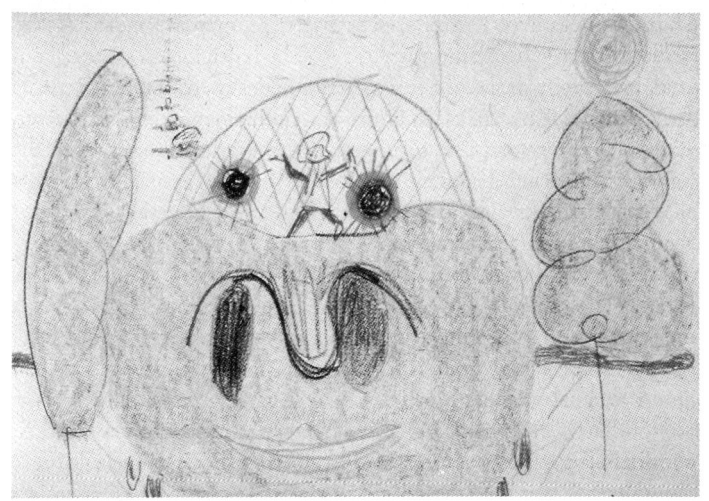

Manfred vermittelte mir mit seinen Zeichnungen ein anschauliches Bild seiner inneren Situation und gab mit der zitierten Zeichnung deutlicher, als es mit Worten je möglich gewesen wäre, zu erkennen, von welchen oral-aggressiven Phantasien er beherrscht war. Der ausdrückliche Hinweis darauf, daß selbst die Sonne bleich vor Entsetzen werde, war in diesem Falle sehr ernst zu nehmen und gab mir Aufschluß darüber, von welcher elementaren, archaischen Gewalt die Aggression dieses Kindes war. Es liegt auf der Hand, daß bei Manfred – aber auch bei erwachsenen Patienten dieser Art – ein derartiges Material nicht im üblichen Sinne gedeutet wird, etwa indem ich es »übersetzte« oder gar eine genetische Rekonstruktion vornähme. Ich lasse derartige Bilder vielmehr als solche stehen und gebe eine mir im Augenblick wichtige erscheinende Intervention höchstens, indem ich strikt im Bild selbst bleibe und ausschließlich das vom Patienten gelieferte Material verwende. Oft aber erübrigt sich jede verbale Stellungnahme. Wichtiger als deutende Interventionen irgendwelcher Art dürfte vor allem in der Anfangsphase der Psychotherapie sein, daß ein solcher Patient sich in der Beziehung zum Therapeuten als Individuum wahrgenommen und akzeptiert fühlt und über den Prozeß der Spiegelung in seiner Selbststruktur gestärkt wird.

Mitunter kam es auch vor, daß Manfred eine Zeichnung anfertigte und dazu eine Geschichte erzählte und nach einem Kommentar von mir das Bild ergänzte und die Erzählung weiter ausführte. Dazu die folgende Episode:

Manfred kommentierte diese Zeichnung mit dem Hinweis, der eine (rechts) sei ein Professor, der »Mist« erzähle: Er habe gesagt, man könne einen Fisch in einen Hund verwandeln (der Patient hatte Hunde sehr gern, vor allem liebte er das weiche, warme Fell der Tiere). Der Knabe berichtete weiter, er habe den anderen Menschen (links) vom Professor abgewendet gezeichnet, weil dieser das, was der Professor sage, nicht hören wolle. Wenn man sich nicht ansehe, könne man nämlich auch nichts hören (Manfred hielt sich in dieser Phase der Therapie tatsächlich auch, wenn er eine Äußerung von mir nicht aufnehmen wollte, demonstrativ Augen und Ohren zu). Es sei unmöglich, einen Fisch in einen Hund zu verwandeln.

Auf meine Intervention hin, der andere höre es vielleicht doch, auch wenn sich die beiden nicht ansähen, malte Manfred mit dicken

Strichen eine Mauer zwischen die beiden Gesichter. Meinen noch-maligen Interventionsversuch (ich fände es schade, wenn gar keine Verbindung zwischen ihnen zustande kommen könnte; vielleicht gebe es doch eine Tür in dieser Mauer?) kommentierte Manfred mit folgenden Worten: »Er will schon, daß der Professor durch die Tür kommt. Aber trotzdem läuft er dann weg.«

Ich habe Manfred daraufhin gesagt, daß der Professor es sicher-lich respektieren werde, wenn der andere es gar nicht aushalte dazu-bleiben. Zugleich vertraute ich aber darauf, daß die Worte den ande-ren doch letztlich erreichten.

Die beiden in meiner letzten Intervention angedeuteten Aspekte (das Respektieren der Toleranzgrenze und zugleich die Hoffnung bzw. der Versuch, die zur Zeit bestehenden Grenzen im Verlaufe der Zeit doch »aufzuweichen«) sind für meinen therapeutischen Ansatz bei der Behandlung aggressiver Patienten mit dissozialen Tendenzen von zentraler Bedeutung. Mehr als bei anderen Patien-ten ist es bei ihnen notwendig, genau auf ihre Signale zu hören und sie durch das therapeutische Vorgehen nicht zu überfordern. Zur Stärkung ihrer Angst- und Spannungstoleranz ist es aber ebenso wichtig, stets so viel von ihnen zu fordern, wie sie eben noch zu ertragen vermögen. Hinzu kommt, daß bei diesen selber oft völlig resignierten Menschen dem Therapeuten die wichtige Aufgabe zu-fällt, immer wieder Zukunftsperspektiven zu eröffnen und auf Ent-wicklungsmöglichkeiten hinzuweisen, die, wenn auch noch nicht zum jetzigen Zeitpunkt, so doch irgendwann einmal Realität wer-den können. Der Therapeut vertritt damit nicht nur ein Stück Hoff-nung, die der Patient selber vielleicht nicht mehr aufzubringen ver-mag, sondern er deutet mit einem solchen Zukunftsentwurf auch an, daß er bei allem Verständnis für die derzeitigen Begrenzungen des Patienten diesen prinzipiell für fähig hält, in seiner Entwicklung voranzuschreiten und Dinge zu tun, die ihm heute noch unmöglich erscheinen.

Lieferten mir diese Zeichnungen und Kommentare ein anschau-liches Bild von Manfreds archaischer Aggressivität (die er in mehr oder weniger hilfloser Weise durch emotionalen Rückzug, sein »Abstellen«, zu blockieren versuchte) sowie von seiner Verletzbarkeit und seiner geringen Frustrationstoleranz, so kam es in seinem Verhalten mir gegenüber vielfach zu eindrücklichen »Reproduktionen früher Erfahrungen« (Leber et al., 1988). Was man beispielsweise vordergründig als »unverschämte Lügerei« hätte verstehen können, erwies sich bei genauerer Betrachtung als eine Wiederholung seiner frühkindlichen Situation, wobei er diese Konflikte nun per Übertragung an mir abhandelte:

Während des ersten Therapiejahres blieb Manfred vielen Behandlungsstunden fern oder kam erheblich, zum Teil über 30 Minuten, zu spät. Die analytische Erhellung der Hintergründe dieses Verhaltens führte schließlich zu der Erkenntnis, daß er – im Sinne·der Reinszenierung frühkindlicher Konflikte (Lorenzer, 1973) – genau *die* Situation herbeizuführen suchte, die er am allermeisten fürchtete: Er hoffte nämlich, mich durch sein Fehlen und Zuspätkommen so ärgerlich zu machen, daß ich die Behandlung abbräche und ihn – das wäre nach seinen eigenen Worten »das schlimmste, degradierend« gewesen – an einen Kollegen weitergäbe. So strebte er nach einer Wiederholung seiner frühkindlichen Situation, in der er sich hilflos und ohnmächtig willkürlich handelnden, versagenden, mächtigen Elternfiguren ausgeliefert fühlte. Der Unterschied bestand allerdings darin, daß er nun nicht der Passive, Ohnmächtige sein mußte, sondern höchst aktiv die Situation konstellierte. Er konnte auf diese Weise auch Racheimpulse befriedigen, indem nun er dem anderen, in der Übertragung mir, das antat, was er früher selber hatte erleiden müssen. Zugleich spürte ich in seinem Verhalten aber auch die Hoffnung, ich möchte nicht auf seine Provokationen eingehen. So äußerte er beispielsweise in einer Sitzung, selbst wenn er wesentlich zu spät komme, dürfe ich als Therapeut auf keinen Fall später kommen oder eher weggehen. Eine Wurzel seines Agierens bestand offensichtlich im Wunsch, in der handelnden Wiederholung den verhängnisvollen *circulus vitiosus* zu durchbrechen. In Analogie zum Konzept des »fördernden Dialogs« (Leber, 1988) ging es Manfred in solchen Situationen darum, durch mein Verhalten eine »neue« Antwort zu erhalten.

Obwohl derartige Reproduktionen früher Beziehungserfahrungen im Rahmen der Übertragung in jeder Psychotherapie auftreten, erreichen sie bei Menschen wie Manfred mit schweren dissozialen Fehlentwicklungen nach meiner Beobachtung eine besondere Intensität. Vor allem äußern sie sich in der Regel in sehr provokativer, sozial störender Weise.

Als Beispiel eine Episode aus der Therapie von Herrn M., einem erwachsenen straffälligen Mann, der in seiner Kindheit vielfältige Beziehungsabbrüche (Wechsel zwischen Herkunftsfamilie, mehreren Pflegefamilien, Heimen und später Strafanstalten) erlebt hatte: Herr M. hatte eine »Überlebenstechnik« gefunden, bei der er den verschiedenen Bezugspersonen jeweils nur einen ganz bestimmten Ausschnitt seines Lebens präsentierte: Ehefrau, Kinder, Arbeitskollegen, verschiedene Freundinnen, zu denen er Beziehungen unterhielt, Bewährungshelfer, Mitarbeiter verschiedener sozialer Stellen, und auch ich als sein Therapeut erhielten jeweils nur ganz bestimmte Informationen, die ihm aus irgendeinem Grunde opportun erschienen und wodurch er sich Vorteile von diesen Bezugspersonen erhoffte. Es liegt auf der Hand, daß Herr M. sich in diesem Gewirr von Teilinformationen, Halbwahrheiten und Lügen immer wieder heillos verstrickte, dann zur »Rettung der Situation« irgendwelche Ausflüchte erfinden mußte, die ihn aber immer tiefer in den Teufelskreis von Unwahrheiten hineinzogen.

Als ich diese Dynamik in der Beziehung zu mir zu durchschauen begann, konnte ich ihm anhand vieler Beispiele, die wir miteinander erlebt hatten, zeigen, daß diese »Technik« ihm zwar unter den schwierigen Bedingungen seiner Kindheit und Jugend vielleicht gute Dienste geleistet hatte, letztlich aber jegliche Beziehung »vergiftet«. Immer wieder wies ich ihn in Situationen, in denen ich an der Wahrheit bzw. Vollständigkeit seines Berichtes zweifelte, ganz offen auf meine Skepsis hin und zeigte ihm – zum Teil recht drastisch –, welches das Resultat seines Kommunikationsstils war: Selbst ich, der eigentlich sehr gewillt war, ihm zu glauben, müsse immer wieder an der Wahrhaftigkeit seiner Darstellungen zweifeln und täte ihm zweifellos oft unrecht, indem ich innerlich ein »Fragezeichen« hinter etwas setzte, das tatsächlich der Realität entsprach.

Als dieser Interaktionszyklus intensiv durchgearbeitet worden war, schlug ich Herrn M. vor, daß er während einer gewissen Zeit auf alle »Erklärungen«, mit denen er sein Fernbleiben oder Zuspätkommen zu Therapiestunden begründete, verzichten solle. Mir sei zwar wichtig, daß er regelmäßig komme, ich erwarte jedoch keinerlei »Erklärung« für versäumte Stunden. Erst wenn wir auf diese Weise unsere Beziehung während einiger Zeit »entgiftet« hätten (das hieß unter anderem auch: wenn er mich aus der Rolle des Über-Ich-Projektionsträgers, gegen dessen Macht er sich durch Unwahrheiten zu wehren versuchte, entlassen hätte), könne er mir wieder Gründe für sein Zuspätkommen oder Nichterscheinen nennen. Die Entscheidung dafür liege jedoch allein bei ihm. Dieses Vorgehen brachte eine spürbare »Entkrampfung« in unserer Beziehung und führte dazu, daß wir auch ausführlich darüber sprechen konnten, wie sich diese Interaktionsdynamik in anderen Beziehungen manifestierte und welche Funktion sie dort jeweils erfüllte.

Aus den bisherigen Ausführungen dürfte hervorgegangen sein, daß es bei der Arbeit mit aggressiven Patienten – vor allem in krisenhaften Situationen – wichtig ist, sich als Therapeut herausfordern zu lassen und eindeutig Stellung zu beziehen. Wir dürfen uns – wie Manfred es in seinem Bild vom Professor, der »Mist« erzählt und der nicht durch die Tür zum anderen Menschen kommen darf, in anschaulicher Weise dargestellt hat – ihnen nicht aufdrängen und müssen ihre geringe Angst- und Spannungstoleranz gerade zu Beginn der Behandlung unbedingt respektieren. Aber wir müssen im entscheidenden Augenblick als reale Person mit unserer eigenen emotionalen Betroffenheit für den Patienten sichtbar und spürbar werden und dort Grenzen setzen und Verbindlichkeit garantieren, wo die Klienten selbst im Chaos ihrer innerseelischen und interaktionellen Probleme zu versinken drohen.

Der Veranschaulichung möge das folgende Beispiel aus der Therapie von Herrn S., einem 23 jährigen dissozialen Manne, dienen. Herr S. zeigte ausgeprägte selbstschädigende Tendenzen, die sowohl in seinem sozialen Verhalten (vielfältige Selbstsabotagen, Neigung, sich selbst zum Opfer ihn kränkender Herabsetzungen anderer zu machen etc.) als auch in der Art, wie er mit seinem Körper umging, deutlich wurden. Außerdem traten bei ihm neben einer ausgesprochen »sanften«, höflichen Art, die er an den Tag legte, heftigste, plötzlich einschießende aggressive Impulse auf. Herr S. war ein Jahr, bevor er zu mir kam, wenige Male bei einem anderen Therapeuten gewesen und hatte dort einmal in einem Ausbruch von Wut darauf verwiesen, daß er einen Revolver besitze und damit sich und andere »hinmachen« werde. Die vom Therapeuten benachrichtigte Polizei fand in der Wohnung von Herrn S. tatsächlich eine entsicherte Pistole. Der Patient hatte daraufhin die Behandlung bei dem Kollegen empört abgebrochen. Mir gegenüber erwähnte er später beiläufig, es sei kein Problem, eine neue Pistole zu bekommen. Außerdem sprach er bei mir wiederholt in drohendem Ton davon, er werde sich schon zu seinem Recht verhelfen, wenn es sein müsse, indem er Menschen, die ihm nicht willfährig seien, die abgeschnittenen Ohren ihrer Kinder ins Haus schicken werde; das werde jeden gefügig machen!

Eines Tages rief mich Herr S. an und bat mich um eine »kleine Gefälligkeit«: Er sei gerade dabei, sein Zeugnis zu schreiben und suche nach einer guten Formulierung. Auf meine erstaunte Frage entgegnete er wie selbstverständlich, er könne sich unmöglich mit der kurzen Arbeitsbestätigung, die er vor mehr als einem Jahr an seiner letzten Stelle erhalten habe, bei einer neuen Stelle bewerben. Dann habe er überhaupt keine Chance, eine Arbeit zu finden. Er schreibe sich deshalb jetzt ein neues, »gutes« Zeugnis und werde dann die Unterschrift und den Briefkopf des früheren Arbeitgebers so geschickt hineinkopieren, daß dies niemandem auffallen werde. Auf meinen Hinweis, daß er dies unter keinen Umständen tun dürfe, er begehe damit doch eine Urkundenfälschung, reagierte er mit der scharfen Entgegnung, er habe mich nicht danach gefragt, was recht und nicht recht sei, die Entscheidung darüber müsse ich schon ihm überlassen. Er habe mich lediglich um eine Hilfe bitten wollen, merke aber schon, daß ich – wie die Leute sonst auch – nur immer so täte, als ob ich bereit sei, mich für andere einzusetzen. Wenn es darauf ankomme, »kniffe« ich aber.

Ich habe daraufhin Herrn S. gebeten, doch jetzt gleich zu mir zu kommen, da ich diese Fragen mit ihm nicht am Telefon besprechen möchte. Tatsächlich erschien der Patient kurze Zeit später bei mir, legte mir seinen Zeugnisentwurf und das Original des Arbeitgebers vor und forderte mich – nun recht drohend – noch einmal auf, ich möge ihm eine gute Formulierung nennen. Ich wiederholte meine bereits am Telefon abgegebene Stellungnahme und versuchte ihm klarzumachen, daß er sich mit einem solchen Verhalten nicht nur strafbar mache, sondern daß es ausgesprochen selbstschädigend sei. Ich sei durchaus bereit, ihm dort zu helfen, wo etwas »gut« für ihn sei – das sei ja auch der Sinn der Therapie –, wolle ihm aber nicht Hand bieten für etwas, mit dem er sich selbst Schaden zufüge.

Herr S. wendete sich daraufhin haßerfüllt gegen mich und äußerte drohend, ich würde die Konsequenzen für alles, was nun passiere, zu tragen haben. Er habe es auf diesem »friedlichen« Wege probieren wollen, einen Wiedereinstieg ins soziale Leben zu finden, nun hätte ich ihn durch die Verweigerung meiner Hilfe gezwungen, »andere Wege« zu gehen. Während dieser Worte wühlte er mit seinen Händen in einer Plastiktüte herum, und ich geriet in eine zunehmend stärker werdende Angst, er werde plötzlich einen Revolver hervorziehen und auf mich schießen. Angesichts der Tatsache, daß er eine Pistole besessen hatte (bzw. immer noch besaß?), schien mir dies nicht nur ein irrationales Gegenübertragungsgefühl meinerseits zu sein, sondern auch Ausdruck der mehr oder weniger realitätsgerechten Wahrnehmung einer tatsächlich bestehenden Bedrohung. Der Patient nahm offensichtlich meine Angst wahr, interpretierte sie aber als Ausdruck meiner Angst vor den Folgen eines gemeinsamen Betrugs. Höhnisch – und herausfordernd – schleuderte er mir entgegen, ich sei einfach ein Feigling, nicht einmal fähig, eine solche »Kleinigkeit« zu tun. Dabei sei doch »hundertprozentig sicher, daß das niemals rauskommt«.

Die emotionale Spannung und die Bedrängnis, in die mich Herr S. in dem etwa halbstündigen Gespräch gebracht hatte, wurde mir plötzlich klar, als in mir der Gedanke auftauchte, ich solle der ganzen unerträglichen Situation ein Ende bereiten und ihm die gewünschte Formulierung liefern. Was er dann damit mache, sei letztendlich doch seine Sache. Erst dieser – kurz einschießende – Gedanke ließ mich das Ausmaß seiner aggressiven Manipulation und meiner reaktiven Angst erkennen und löste bei mir eine heftige Gegenaggression aus. Ich spürte in mir eine furchtbare Ohnmacht und Wut und entgegnete ihm scharf, ich hätte nun genug von dieser Diskussion. Er solle tun, was er wolle, ich jedoch würde ihm nicht Hand zu etwas bieten, womit er sich selbst schädige. Dies sei mein letztes Wort zu dieser Frage!

Der Patient saß einen Augenblick wie vom Donner gerührt und schaute mich ungläubig an, so als könne er nicht glauben, was er soeben erlebt habe. Ähnlich wie bei Manfred kam es bei ihm daraufhin aber zu einem abrupten Stimmungswechsel: Er reagierte keineswegs, wie man hätte vermuten können, mit einer weiteren Eskalation seiner Aggression, sondern wurde sehr ruhig und sichtlich entspannt. Herr S. nickte mir wie in einem stillen Einverständnis zu, packte seine Schriftstücke zusammen, und es folgte eine Therapiestunde, die sich durch eine für diesen Patienten ungewöhnliche Ruhe und eine Bereitschaft zur Introspektion auszeichnete, wie ich sie bei Herrn S. bisher noch nie erlebt hatte. Am Ende der Stunde fragte er mich noch einmal, ob ich ihm auch nicht böse sei wegen seiner »Zwängerei«. Auf meinen Hinweis, ich sei zwar vorhin tatsächlich sehr böse gewesen, weil ich nicht dulden wolle, daß er sich – wie so oft in seinem Leben – nun auch noch mit meiner Hilfe schädige, aber jetzt sei ich nicht mehr ärgerlich, ich fände es sogar gut, daß wir uns so direkt miteinander auseinandersetzten, lächelte er zustimmend und meinte: »Im Grunde hat mir das Ganze, so wie es verlaufen ist, gut getan, und ich bin so ganz zufrieden.«

Ähnlich wie bei Manfred hatte meine heftige emotionale Stellungnahme auch bei Herrn S. eine positive Wirkung. In beiden Situationen ging es darum, sich als Therapeut vom Patienten herausfordern zu lassen, bei Herrn S. bis zu einer für mich ungewöhnlich heftigen Gegenaggression. Sowohl Manfred als auch Herr S. konnten daraus eine intensive Anteilnahme meinerseits an ihrem Geschick entnehmen, und ihre eigene emotionale Zerrissenheit erhielt durch meine eindeutige Stellungnahme eine – sie entlastende – Strukturierung. Zum anderen ist es bei Patienten dieser Art nach meiner Erfahrung außerordentlich wichtig, ihnen dort klare Grenzen zu setzen, wo sie sich (und andere) durch ihr manipulatives Verhalten manifest zu schädigen drohen. Der Therapeut muß bei ihnen zwar bereit sein, das therapeutische Setting flexibel, der jeweiligen Angst- und Spannungstoleranz der Patienten entsprechend, zu gestalten und muß mitunter auch auf Wünsche von ihnen eingehen, wie er es in der klassisch-psychoanalytischen Behandlung nie tun würde. Dennoch – oder gerade deshalb – muß er seine Reaktionen sorgfältig reflektieren und darf sich nicht scheuen, dort strikte Grenzen zu setzen, wo es zu einem für den Patienten (und ihn selber) unheilvollen Agieren kommt. Durch eine solche Strukturierung gelingt es dem Therapeuten auch, sich vom Patienten nicht in die ohnmächtige Position drängen zu lassen, d. h., er überwindet stellvertretend (im Sinne der Winnicottschen »container«-Funktion) die Spaltungstendenzen des Patienten.

Der therapeutische Umgang mit derartigen bei aggressiven Patienten häufig auftretenden Situationen, in denen es zu einem impulsiven Verhalten kommt, sei noch an einer weiteren kasuistischen Vignette demonstriert. Seit längerer Zeit hatte ich mich bei Herrn K., einem 25 jährigen mehrfach wegen Einbrüchen und Körperverletzung vorbestraften Mann, bemüht, die Wirksamkeit der von ihm stark eingesetzten Spaltungsmechanismen zu deuten. Immer wieder kam es bei ihm zu abrupten Umschlägen: Auf der einen Seite zeigte er eine totale Selbstentwertung (er sei ein »Nichts«, ein »Dreck«, ein »Sauhund«, ein »Verbrecher, dem seine Schuld mit glühenden Buchstaben auf dem Rücken steht«) und neigte zu einer enormen Überschätzung seiner Bezugspersonen (sie hätten ja völlig recht damit, ihn abzulehnen; alle seien ihm haushoch überlegen etc.); auf der anderen Seite kam es jedoch plötzlich zu einer grandiosen Aufblähung der eigenen Person (nun war er derjenige, der sich anderen weit überlegen fühlte, der sie »zur Rechenschaft ziehen« konnte und »der sagt, wo es lang geht«) und einer Abwertung aller anderen Menschen (»über die gehe ich einfach weg, die radiere ich aus«, »die haben mir doch nichts zu sagen«). So offensichtlich diese Abwehrstrategie der Spaltung im Verhalten und in den Gefühlen des

Patienten auch war, so vehement wehrte er sich doch gegen die Deutung dieser Dynamik. Vielfach äußerte er, er verstehe gar nicht, was ich von ihm wolle – dabei ließ allerdings sein gereizt-dysphorisches bis manifest aggressives Verhalten mir gegenüber erkennen, daß es kein intellektuelles Problem war (beispielsweise weil das Deutungskonzept zu abstrakt für ihn gewesen wäre), sondern daß das »Nichtverstehen« Ausdruck seines aggressiv getönten Widerstandes gegen die Deutung war.

Als der Patient in einer Therapiestunde wiederum von einer Begebenheit berichtete, in der die beschriebenen Spaltungstendenzen wirksam geworden waren, kam mir spontan der Einfall, ihm meine Intervention in zeichnerischer Form zu geben. Ich malte auf die obere Hälfte eines Blattes einen großen Kreis und daneben einen kleinen Punkt und kommentierte diese Darstellung mit dem Hinweis, in einer Situation fühle er sich wie ein solcher kleiner Punkt, wie ein »Nichts«, die Bezugsperson aber wie einen riesigen, ihn geradezu erdrückenden Kreis. Der Patient schaute und hörte mir interessiert, aber auch spürbar irritiert zu. Danach zeichnete ich auf die untere Hälfte des Blattes wiederum einen großen Kreis und daneben viele kleine Punkte und teilte dem Patienten mit, daß er sich in einer anderen Situation in seinem Erleben plötzlich zu einem solchen riesigen Kreis aufblähe und dann die anderen Menschen wie »Nichtse«, wie Staub empfinde, den er in einer grandiosen Geste »wegwische«.

Auf diese Intervention hin geriet Herr K. in ungeheure Wut und schrie mich an, ich solle das Blatt umdrehen, er wolle es nicht sehen. Ich sagte ihm daraufhin, ich würde das Blatt nicht umdrehen; es stehe ihm hingegen frei, damit zu tun, was er wolle. Der Patient war höchst irritiert und aggressiv-gespannt und begann nun das Blatt auf dem zwischen uns stehenden Tisch zwischen sich und mir hin- und herzuschieben. Schließlich fand er eine Position, die seiner Spannungstoleranz offenbar angemessen war: Und zwar betrug der Abstand des Blattes von ihm ca. zwei Drittel der ganzen zwischen uns bestehenden Entfernung, d. h., das Blatt lag wesentlich näher bei mir als bei ihm. Er drehte es jedoch nicht herum, so daß meine Zeichnung nach wie vor sichtbar war. Als er diese Position gefunden hatte, wurde er merklich ruhiger und entspannter. Schließlich war es sogar möglich, mit ihm über den Inhalt meiner Intervention zu sprechen, und er äußerte jetzt zum ersten Male, daß er verstehe, was ich ihm hätte sagen wollen.

Diese Therapiesequenz ist insofern interessant, als daran verschiedene Aspekte sichtbar werden, auf die es bei der Behandlung aggressiver Patienten im allgemeinen ankommt:

Zunächst ist es eine häufig zu beobachtende Tatsache, daß Interventionen des Therapeuten, vor allem wenn sie sich auf die pathologische Abwehr richten, von diesen Patienten vehement abgewehrt werden. An einem solchen aggressiv getönten Verhalten ist leicht ablesbar, daß es in der Therapie nicht lediglich auf ein »Umlernen« ankommt, sondern daß sich heftige unbewußte Widerstände gegen die Auflösung dieser Abwehrmaßnahmen richten. Aufgrund ihrer pathologischen verinnerlichten Objektbeziehungen sind diese Patienten häufig nicht in der Lage, die Hinweise des Therapeuten als Anregungen zur Selbstreflexion zu benutzen. In der Übertragung werden vielmehr ihre gespaltenen Partial-Objektbeziehungen wiederbelebt (entweder ist der Therapeut im Erleben des Patienten im Moment der ganz »Gute«, d. h. verständnisvoll, unterstützend, oder er ist total »böse«, d. h. versagend, verfolgend), und die Patienten reagieren auf die Interventionen entsprechend dieser jeweiligen Übertragungsdisposition.

Zum anderen wird an der geschilderten Episode deutlich, daß ein Haupthindernis bei der analytischen Arbeit an der pathologischen Abwehr die geringe Angst- und Spannungstoleranz dieser Patienten ist. Die Intensität der auftauchenden Aggressivität stellt einen guten Gradmesser für die Angst dar, die beim Ansprechen der bisher tragenden, aber letztlich selbstdestruktiven Abwehrstrategien auftaucht. Die Schwierigkeit, in der sich der Therapeut bei Menschen wie Herrn K. befindet, liegt darin, daß er einerseits der augenblicklichen Spannungstoleranz des Patienten Rechnung tragen muß, sich andererseits aber in seinen therapeutischen Bemühungen nicht völlig vom Patienten blockieren lassen darf. Es kommt in einer solchen Situation für den Therapeuten darauf an, sich auf dem schmalen

Grat zu bewegen, der zwischen rigidem Festhalten am Setting und an der bisherigen Deutungstechnik einerseits und völlig hilflosem Nachgeben gegenüber allen Manipulationsversuchen des Patienten andererseits liegt.

Drittens zeigt die Therapievignette – wie auch das Beispiel von Herrn S. und meine Reaktion auf Manfreds Verhalten –, daß es für den Fortgang der Behandlung fruchtbar ist, der Aggression des Patienten mit einer dosierten, auf die jeweilige Tragfähigkeit des Patienten abgestimmten, konstruktiven Gegenaggression des Therapeuten zu begegnen. Dies verhindert ein Anwachsen von latenten Aggressionen im Therapeuten (was zu unkontrollierten Gegenübertragungsreaktionen führen könnte). Außerdem wird durch ein solches Verhalten des Therapeuten die Aggression des Patienten, der diese Impulse sonst häufig durch die Mechanismen der Idealisierung, der Verleugnung und der Spaltung aus der therapeutischen Interaktion auszuklammern versucht, manifest und kann als solche von beiden Beteiligten wahrgenommen und bearbeitet werden.

Es erscheint mir in Situationen, wie ich sie hier beschrieben habe, wichtig, daß der Therapeut seine Reaktion sorgfältig reflektiert und sich vom Patienten weder in die Position des mächtigen Aggressors noch in die des ohnmächtigen Opfers drängen läßt. Worauf es für den Therapeuten in erster Linie ankommt, ist, dem Druck der Übertragungsmanipulationen zu widerstehen und durch das eigene Verhalten dem Patienten eine »neue« (d. h. eine von den bisherigen Lebenserfahrungen des Patienten abweichende) Antwort zu geben.

Zum vierten läßt das geschilderte Beispiel erkennen, daß es eine fatale Fehlinterpretation wäre, wenn man bei aggressiven Patienten das »Agieren« nur als Manifestation von Abwehr und Widerstand verstünde und gar so weit ginge, solche »agierenden« Patienten als »therapieunfähig« zu bezeichnen. Die beschriebene Szene mit Herrn K. zeigt vielmehr, daß er – in höchst origineller und produktiver Weise – eine Distanz gefunden hat, aus der heraus er meine Intervention ohne allzu große Angst aufnehmen konnte. Nach meiner Erfahrung ist ein solches konstruktives Agieren eine Fähigkeit, die viele dieser Patienten besitzen und zu nutzen vermögen, wenn man ihnen als Therapeut die Möglichkeit läßt, sie einzusetzen.

## 4. Die psychotherapeutische Arbeit am Ich

Ich habe bereits erwähnt, daß mir bei den ersten Gesprächen mit Manfred und in der Anfangsphase der Therapie immer wieder sein dumpfes Vor-sich-Hinbrüten aufgefallen war und bei mir sogar den Eindruck hatte entstehen lassen, er halluziniere. Auch wenn sich diese Vermutung letztlich nicht verifizieren ließ, war doch offensichtlich, daß er seinen Phantasien und inneren Bildern (dem Primärprozeß) weitgehend schutzlos ausgeliefert war. Mitunter versank er buchstäblich in dieser inneren Welt und konnte erst durch mehrmaliges Ansprechen wieder herausgerissen werden, wobei er sichtbar zusammenschreckte, wenn er meine Stimme schließlich wahrnahm. Auch die erwähnten sich ihm vor dem Einschlafen aufdrängenden Bilder riesiger Haufen von Schuhen von KZ-Opfern waren Ausdruck dieses Ausgeliefertseins an den Primärprozeß.

Erst etliche Zeit später bemerkte ich indes, daß er ebenso schutzlos den Reizen gegenüber war, die von außen auf ihn einströmten. So kam er häufig zu spät zu den Therapiesitzungen, konnte mir aber – in einer auffallend hilflos wirkenden Art – als Grund für die Verspätung jeweils nur angeben, er sei »aufgehalten« worden. Längere Zeit verstand ich dieses Verhalten lediglich als Widerstand gegen die Therapie (was unter anderem auch eine Rolle gespielt haben mag). Erst das folgende, auf den ersten Blick vielleicht nebensächlich wirkende Detail ließ mich erkennen, daß sein Zuspätkommen zu einem wesentlichen Teil die Folge seiner Unfähigkeit war, sich gegen Außenreize abzuschirmen und ein bestimmtes Vorhaben (in diesem Falle: zur Stunde zu kommen) konsequent durchzuführen:

Manfred erschien eines Tages wiederum etwa zehn Minuten zu spät und malte dann ein Rechteck, in das er einige mir zunächst nicht verständliche Zeichen einfügte. Er erklärte mir dann, es sei, wie ich nun auch erkannte, eine Tafel, die man zum Notieren der Resultate eines bestimmten Kartenspiels verwendet. Ich stellte für mich daraufhin eine Reihe von Überlegungen an, welchen psychodynamischen Sinn diese Zeichnung haben möge, und versuchte, dies im Gespräch mit Manfred weiter zu klären. Ich spürte jedoch, daß offensichtlich weder dieses Kartenspiel noch die dabei verwendete

Tafel irgendeine besondere emotionale Bedeutung für ihn besaßen. Auf meine Frage, wo er denn mit diesem Spiel zu tun gehabt habe, zog er aus seiner Schulmappe eine solche Tafel hervor und berichtete, er habe, da heute Sperrgutabfuhr sei, auf dem Weg zu mir viele Dinge am Straßenrand liegen sehen, darunter auch diese Tafel. Solche Ereignisse übten einen wahren »Sog« auf ihn aus. Er könne einfach nicht daran vorbeigehen, sondern nehme ein Stück nach dem anderen in die Hand, wolle am liebsten alles einstecken, auch wenn er es eigentlich gar nicht gebrauchen könne (man erinnere sich an die Diebstähle von Gegenständen, die er später fortwarf), und »vergesse« darüber völlig Ort und Zeit. So habe er auch vorhin diese Spieltafel eingesteckt, obwohl er das Spiel nicht beherrsche und gar kein Interesse daran habe. Als er nun etwas habe malen wollen, sei er innerlich noch so stark von dieser Tafel erfüllt gewesen, daß diese Zeichnung »von ganz allein« aus ihm »herausgekommen« sei.

Auch wenn wir aufgrund von Manfreds Assoziationen keinen psychodynamischen »Sinn« in seiner Zeichnung ausmachen konnten, mögen das Mitnehmen der Tafel und die zeichnerische Gestaltung nicht völlig zufällig sein (ich denke vor allem an seine starken oralen Impulse). Dennoch scheinen mir hier die psychodynamischen Determinanten nicht die ausschlaggebenden gewesen zu sein. Sein Verhalten war offensichtlich in erster Linie Ausdruck der erwähnten ich-strukturellen Störung im Bereich des Reizschutzfilters. Manfred war, wie sein geschildertes Verhalten zeigt, sowohl den aus seinem eigenen Innern aufsteigenden Bildern und Impulsen als auch den aus der Außenwelt auf ihn einströmenden Reizen weitgehend schutzlos ausgeliefert. Sein Ich war, wie er es in Gestalt der Männchen, die klein und hilflos auf den Maschinenwesen vom anderen Stern saßen (s. Abbildung 1), anschaulich dargestellt hatte, im Grunde ein Spielball der aus ihm selbst und der Umgebung auf ihn wirkenden Kräfte, hilflos allen Einflüssen ausgesetzt.

Therapeutisch wäre es in einer solchen Situation verfehlt, sich intensiv mit den Inhalten der aufsteigenden Phantasien (oder auch mit allfälligen Träumen) zu beschäftigen und den Patienten zu ausführlichen Assoziationen anzuregen. Oberstes Prinzip ist im Sinne der Ich-Stärkung vielmehr, beim Patienten alles zu unterstützen, was

175

ihn vor malignen Regressionen schützt, und Ich-Funktionen, die seinen Reizschutz verbessern und ihm eine Strukturierung seiner äußeren und inneren Welt ermöglichen (z. B. höhere Abwehrmechanismen), ausdrücklich zu verstärken.

Dies kann beispielsweise bedeuten, den Patienten zum Ausphantasieren von Strategien anzuregen, mit denen er sich in ähnlichen Situationen in Zukunft vor einem Überflutet-Werden durch Außenreize schützen kann (vom bewußten Nicht-Hinsehen angefangen bis zu einer Vermeidung spezifischer Versuchungssituationen und ähnliches). Im Sinne der Autonomieförderung ist es dabei wichtig, den Patienten zu möglichst großer Eigeninitiative anzuregen und die Strategien aufzugreifen, die er selber anbietet, bzw. vor allem von diesen auszugehen und sie allenfalls durch eigene Einfälle zu ergänzen.

Von großer Bedeutung ist es in diesem Prozeß der Ich-Stärkung auch, daß der Therapeut stets sorgfältig eventuell auftretende Widerstandsphänomene und pathologische Abwehrformationen beachtet, weil ohne deren Bearbeitung eine Anwendung der gemeinsam definierten Strategien verunmöglicht würde. Gewiß sind mit der Entwicklung solcher Verhaltensleitlinien die zugrundeliegenden Probleme noch nicht aufgearbeitet. Es bedarf jedoch, bevor man sich ihnen nähern kann, zuvor einer einigermaßen tragfähigen (das heißt ich-strukturell stabilen) Persönlichkeit, damit sich der Patient überhaupt mit den Konflikten auseinandersetzen kann.

Häufig wirkt sich allein schon die Benennung eines bestimmten Gefühlszustandes oder Verhaltens hilfreich aus, da der Patient auf diese Weise wenigstens ein Stück weit aus dem Zustand der Überflutung durch seine Affekte herausgehoben wird. So war es auch in der von Manfred berichteten Episode: Die Tatsache, daß wir von seinem Verhalten und dem »Sog«, den viele Dinge in der Außenwelt auf ihn ausübten, sprechen konnten, führte bereits zu einer gewissen Stabilisierung und stellte den Beginn einer Verbesserung seines Reizschutzfilters dar.

Die Arbeit an den ich-strukturellen Störungen beschränkt sich jedoch nicht lediglich auf den Reizschutzfilter. Einen Schwerpunkt in der Behandlung aggressiver Patienten bildet vielmehr die Analyse der pathologischen archaischen Abwehrformationen und der durch sie bedingten Beeinträchtigungen in den Denk- und Wahrnehmungsfunktionen.

Das therapeutische Vorgehen sei anhand der folgenden Episode aus der Behandlung des bereits oben erwähnten Herrn K. veranschaulicht: Er brachte mir in eine Therapiestunde einen Bescheid mit, den er von der Steuerbehörde erhalten hatte. Hochgradig erregt wies er darauf hin, daß er mit diesem vorgedruckten Formular gerügt werde, weil er seine Steuer noch nicht bezahlt habe; es sei unverschämt, daß man ihm als Termin für die Zahlung ein Datum angebe, das bereits eine Woche zurückliege. Sein wütender Kommentar gipfelte in den Worten: »Die meinen natürlich, mit mir als Verbrecher könnten sie so umgehen. Aber die sollen was erleben! Ich gehe da hin und schlage ihnen alles kurz und klein.« Tatsächlich fand sich auf dem Steuerbescheid ein fettgedrucktes Datum der vergangenen Woche. Der Text lautete jedoch nicht, wie der Patient angenommen hatte, er hätte seine Steuern bis zu diesem Zeitpunkt bezahlen sollen, sondern es hieß, in der Abrechnung seien Zahlungen bis zum angegebenen Datum berücksichtigt. Diese im Grunde triviale Situation lieferte eine Fülle von Material für die psychotherapeutische Arbeit.

Beim Umgehen mit diesem »Mißverstehen« des Steuerbescheids in der Therapiestunde besaß die Arbeit an den pathologischen Abwehrformationen, die zu einer derartigen Realitätsverkennung geführt hatten, Priorität. Konkret hieß dies: Ich forderte Herrn K. auf, mir den vollständigen Text des Bescheids vorzulesen. Die Tatsache, daß er dies zunächst wütend verweigerte, läßt erkennen, daß das Mißverstehen der Mitteilung nicht lediglich als »Unachtsamkeit« interpretiert werden durfte, sondern Ausdruck eines (aus ich-strukturellen und psychodynamischen Gründen) aktiv eingesetzten Widerstandes gegen die Wahrnehmung der äußeren Realität war. Der vom Patienten erlebte »Vorwurf« konnte verstanden werden als Projektion seiner eigenen Aggressivität. Durch den Einsatz des Mechanismus der projektiven Identifizierung erlebte er sich als Opfer dieser projizierten Aggression und leitete daraus die Legitimation zu einer Gegenaggression ab. Die aggressive Reaktion auf meine Aufforderung, mir den Steuerbescheid vorzulesen, ist für mich unter anderem ein Hinweis darauf, daß es bei diesen Patienten nicht lediglich um ein Nachholen oder ein Erlernen sozialer Kompetenzen geht, sondern daß solche (tatsächlich notwendigen) Lernprozesse erst erfolgen können, wenn die pathologische Abwehr, die jegliche neue Erfahrung verhindert, zuvor bearbeitet worden ist (mein Vorgehen, das hier in erster Linie der Klärung der äußeren Realität galt, entspricht weitgehend dem Konzept von Redl, 1984, 1986).

Neben diesen Manifestationen der ich-strukturellen Störung traten in der beschriebenen Episode zusätzlich die Über-Ich-Problematik von Herrn K. und seine narzißtische Störung deutlich hervor: Seine Selbstetikettierung als »Verbrecher«, mit dem andere »natürlich« meinten, so umgehen zu dürfen, vermittelt ein anschauliches Bild von den den Patienten entwertenden sadistischen Über-Ich-Kernen. Deutlich wird hier auch der von dissozialen Menschen vielfach eingesetzte Mechanismus der Projektion dieser sadistischen Über-Ich-Kerne auf Über-Ich-Träger in der Außenwelt, gegen die sie dann einen geradezu verzweifelten Kampf führen – in der irrigen Hoffnung, damit die entwertenden Stimmen im eigenen Innern zum Schweigen bringen zu können. Im Hinblick auf die narzißtische Störungskomponente stellte der Plan, er werde nun zum Steueramt gehen und es »denen zeigen« und dort »alles zusammenschlagen«, den Versuch dar, in einer grandiosen Weise seine Ohnmachtsgefühle zu verleugnen und sich durch die Äußerung seiner narzißtischen Wut als omnipotenter Beherrscher der Situation zu fühlen – auch dies ein Verhalten, das bei aggressiven Patienten immer wieder auftritt und in der Psychotherapie konsequent bearbeitet werden muß.

Schließlich stellte sich beim weiteren Gespräch über den Steuerbescheid heraus, daß das Verhalten von Herrn K. auch einen zentralen psychodynamischen Kern enthielt: Erstmals berichtete er ausführlich davon, daß er einerseits alle seine finanziellen Belange von der Mutter erledigen ließ, sich von dieser aber andererseits ständig bevormundet und kontrolliert fühlte. Hier wurde ein Stück seines zentralen Autonomiekonflikts deutlich, der eine wesentliche Rolle in der

Genese seiner Störung gespielt hatte und den er in seinem heutigen sozialen Leben in den verschiedenen Zusammenhängen immer wieder von neuem inszenierte – nicht zuletzt auch per Übertragung in der therapeutischen Beziehung.

## 5. Das Über-Ich

Ein weiterer bei Patienten wie Manfred, Herrn S. und Herrn K. therapeutisch wichtiger Bereich ist der ihrer Über-Ich-Störungen. Wie in der Einleitung ausgeführt, ist das Verhalten dieser Menschen dadurch geprägt, daß sie gegen viele soziale Normen verstoßen. Oft werden sie von ihrer Umgebung auch als »skrupellos« und »unbeeindruckbar« bezeichnet, im alten Schrifttum sprach man sogar von einer »moral insanity«.

Manfred entsprach völlig diesem Bild eines Kindes mit schwerer »Verwahrlosungs«-Symptomatik: Er stahl, wie beschrieben, alles, dessen er nur habhaft werden konnte, schien keinerlei »Gewissensbisse« dabei zu haben, spielte rücksichtslos Mutter und Großmutter, Vater und Mutter, Eltern und mich gegeneinander aus und besaß eine besondere Fähigkeit, sein dissoziales Verhalten in einer Weise zu schildern, daß man ihn ob seiner Geschicklichkeit geradezu bewundern mußte und über die Art, wie er andere Menschen betrog, unwillkürlich lachte.

Besonders eindrücklich war für mich in dieser Hinsicht die folgende Episode, die sich etwa ein Jahr nach Therapiebeginn ereignete: Frau L. beklagte sich in einem Gespräch lebhaft darüber, wie »schlimm Manfred es treibt«. Er habe wieder in Warenhäusern, an Kiosken und zu Hause die verschiedensten Dinge gestohlen, die er unter seinem Bett horte und die sie kürzlich beim Aufräumen gefunden habe. Unter diesen Sachen habe sich sogar – wie Frau L. fast triumphierend-schadenfroh betonte – ein großes Auto befunden, das Manfred, wie er schließlich zugegeben habe, mir aus dem Therapiezimmer entwendet habe. Tatsächlich fehlte, wie mir erst jetzt auffiel, dieses Auto. Frau L. fügte hinzu, Manfred habe versprochen, es mir in der nächsten Therapiestunde wieder zurückzugeben.

Zur nächsten Sitzung erschien Manfred (es war Sommer) in einer Turnhose und mit einem T-Shirt bekleidet. Ich dachte bei mir, daß er mir also das Auto doch nicht zurückgebracht habe, und wollte ihn nach einiger Zeit gerade darauf ansprechen, als er mir – betont beiläufig – mit schalkhaftem Lächeln sagte, er habe übrigens das Auto, das er sich »ausgeliehen« habe, eben wieder oben auf das Regal gestellt. Tatsächlich stand das Auto wieder dort. Mir kam die ganze Situation wie ein Zauberkunststück vor, da der Therapieraum stets verschlossen war, Manfred also das Auto unmöglich vor der Stunde hatte zurückbringen können. Außerdem hatte ich Manfred, weil ich mit der Rückgabe des Autos rechnete, genau beobachtet, als er kam, und ich konnte mir bei seiner Art der Bekleidung und ohne Tasche beim besten Willen kein Versteck vorstellen, in dem er das etwa 25 cm große Auto hätte verbergen können.

Diese Szene ist in verschiedener Hinsicht charakteristisch für viele aggressive Patienten mit dissozialen Fehlentwicklungen. Häufig besitzen sie – vor allem Kinder und Jugendliche – eine erstaunliche Fähigkeit, selbst schlimmste Delikte in ausgesprochen amüsanter Weise, bagatellisierend und sich über die Opfer lustig machend, darzustellen, so daß man sich mitunter als Zuhörer beim besten Willen das Schmunzeln nicht verkneifen kann. Auch ich war zwar ärgerlich darüber gewesen, daß Manfred mir das Auto entwendet hatte (was er bagatellisierend als »Ausleihen« bezeichnete) und daß er es nun vermeintlich noch nicht wieder mitgebracht hatte. Ich mußte jedoch unwillkürlich lachen und seine Geschicklichkeit bewundern, als ich feststellte, daß das Auto wieder an seinem Platz im Regal stand.

Es erscheint mir wichtig, daß man sich als Therapeut solcher Gegenübertragungsgefühle sofort bewußt wird und sie kritisch reflektiert. Sie mögen zwar selbstverständlich und harmlos erscheinen, können sich jedoch, wenn man sich nicht frühzeitig ihre Bedeutung klar macht, unheilvoll auf den weiteren Verlauf der Behandlung auswirken. Ich teilte Manfred zunächst mit, ich sei froh, daß er das Auto nun doch wieder mitgebracht habe (dieser Hinweis erscheint mir insofern wichtig, als seine Bereitschaft, das Auto zurückzubringen, zumindest ein Minimum an Steuerungsfähigkeit gegenüber seinen oral-aggressiven Impulsen und vielleicht auch einen Ansatz zum »Wiedergutmachen« im Sinne Winnicotts erkennen ließen). Ferner sagte ich ihm, daß ich, wie er ja bemerkt habe, mit Erstaunen und Schmunzeln auf seine geschickte Art, das Auto wieder ins Regal zu stellen, reagiert hätte (eine solche Intervention ist bei Patienten wie Manfred – bei Kindern wie bei Erwachsenen – insofern von Bedeutung, als sie häufig nicht in der Lage sind, ihre eigenen Gefühle und die Reaktionen ihrer Umgebung realitätsgerecht wahrzunehmen und deshalb darauf angewiesen sind, daß Betreuer und Therapeuten ihre eigenen Gefühle eindeutig benennen). Manfred reagierte auf diesen Hinweis mit einem triumphierenden Lachen und fügte stolz hinzu: »Ich bin immer so geschickt, daß die anderen gar nicht merken, wie ich sie bescheiße.« Spätestens bei einer solchen Äußerung muß dem Therapeuten klar werden, daß es hier nicht um einen lustigen, im Grunde völlig harmlosen »Streich« geht, sondern um eine für Manfred und andere dissoziale Menschen zentrale Störung.

Aus diesem Grunde pflege ich einer derartigen Situation stets eine weitere Intervention hinzuzufügen. Und zwar sagte ich Manfred, meine Reaktion gebe mir aber sehr zu denken. Er habe sich bei dem »Diebstahl« (bewußt verwende ich in solchen Situationen diesen die Realität eindeutig beim Namen nennenden Begriff, der im Gegensatz zur Bagatellisierung des Patienten steht) zwar so lustig und geschickt verhalten, daß ich habe lachen müssen. Im Grunde sei es aber doch etwas Schlimmes, wenn man anderen Menschen etwas wegnehme und das Ganze dann noch so herunterspiele, wie er es getan habe.

Den psychoanalytisch arbeitenden Leser mag bei einer solchen Intervention ein Unbehagen beschleichen, da der Therapeut sich durch eine derartige Äußerung sehr stark in eine Über-Ich-Rolle begibt. Diese »Gefahr« nehme ich in einer Situation wie der beschriebenen in Kauf, zumal ich mit der Intervention – theoretisch gesprochen – nicht die sadistischen Über-Ich-Kerne von Manfred weiter verstärken, sondern seine konstruktiven, hemmenden Über-Ich-(Kontroll)-Funktionen zu unterstützen und die Beziehungsebene anzusprechen versuchte. Priorität besitzt für mich in einer solchen Situation in jedem Falle die Arbeit an der Realitätsprüfung, und von diesem Ziel her erschiene es mir kontraindiziert, zunächst auf die psychodynamischen Hintergründe des Verhaltens (beispielsweise auf die Frage, was dieses mir entwendete Auto für Manfred bedeutet hatte und wie wir sein Verhalten auf der Übertragungsebene verstehen könnten) und auf die narzißtische Problematik einzugehen, ohne den Patienten zuvor nachdrücklich auf die Koordinaten der äußeren Realität hingewiesen zu haben. Auch meine vielleicht trivial erscheinende zusätzliche Bemerkung, daß ein Verhalten, wie Manfred es gezeigt habe, im Grunde den Aufbau einer tragfähigen, vertrauensvollen sozialen Beziehung verunmögliche und daß ihm aus den Diebstählen und Betrügereien vielfältige soziale Konflikte erwüchsen, muß vom therapeutischen Ziel der Realitätsprüfung her verstanden werden. Zugleich habe ich damit aber auch bereits – zumindest ansatzweise – einen psychodynamischen Aspekt angesprochen, nämlich Manfreds starke Selbstsabotagetendenzen.

Selbstverständlich kam es im Rahmen einer psychoanalytischen Therapie in einem *nächsten* Schritt darauf an, auch die psychodynamischen Hintergründe von Manfreds Verhalten genauer zu klären, sein Verhalten als Ausdruck einer spezifischen Übertragungskonstellation zu verstehen und zu deuten (zumindest so weit es das *hic et nunc* der Behandlung angeht, nicht aber im Sinne genetischer Rekonstruktionen) und die narzißtische Dimension (z. B. seine Omnipotenzgefühle bei einem solchen Umgang mit der Realität und seine rücksichtslose Manipulation der Umwelt) anzusprechen. Allen diesen Klärungen muß jedoch der Hinweis auf die Realitätsebene vorausgehen, da es sonst zu einer verhängnisvollen Korrumpierung des Über-Ich (des Patienten wie des Therapeuten) käme, wodurch der Patient seine eigenen konstruktiv-kritischen, hemmenden Über-Ich-Funktionen lahmlegte. Die unbewußte Argumentation würde etwa lauten: Wenn selbst der Therapeut über das geschilderte Verhalten lachen muß, kann es ja nicht so schlimm sein.

Das Problem besteht, wie in der Einleitung ausgeführt, darin, daß Menschen wie Manfred einerseits ihre konstruktiven selbstkritischen Über-Ich-Funktionen zu wenig entwickelt haben und andererseits unter sadistischen Über-Ich-Kernen leiden und sich von diesem Druck durch Projektion der sie quälenden und entwertenden Stimmen auf Über-Ich-Träger in der Außenwelt zu entlasten versuchen. Auch aufgrund dieser Dynamik erscheint mir ein unreflektiertes und unkommentiertes Schmunzeln des Therapeuten in einer Situation wie der beschriebenen kontraproduktiv, da dadurch das externalisierte Über-Ich entmachtet, aber nicht analytisch reflektiert wäre und sich der Patient (wie Manfred es durch sein triumphierendes Lachen andeutete) in einem narzißtischen Triumph aufblähte. Dies würde gerade die Ausbildung einer konstruktiv-selbstkritischen Haltung boykottieren. Dadurch, daß ich nach Ansprechen der Über-Ich-Problematik dann jeweils auch ausführlich mit den Patienten die psychodynamischen Hintergründe ihres Verhaltens aufarbeite, wird ihnen spürbar, daß es bei meiner vielleicht für Außenstehende verletzend oder moralisierend klingenden Bezeichnung »Diebstahl« nicht um eine weitere Verstärkung der sadistischen Über-Ich-Kerne geht, sondern um die Konfrontation mit der sozialen Realität und mit den unheilvollen Folgen ihrer Über-Ich-Störung.

Manfred schuf im Verlaufe der Therapie immer wieder Situationen, in denen er mich als sein externalisiertes Über-Ich einerseits »unschädlich« zu machen versuchte. Andererseits spürte ich dahinter aber jeweils auch die Hoffnung, ich möge »auf der Hut sein« und mich weder in die Rolle des Aggressors noch in die des hilflosen Opfers manipulieren lassen, sondern ihm im »fördernden Dialog« (Leber, 1988) durch mein Verhalten neue Erfahrungen vermitteln, an denen er sich orientieren könne. So teilte er mir beispielsweise einmal mit, er könne wegen einer speziellen schulischen Veranstaltung, an der er teilnehmen müsse, leider nicht zur nächsten Therapiestunde kommen. Nun wisse er aber, daß mir sehr an regelmäßig stattfindenden Sitzungen liege, und er selber sei auch ganz dieser Meinung. Deshalb bitte er mich darum, ihm eine schriftliche Entschuldigung für den Nachmittag des Tages auszustellen, an dem die nächste Therapiestunde sein sollte. Mich machte die Art, wie er seine Einsicht in die Notwendigkeit der regelmäßig stattfindenden Behandlung betonte, hellhörig, und ich registrierte bei mir ein Mißtrauen, das aber im Widerstreit mit meiner Zufriedenheit über diesen »braven« Patienten lag.

Als ich mich genauer nach einzelnen Details erkundigte (was für eine Veranstaltung es sei, von wann bis wann sie stattfinde etc.), reagierte Manfred auffallend ausweichend und wiederholte – nun allerdings sehr drängend – seinen Wunsch, ich solle die Entschuldigung für den Lehrer schreiben. Schließlich stellte sich heraus, daß die anberaumte schulische Veranstaltung erst von 16 bis 18 Uhr stattfand, während wir unsere Therapiestunde zwischen 14 und 15 Uhr abhielten. Manfred versuchte daraufhin einen letzten »Bestechungsversuch«, indem er einräumte, Therapie und Schule kollidierten zwar nicht miteinander; wenn er aber zur Therapie komme und später auch noch zur Schule müsse, bleibe ihm keine Zeit für die Hausaufgaben – wobei gleichsam zwischen den Zeilen die Drohung mitschwang, wenn ich seinem Wunsch nicht Folge leistete, werde er vielleicht die Therapiestunde schwänzen (erst viele Monate später erwähnte Manfred anläßlich einer ähnlichen Situation, daß er damals vorgehabt habe, mit meiner Entschuldigung die Schule zu schwänzen – außerdem habe er auch nicht zur Therapie kommen wollen, da er mit einem Kameraden eine Fahrradtour habe machen wollen, von der die Eltern aber nichts hätten wissen dürfen).

In der beschriebenen Situation hatte Manfred geschickt mit meinen eigenen Argumenten operiert. Tatsächlich lag mir ja sehr an einer regelmäßig stattfindenden Therapie. Außerdem hatte er mich damit unter Druck zu setzen versucht, daß er ein so »braver« Patient sei und daß er im Falle meiner Weigerung unter Umständen nicht zur Therapiestunde kommen werde. Es wäre jedoch in einer solchen Situation verhängnisvoll, wenn man sich als Therapeut in dieser »Über-Ich-Falle« fangen ließe und einer derartigen Bitte nachkäme! Durch eine solche Korrumpierung des auf den Therapeuten projizierten Über-Ichs wäre die Arbeit an diesen Funktionen verunmöglicht worden. Hinzu kommt, daß ein Patient wie Manfred aus dem Eingehen auf seinen Wunsch – im Grunde zu Recht – den Schluß zöge, er könne durch seine Manipulation den Therapeuten letztlich zu allem bringen – was einer Bestätigung seines pathologischen Größen-Selbst gleichkäme.

Zu den bisher diskutierten Problemen, die relativ harmlos wirken mögen, tritt als vielleicht gravierendste Konsequenz eines unkritischen Eingehens auf die Sicht des Patienten die folgende hinzu: Durch unser Akzeptieren seiner Bagatellisierungen bestätigen wir ihn nicht nur darin, es sei eigentlich alles »ganz harmlos«. Vielmehr verschieben sich in einer derartigen Übertragungs-Gegenübertragungs-Konstellation mit der Zeit auch die Beurteilungsmaßstäbe des Therapeuten – ihm selber unmerklich –, und der Behandelnde hält schließlich in der Identifikation mit seinem Patienten Verhaltensweisen tatsächlich nicht mehr für »schlimm«, die man als Außenstehender als gravierend ansehen muß.

Eine solche verhängnisvolle Entwicklung sei am folgenden – gewiß extremen – Beispiel veranschaulicht: Ein 25 jähriger Mann, der sich mehrerer schwerer Vergewaltigungsdelikte mit erheblicher Gewalttätigkeit schuldig gemacht hatte, war während seiner Haft psychotherapeutisch betreut worden. Während eines Urlaubs beging er erneut ein Notzuchtsdelikt. Bei der Gerichtsverhandlung wurde außer dem offiziellen psychiatrischen Gutachten auch ein Bericht des Psychotherapeuten eingeholt. Dieser verwies in seiner psychodynamischen Interpretation des neuen Deliktes darauf, daß die Aggression des Patienten aus seiner von vielfältigen Konflikten geprägten Beziehung zur Mutter herrühre und daß angesichts seiner Biographie die Gewalttätigkeit, die der Patient an den Tag legte, eigentlich sehr »verständlich« sei. Es wurden ferner feinsinnige Überlegungen darüber angestellt, welches die psychodynamischen Auslöser der Straftat gewesen seien. Der Psychotherapeut kam zum Schluß, daß sich das Delikt im Grunde logisch aus der spezifischen innerpsychischen und äußeren Situation ergebe, in der sich der Patient zur Zeit der Tat befunden habe. Die Therapie müsse in der gleichen (nicht geschlossenen!) Vollzugsanstalt unbedingt weitergeführt werden. Der Patient stelle keine besondere Gefahr für seine Umwelt dar. Die Psychotherapie laufe gut und werde die bereits bisher erreichte Stabilisierung noch weiter verbessern können.

Das den Außenstehenden an diesem psychodynamisch schlüssigen Bericht am meisten Erschütternde war die Tatsache, daß hier

Patient und Therapeut eine extreme narzißtische Fusion eingegangen waren, die zu einer völligen Blindheit des Therapeuten gegenüber der sozialen Realität geführt hatte. Die »gut laufende« Psychotherapie, die »bereits erreichte emotionale Stabilisierung« und die Betonung der Ungefährlichkeit dieses Patienten (der nachweislich mehrere höchst aggressive Notzuchtsdelikte begangen hatte, wobei eines dieser Delikte fast zum Tode des Opfers geführt hatte) – all dies waren Äußerungen, aus denen eine unkritische Haltung sprach und die erkennen ließen, daß der Therapeut die soziale Realität (nicht zuletzt auch die der potentiellen Opfer!) völlig aus den Augen verloren hatte. Auch wenn der Therapeut es nicht *expressis verbis* ausdrückte, lief sein Bericht letztlich darauf hinaus, man müsse den Patienten verstehen, eigentlich sei ihm angesichts seiner Biographie und seiner derzeitigen inneren und äußeren Situation doch gar keine andere Möglichkeit geblieben, als das Delikt zu begehen.

Ich habe diese implizit im Bericht des Therapeuten enthaltene Botschaft deshalb so stark hervorgehoben, weil hier die verhängnisvollen Folgen einer narzißtischen Fusion zwischen Patient und Therapeut meiner Ansicht nach in besonders krasser Form zutage treten. Übertragung und Gegenübertragung verquicken sich in einer Weise miteinander, die zu einem weitgehenden Realitätsverlust beider Beteiligten und zur Ausschaltung aller kritischen Denk- und Über-Ich-Funktionen geführt hat. Die unheilvolle Konsequenz besteht in solchen Fällen darin, daß dadurch die Arbeit an der Realitätsprüfung und den Über-Ich-Funktionen praktisch unmöglich wird und pathologische Abwehrstrategien wie Spaltung, Projektion, Idealisierung und Entwertung nicht nur nicht bearbeitet, sondern sogar noch verstärkt werden.

Charakteristischerweise erwähnte der Therapeut in seinem Bericht denn auch, daß die Aggression dieses Patienten (die sich in der sozialen Realität doch in so destruktiver Form geäußert hatte) in der Institution und in der therapeutischen Beziehung nie ein Problem gewesen sei. Der Therapeut wies demgegenüber darauf hin, daß allerdings etliche Personen und Dienststellen in der weiteren Umgebung des Patienten diesem »das Leben recht schwer gemacht« und seine soziale Integration behindert hätten. Aus diesen Äußerungen wird ersichtlich, daß der durch Übertragung und Gegenübertragung konstellierte narzißtische Rückzug aus der Realität beim Patienten ebenso wie beim Therapeuten zu einer Abspaltung alles »Bösen« und zur Projektion der Aggression auf die »Welt draußen« geführt hatte und der Therapeut für den Patienten zum externalisierten (korrumpierten!) Über-Ich geworden war – eine für die Psychotherapie des Patienten natürlich fatale Situation, da dadurch gerade die Bearbeitung zentraler pathologischer Mechanismen verunmöglicht wurde.

Gerade weil das angeführte Beispiel extremer Art ist, wird die Problematik einer solchen narzißtischen Übertragungs-Gegenübertragungs-Konstellation besonders augenfällig. Gewiß fällt es uns relativ leicht, bei anderen derartige Fehlentwicklungen zu diagnostizieren und das Unheilvolle solcher Konstellationen zu erkennen. Wir sollten uns jedoch nicht darüber täuschen, daß eine solche Übertragungs-Gegenübertragungs-Dynamik in vielen unserer Therapien mit aggressiv-dissozialen Patienten eine mehr oder weniger große Rolle spielt. In der Regel sind es, wie das von Manfred angeführte Beispiel zeigt, glücklicherweise nicht so gravierende Situationen wie die, die ich zuletzt geschildert habe. Gerade weil es oft eher »harmlose« Entwicklungen sind, bereitet es uns als Therapeuten ja solche Mühe, die Verschiebung unserer Beurteilungsmaßstäbe zu registrieren und die darin liegende Gefahr wahrzunehmen. Gewiß mag es mitunter pedantisch erscheinen, wenn man als Therapeut ausdrücklich darauf besteht, die »Dinge beim Namen zu nennen«, etwa indem ich Manfreds Diebstahl des Autos als solchen bezeichnete und damit seine Formulierung des »Ausleihens« zurückwies. Das zuletzt angeführte Beispiel läßt jedoch deutlich werden, daß die unkritische Identifikation mit der Sicht des Patienten für die Psychotherapie verhängnisvolle Konsequenzen hat und – im Falle von Gewaltdelikten – zu einer gefährlichen Blindheit gegenüber der sozialen Realität führen kann.

## 6. Der Umgang mit der narzißtischen Störungskomponente

Ein weiteres Thema, das in Manfreds Therapie einen zentralen Platz einnahm, war das seiner narzißtischen Problematik. Ich habe bereits an verschiedenen Stellen auf diese Störungskomponente hingewiesen (bei Manfreds Triumph über das »geschickte« Stehlen und Zurückbringen des Autos, bei seinen diversen Manipulationstendenzen, mit denen er sich als omnipotenter Beherrscher der Realität darzustellen versuchte usw.). So verhängnisvoll sich diese Manifestationen eines pathologischen Größen-Selbst auch auf die sozialen Beziehungen auswirken mögen, so wichtig ist diese Dimension doch mitunter für das Überleben solcher Menschen, weil es ihnen Schutz gegenüber unerträglichen Gefühlen von Hilflosigkeit und Ohnmacht bietet (Battegay, 1977). Manfred selber hatte etwas davon bereits in einer seiner ersten Zeichnungen (Abb. 2) angedeutet, als er mich durch die dargestellte Szene ausdrücklich davor warnte, durch die Tür zu ihm zu kommen, weil er eine solche Begegnung nicht ertrüge – das hieß unter anderem wohl auch: Seine narzißtischen Allmachtsvorstellungen konnten nicht dulden, daß ein anderer Mensch etwas »Gutes« für ihn tue (hier: einen Fisch in einen Hund verwandeln).

Viel später, im dritten Behandlungsjahr, erzählte er mir im Zusammenhang mit einer Zeichnung folgende Geschichte (die Therapie war in dieser Zeit bereits zu einer vorwiegend auf verbaler Ebene sich bewegenden Behandlung übergegangen. Insofern signalisierte Manfreds Rückgriff auf eine »alte« Ausdrucksweise, daß er mir einen aus »präverbaler Zeit« stammenden zentralen Sachverhalt mitteilen wollte): Manfred hatte einen menschlichen Kopf gezeichnet, der von einem Helm umgeben war. Dazu berichtete er eine sich an einen Film, den er vor etlichen Jahren gesehen habe, anlehnende Geschichte, die von einem Prinzen handelte, dessen Kopf in einen goldenen Helm eingeschweißt worden sei. Dies habe dazu geführt, daß der Prinz keine Nahrung mehr habe aufnehmen können. Er sei in einem Turm gefangengehalten worden und wäre verhungert, wenn er sich nicht durch einen Sprung aus dem Turm gerettet hätte. Er habe daraufhin noch viele Kämpfe bestanden. Schließlich sei er von einem hohen Felsen herabgestürzt. Ohne den Schutz des Helmes wäre er tot gewesen. Beim Sturz jedoch sei der Helm aufgesprungen, und der Prinz sei frei gewesen.

Im weiteren Gespräch über diese Geschichte kristallisierten sich die verschiedenen Funktionen, die der »goldene Helm« erfüllte, deutlich heraus: Auf der einen Seite repräsentierte der Helm die einengenden, entwicklungshemmenden neurotischen Einschränkungen bei Manfred. Der Helm hätte zu einem »Verhungern« des Prinzen geführt (man erinnere sich in diesem Zusammenhang an die heftigen oralen Impulse dieses Patienten). Auf der anderen Seite aber erfüllte der Helm auch, wie die Episode des Sturzes vom Felsen zeigt, eine für Manfred eminent wichtige Schutzfunktion. Der »Wert« dieser Funktion wird in der Geschichte durch die Charakterisierung angedeutet, es sei ein »goldener« Helm. Auch die Rolle des »Prinzen« weist auf die narzißtische Position hin. Wie Manfred in seiner frühen Zeichnung vom Professor, der »Mist« erzähle, angedeutet hatte und wie sich in dieser viel später fabulierten Geschichte vom Prinzen zeigte, war es für ihn von ausschlaggebender Bedeutung, daß ich in der Anfangsphase der Therapie die narzißtische Position nicht anrührte. Im Verlaufe der Behandlung hatte Manfred zu spüren gelernt, daß die hoch-idealisierte narzißtische Abwehrstrategie auf der einen Seite buchstäblich zum »Verhungern« führen würde und ihn von jeglicher Kommunikation abschnitte (ein Thema, das er auch in der frühen Zeichnung dargestellt hatte). Auf der anderen Seite zeigte die von ihm entworfene Geschichte aus dem dritten Behandlungsjahr aber auch, daß er – zumindest in der Vergangenheit – auf den Schutz, den ihm diese Strategie geboten hatte, nicht hatte verzichten können. Erst die emotionale Erschütterung, welche die Therapie für ihn mit sich brachte (im Bild der Befreiung aus dem Turm und des Sturzes vom Felsen), führte zum Zerbrechen des Helmes und damit zur Befreiung aus dem neurotischen Gefängnis und zugleich zum Verzicht auf die bisherige narzißtische Abwehr.

Da dissoziale Menschen im allgemeinen extrem kränkbar und von hochgeschraubten narzißtischen Ambitionen erfüllt sind, in ihrem sozialen Leben aber kaum über realitätsgerechte Kompensationsmöglichkeiten verfügen, befinden sie sich in einer besonders prekären Situation. Eine »Lösung« ihrer narzißtischen Probleme erscheint ihnen dann mitunter nur möglich, indem sie zu – allerdings extremen – Kompensationsversuchen greifen, die ihrerseits wieder auf die Umwelt ausgesprochen provokativ wirken und narzißtische Kränkungen geradezu herausfordern (s. das unten angeführte Beispiel von Herrn A.).

Als Therapeut steht man in diesem Falle vor der Schwierigkeit, einerseits zwar Vertreter der äußeren Realität sein zu müssen und an der den Realitätsbezug störenden pathologischen Abwehr arbeiten zu sollen. Andererseits aber muß man die hohe Kränkbarkeit dieser Patienten in Rechnung stellen und sich jeweils Rechenschaft darüber ablegen, welche Funktionen die narzißtischen Manifestationen in der Gesamtpersönlichkeit erfüllen (Manfreds Geschichte vom goldenen Helm ist gerade auch in dieser Hinsicht aufschlußreich).

Soweit sich in dieser Hinsicht überhaupt allgemeinverbindliche therapeutische Richtlinien aufstellen lassen, erscheint es mir wichtig, daß der Therapeut es dem Patienten zunächst einmal ermöglicht, sich in der Art darzustellen und sich mit dem Therapeuten in der Weise in Beziehung zu setzen, wie er es aufgrund seiner psychodynamischen Situation tun möchte. Diese Regel gilt ganz besonders dann, wenn der Patient dem Therapeuten auf eine sehr provokative, grandios anmutende Weise entgegentritt. Je »abstruser« (im Sinne einer grandiosen narzißtischen Überkompensation) bestimmte Äußerungen oder Verhaltensweisen des Patienten den Therapeuten berühren, desto vorsichtiger sollte er dabei sein, diese Phänomene anzusprechen.

Ein für mich eindringliches Beispiel stellte die folgende Situation dar: Eine Sozialarbeiterin einer auswärtigen Justizbehörde fragte bei mir an, ob ich die Psychotherapie von Herrn A. übernehmen würde, der wegen Diebstählen, Veruntreuungen, Betrug etc. bereits mehrere Haftstrafen hinter sich hatte und nun gemäß gerichtlicher Auflage (nach Art. 43 Schweizer StGB) eine Behandlung aufnehmen sollte. Den Termin, den ich der Sozialarbeiterin daraufhin gab, sagte Herr A. zwei Tage später telefonisch ab. Da er mich nicht persönlich erreichen konnte, hinterließ er seine Telefonnummer und bat darum, ich möge zurückrufen und ihm einen neuen Termin geben. Als ich dies versuchte, stellte sich indes heraus, daß die vom Patienten angegebene Nummer nicht mehr in Betrieb war. Die von der Auskunft zu erhaltende Information lautete, Herr A. sei verzogen. Nach zwei Wochen meldete er sich wiederum und hinterließ diesmal eine andere Telefonnummer, bei der ich anrufen solle. Aber auch über diese Nummer war es nicht möglich, den Patienten selber zu erreichen: Es war die Nummer einer Agentur, die Telefongespräche für verschiedene Abonnenten annahm und die Telefonnummer notierte, mit dem Hinweis, der Abonnent werde später zurückrufen. Wieder verging eine Woche, bis Herr A. sich meldete. Bei diesem Anruf gab er der Sekretärin die Nummer eines Autotelefons an und bat, ich möge ihn unter dieser Nummer so schnell wie möglich anrufen. Ich erreichte ihn auf diesem Wege dann tatsächlich, und wir vereinbarten einen Termin für ein erstes Gespräch, wobei der Patient ausdrücklich darauf hinwies, daß er wegen seiner vielfältigen beruflichen Verpflichtungen eigentlich wenig Zeit habe; er wolle es aber trotzdem versuchen, den Termin bei mir noch »dazwischenzudrücken«.

Zwanzig Minuten vor dem vereinbarten Termin telefonierte Herr A. (wiederum, wie er mir ausdrücklich sagte, über sein Autotelefon) und fragte nach der genauen Zeit unseres Treffens. Er sagte, er werde sich bemühen, pünktlich zu sein, könne diesbezüglich aber nichts versprechen, da er sich im Moment noch, ein Stück von Basel entfernt, auf der Autobahn befinde. Zehn Minuten später rief er wieder an, verlangte aber nicht mich persönlich, sondern ließ mir von der Sekretärin ausrichten, er sei auf der Autobahn in einen Stau geraten und werde sich deshalb etwas verspäten. Fünf Minuten vor dem abgemachten Termin telefonierte er nochmals, verlangte nun mich persönlich und teilte mir mit, daß er wegen des Verkehrsstaus sicher eine halbe Stunde zu spät kommen werde. Herr A. erschien dann exakt zu der Zeit, als die vereinbarte Besprechung mit mir eigentlich hätte beendet sein sollen. Da ich die Möglichkeit hatte, ihm etwas mehr Zeit einzuräumen, als ursprünglich vorgesehen, bat ich ihn, noch für zehn Minuten in mein Zimmer zu kommen, damit wir uns wenigstens kurz kennenlernen könnten.

Herr A. stellte ein großes, imposant wirkendes Autotelefon zwischen uns auf den Tisch und ließ sich mit einem tiefen Seufzer in den Stuhl fallen. Dann entwarf er, unterstrichen von grandiosen Gesten, von sich das Bild eines gehetzten Geschäftsmannes, der eine eigene Speditionsfirma betreibe und nun – wegen der »dauernden Überlastung« – daran sei, seinen Fuhrbetrieb etwas »abzubauen«: Er habe bereits 15 (!) Fahrer entlassen. »Aber immer noch sind meine Wagen überall in Europa auf den Straßen. Gerade eben habe ich mit dem Fahrer eines Lastwagens verhandeln müssen, der auf der Fahrt nach Skandinavien ist und Probleme bei der Fähre hatte.«

Diese großartige Schilderung und das grandiose Gebaren des Patienten dabei standen indes in einem krassen Widerspruch zur äußeren Realität. Aus den Akten, die mir die für ihn zuständige Justizbehörde zur Einsicht überlassen hatte, wußte ich, daß er keiner Berufstätigkeit nachging, erhebliche Schulden hatte und zur Zeit unseres Gespräches von der Unterstützung durch die Sozialhilfe abhängig war. Die ganze Demonstration seiner großen »Bedeutung« (von den verschiedenen Telefonnummern und dem bombastischen Autotelefon angefangen bis zum Bericht über seine Speditionsfirma) stellte den im Grunde verzweifelten Wunsch dar, sich narzißtisch aufzublähen und damit seine zentralen Insuffizienz- und Ohnmachtsgefühle zu überdecken.

Wie oben ausgeführt, bin ich gerade in Situationen, in denen ein dissozialer Patient zu so extremen grandiosen Kompensationen greift, wie Herr A. es tat, außerordentlich vorsichtig und abwartend. Ich habe deshalb in dieser und auch in der folgenden Sitzung keine Stellung zum Bericht über die angebliche Speditionsfirma genommen. Interessanterweise erwähnte Herr A. in der zweiten Stunde, er habe seinen Betrieb noch weiter reduziert und habe »jetzt nur noch einen Wagen laufen«. Auch diese Mitteilung habe ich unkommentiert entgegengenommen. In den beiden folgenden Sitzungen, zu denen der Patient nun jeweils pünktlich erschien, erwähnte er sein Geschäft mit keinem Wort mehr. In der fünften Sitzung sprach er davon, daß er oft in einer sehr gedrückten Stimmung sei, dies vor allem, da er nun auch noch aus der Wohnung heraus müsse, die ihm ein Bekannter für einige Wochen habe überlassen wollen.

An dieser Stelle bemerkte ich – bewußt beiläufig –, daß ich Herrn A. gut verstehen könne angesichts der desolaten sozialen Situation, in der er sich befinde: die Schulden, keine Arbeit, abhängig zu sein von der Sozialhilfe und nun auch noch die Wohnungsprobleme. Der Patient stimmte ohne Zögern zu, und wir begannen gemeinsam zu überlegen, wie und wo er eine Unterkunft finden könne, da dies im Augenblick das dringendste Problem war.

Ich habe diesen ungewöhnlichen Einstieg in eine Therapie so ausführlich geschildert, da hier in besonders eindrücklicher Weise die narzißtische Dimension des Patienten zum Ausdruck kommt. Ferner zeigt das Beispiel auch, daß die Entscheidung darüber, ob überhaupt eine Therapie zustande kommt, oft schon vor dem ersten Zusammentreffen zwischen Patient und Therapeut fällt. Hätte ich mich nicht auf das von Herrn A. gewählte »Eröffnungsmanöver« eingelassen und ihn etwa in ein striktes Setting zu zwingen versucht, so wäre er niemals erschienen. Außerdem läßt die Therapiesequenz erkennen, daß es sinnvoll und möglich ist, die narzißtischen Kompensationen solcher Patienten zunächst völlig unangetastet stehen zu lassen, ohne daß man befürchten muß, sie würden immer weiter »wuchern«. Wie das Beispiel zeigt, ist das Gegenteil der Fall: Herr A. konnte auf seinen grandiosen Selbstentwurf zunehmend verzichten und war schon nach wenigen Stunden fähig, sich mir gegenüber in einer der äußeren Realität entsprechenden Weise zu präsentieren.

## 7. Psychotherapeutische Arbeit an und mit der sozialen Realität

In der Psychotherapie von Menschen wie Manfred und die anderen beschriebenen Patienten besitzt die Arbeit an der sozialen Realität große Bedeutung. Der Therapeut muß sich stets der Tatsache bewußt sein, daß bei ihnen die soziale Realität und die individuellen psychischen Störungen aufs engste ineinander verwoben sind und sich gegenseitig beeinflussen. Mitunter ist es nicht unbedingt notwendig, daß der Therapeut manifest in das soziale Leben des Patienten eingreift. Es kommt vielmehr vor allem auf die *Haltung* an, mit der er eine solche Behandlung durchführt, und damit auf die Frage, ob er die soziale Realität seines Patienten mit den vielfältigen Problemen im Bereich von Schule, Ausbildung, Familie, Wohnen, Arbeit, Schuldensanierung, Folgen von negativen Etikettierungen etc. ernst nimmt. Falls nötig, muß der Therapeut bei diesen Patienten jedoch prinzipiell bereit sein, sich auch direkt in ihr Alltagsleben zu begeben und dort »handelnd« zu intervenieren. So wie diese Patienten uns viele Mitteilungen über ihre innere Befindlichkeit, über ihre Konflikte und ihre strukturellen Störungen szenisch-handelnd vermitteln, so muß auch der Therapeut mitunter seine Interventionen in handlungsmäßiger Form geben. Dies bedeutet nicht ein Gegen-Agieren, sondern stellt – bei sorgfältiger Reflexion von Übertragung und Gegenübertragung – im Grunde nur eine auf die Bedürfnisse dieser Patientengruppe abgestimmte Erweiterung des therapeutischen Interventionsrepertoires dar.

Im Verlaufe von Manfreds Behandlung erwies es sich für mich einige Male als notwendig, direkt in seinem sozialen Feld zu intervenieren. Dies betraf neben den Gesprächen mit den Eltern vor allem zu Beginn der Therapie die Kontakte zu seinem Klassenlehrer. Derartige Kontakte mit Personen der weiteren sozialen Umgebung liegen in der Psychotherapie von Kindern und Jugendlichen angesichts der spezifischen Situation, in der sie sich in Familie und Ausbildung befinden, nahe und werden vielfach praktiziert. Nach meiner Erfahrung ist diese Art des Vorgehens jedoch auch bei erwachsenen Patienten der geschilderten Art indiziert. Mitunter kommt den Kontakten zu Drittpersonen und der Arbeit an der sozialen Realität bei ihnen sogar eine noch größere Bedeutung zu als in der Behandlung von Kindern. Ein Problem ergibt sich nun jedoch daraus, daß unsere therapeutischen Konzepte für die Behandlung Erwachsener zumeist die Arbeit mit dem einzelnen Patienten in den Mittelpunkt stellen und Kontakte zu Drittpersonen und Interventionen des Therapeuten im sozialen Feld nicht berücksichtigen, zum Teil sogar ausdrücklich als kontraindiziert bezeichnen (so z. B. Kernberg, 1988).

In Anbetracht dieser Diskrepanz zwischen therapeutischer Notwendigkeit und Behandlungskonzepten möchte ich im folgenden noch etwas ausführlicher die Arbeit an der äußeren Realität erwachsener Patienten diskutieren und die Art, wie ich bei ihnen im sozialen Feld handelnd interveniere, schildern. Die therapeutischen Interventionen im sozialen Feld dieser Patienten können sich etwa auf gemeinsame Besprechungen mit Mitarbeitern anderer sozialer Berufe (z. B. Bewährungshelfern, Hausärzten, Mitarbeitern von Berufsberatungsstellen etc.), aber auch auf Kontakte zu Arbeitgebern beziehen. Ferner bin ich in Krisensituationen auch bereit, Patienten in ihrer Wohnung aufzusuchen. Gerade solche Hausbesuche vermitteln dem Therapeuten ein anschauliches Bild von der Lebenssituation seines Patienten und tragen oft viel zur Festigung der therapeutischen Beziehung bei. Es sei aber bereits hier darauf hingewiesen, daß der Therapeut bei allen derartigen Aktionen sein Handeln besonders sorgfältig reflektieren und auf die Konsequenzen hin prüfen muß, die sich daraus für Übertragung und Gegenübertragung ergeben.

Wie aus den im vorliegenden Beitrag zitierten kasuistischen Beispielen erwachsener aggressiver Patienten ersichtlich, verunmöglicht die intensive Beschäftigung mit den konkreten sozialen Problemen indes keineswegs eine psychoanalytische Arbeit im engeren Sinne (d. h. Analyse von Widerstand, Übertragung, pathologischen Abwehrstrukturen etc.). Angesichts der gravierenden ich-strukturellen Störungen ist etwa eine Aufarbeitung der psychodynamischen Konflikte zumeist überhaupt erst nach einer Verbesserung des Realitätsbezugs möglich (dies allein deshalb, weil der Patient, ohne daß die pathologische Abwehr bearbeitet worden wäre, gar nicht in der Lage ist, die Interventionen des Therapeuten realitätsgerecht wahrzunehmen). Schon aus diesen Gründen ist es sinnvoll, in der Therapie zunächst auf der sozialen Ebene anzusetzen.

Es bestehen daneben zumindest noch zwei weitere gewichtige Gründe, in der Behandlung aggressiv-dissozialer Menschen von der sozialen Dimension auszugehen. Zum einen haben, wie in der Einleitung ausgeführt, die sozialen Determinanten in der Entwicklung dieser Patienten ebenso wie in der aktuellen Situation eine besondere Rolle gespielt, und die Frage, wie sie ihren Alltag meistern, ist auch von großer prognostischer Bedeutung. Aus diesem Grunde muß der sozialen Realität bei ihnen eine ungleich größere Aufmerksamkeit geschenkt werden als bei anderen Patienten.

Zum anderen ist es aber auch aus rein behandlungstechnischen Gründen empfehlenswert, bei diesen Patienten von den konkreten sozialen Problemen auszugehen: Infolge der geschilderten spezifischen Entwicklungsbedingungen dieser Patienten und ihrer persönlichkeitsstrukturellen Störungen provoziert die Konfrontation mit einem psychotherapeutischen Setting im traditionellen Sinne bei ihnen ungeheuere Ängste. Hierbei spielen Ohnmachtsgefühle, die aus den in früher Kindheit erlittenen Traumatisierungen resultieren, und die Aktualisierung ihrer prägenitalen Konflikte, insbesondere ihrer archaischen Aggression, eine zentrale Rolle. Hinzu kommt, daß diese oft narzißtisch schwer beeinträchtigten Menschen jegliches Therapieangebot fast zwangsläufig als unerträgliche narzißtische Kränkung empfinden. Es erscheint mir aus diesem Grunde in der Regel nicht nur schwierig, sondern sogar kontraindiziert, mit Patienten, die unter schweren chronisch-dissozialen Fehlentwicklungen leiden, von Anfang an in einem üblichen psychotherapeutischen Setting zu arbeiten. Hier drängt sich der »Einstieg« über die soziale Dimension als am wenigsten angsterregend geradezu auf.

Ich habe die Bedeutung der sozialen Realität bisher vor allem im Hinblick auf behandlungstechnische und psychodynamische Gesichtspunkte, d. h. im Blick auf den Patienten, diskutiert. Das Hauptproblem bei dem von mir geschilderten Vorgehen scheint mir jedoch auf seiten des Therapeuten zu liegen. In der Regel hat er, vor allem im Rahmen einer psychoanalytischen Weiterbildung, weder in seiner Selbsterfahrung noch in theoretischen Veranstaltungen gelernt, in der geschilderten Weise im sozialen Feld tätig zu werden. Er ist von der Behandlung anderer Patienten her daran gewöhnt, Menschen vor sich zu haben, die unter einem deutlichen Leidensdruck stehen, diesen auch artikulieren können und Motivation für eine Psychotherapie mitbringen, und er kann sich bei diesen Patienten darauf beschränken, sich eingehend mit ihrer inneren Realität zu beschäftigen. Obwohl auch bei ihnen Widerstand und Abwehr selbstverständlich ihre Wirkung entfalten, mitunter agierendes Verhalten auftritt und Übertragungskonflikte entstehen können, sind diese Probleme innerhalb des klassischen Therapiesettings angehbar bzw. es bedarf allenfalls geringfügiger technischer Modifikationen (der Einführung sog. Parameter im Sinne Eisslers, 1953). Auf eine solche Situation ist der Psychotherapeut in der Regel gut vorbereitet und vermag damit umzugehen.

Die bisherigen Ausführungen haben erkennen lassen, daß sich der Therapeut bei der Behandlung aggressiver Menschen mit dissozialen Fehlentwicklungen hingegen einer völlig anderen Situation gegenübersieht. Besonders erschwerend wirkt sich hier die Tatsache aus, daß der Therapeut in seiner Ausbildung gerade auf den Störungsbereich am wenigsten vorbereitet worden ist, der für den Umgang mit diesen Patienten von größter Bedeutung ist. Aus dieser Situation ergibt sich für den Psychotherapeuten die Notwendigkeit, in vielerlei Hinsicht umzudenken, sich von dem (bei anderen Patienten durchaus indizierten) Setting zu lösen und sich vor allem im sozialen Bereich grundlegende Kenntnisse anzueignen. Gerade bei dem zuletzt erwähnten Aspekt wird auch ersichtlich, daß eine Behandlung solcher Patienten den Therapeuten zwingt, sein *berufliches Selbstverständnis kritisch zu reflektieren* und seine Therapiekonzepte an die besonderen Bedingungen dieser Patientengruppe anzupassen.

Die Behandlung solcher Patienten ist oft nicht möglich ohne eine intensive Zusammenarbeit mit Vertretern anderer sozialer Berufe (Lehrern, Mitarbeitern der verschiedenen Sozialdienststellen, Richtern, Hausärzten, Berufsberatern etc.). Häufig muß man auch Personen des näheren und weiteren sozialen Umfeldes des Patienten in die Behandlung einbeziehen, z. B. Familienangehörige (wie es bei Manfred notwendig war), aber auch Partner, Vorgesetzte u. a. (zu dieser Frage s. Rauchfleisch, 1990). Auch in dieser Hinsicht stellt die Behandlung aggressiv-dissozialer Menschen den Therapeuten vor eine für ihn eher ungewöhnliche Situation: Er kann – und darf! – sich bei ihnen nicht in sein Sprechzimmer zurückziehen und unter Verweis auf die »ärztliche Schweigepflicht« und andere Grundsätze der psychoanalytischen Therapie jeglichen Kontakt zu Drittpersonen ablehnen. Zum Teil bitten die Patienten den Therapeuten direkt, mit dieser oder jener Person ihres sozialen Umfeldes Kontakt aufzunehmen oder ein bestimmtes Problem zu besprechen. Zum Teil wenden sich die Vertreter anderer sozialer Berufe auch von sich aus an den Psychotherapeuten, oder der Therapeut erlebt, daß der Patient und er dringend der Beratung bzw. der direkten Unterstützung durch andere Fachleute bedürfen.

Es ist nach meiner Erfahrung in erster Linie notwendig, daß der Therapeut sich überhaupt dafür *interessiert*, wer eine wichtige Bezugsperson für seinen Patienten ist. Gar nicht selten erfährt man bei genauerem Nachfragen nämlich, daß etliche andere Personen mit dem Patienten zu tun haben, zum Teil ohne daß sie überhaupt voneinander wissen, geschweige ihre Aktivitäten auch nur im geringsten aufeinander abstimmten. Manche dieser Patienten sind – von der Zahl der Professionellen her, mit denen sie im Kontakt stehen – eindeutig »überbetreut«, was allerdings längst nicht heißt, daß sie dadurch die für sie optimale Begleitung und Behandlung erhielten. Gerade das Gegenteil ist oft der Fall: Die Vertreter der verschiedenen Disziplinen arbeiten je auf ihrem Gebiet und mit ihren (voneinander unter Umständen stark abweichenden) Konzepten und Methoden; der Patient läßt sich an keiner Stelle dieses sozialen Netzes emotional wirklich auf eine Beziehung und Konfrontation ein, sondern »springt« von einer Bezugsperson zur anderen und zeigt jedem gegenüber nur eine ganz bestimmte Facette seiner Persönlichkeit, ohne sich irgendwo zentral ansprechen zu lassen. Hier greifen die individuellen psychischen Probleme des Patienten und die Struktur der therapeutischen Angebote in einer unheilvollen Weise ineinander und führen – so paradox es erscheinen mag – geradezu zwangsläufig dazu, daß alles »im Sande verläuft«.

Noch brisanter kann das Problem werden, wenn der Patient die Vertreter der verschiedenen psychosozialen Angebote *gegeneinander ausspielt*. Von der lebensgeschichtlichen Erfahrung dieser Menschen her ist ein solches Verhalten durchaus verständlich, haben sie häufig doch schon in der frühen Kindheit erlebt, daß sie in ihren Herkunftsfamilien oder im Heim nur mit Hilfe dieser Strategie »überleben« konnten. An sich wäre auch die Tatsache, daß der Patient die verschiedenen Bezugspersonen gegeneinander auszuspielen versucht, nicht so problematisch, wenn die Psychotherapeuten und die Vertreter anderer sozialer Berufe nicht oftmals unreflektiert auf solche Manipulationen eingingen. Man muß allerdings zugeben, daß gerade aggressive Menschen, wie wir sie in diesem Buch schildern, eine (wiederum aus ihrer Lebensgeschichte verständliche) geradezu perfekte »Technik« besitzen, die verletzlichsten Stellen ihrer Behandler zu treffen und sehr gezielt den Keim zu Rivalitätskonflikten zu legen (Rauchfleisch, 1991).

Die Hauptgefahr in solchen Situationen besteht nicht nur darin, daß die Therapeuten Opfer der Manipulationen des Patienten werden, der damit seine aus dem Größen-Selbst stammenden Omnipotenzvorstellungen in der sozialen Realität bestätigt sieht. Ebenso verhängnisvoll scheint mir die Tatsache zu sein, daß durch das Eingehen der Therapeuten auf die Rivalitätskonflikte die für diese Patienten typischen Spaltungstendenzen nicht bearbeitet und reduziert, sondern vom sozialen Umfeld gerade noch verstärkt werden. Statt mit dem Patienten an der Auflösung dieser pathologischen Abwehrform zu arbeiten, unterstützt der Therapeut diese noch, wenn er auch nur atmosphärisch spüren läßt, daß dieser oder jener Vertreter anderer Disziplinen etwas gesagt oder getan habe, was »völlig daneben« sei.

Ein Mittel, um solchen unheilvollen Entwicklungen vorzubeugen, scheint mir das *persönliche Kennenlernen* der Personen zu sein, die mit dem Patienten arbeiten. Mit ihnen in Kontakt zu treten heißt indes keineswegs, daß der Patient dabei ausgeschlossen wäre, die »Fachleute« nur unter sich miteinander verhandelten und der Patient in ein lückenloses Netz der Behandelnden eingebunden würde. Ich wende in solchen Situationen das folgende Vorgehen an: Ich lade im Einverständnis mit dem Patienten, wenn immer möglich, alle an der Behandlung Beteiligten zu einer gemeinsamen Sitzung ein, bei welcher der Patient selber auf jeden Fall anwesend sein muß. Dabei bespreche ich mit ihm die Themen und auch die Rollen, die er und ich bei dieser Sitzung einnehmen sollen, sorgfältig, unter Umständen in mehreren Therapiestunden, vor. Oft tauchen bei solchen Vorgesprächen bereits viele psychodynamisch und persönlichkeitsstrukturell relevante Themen auf, und es werden Übertragungskonstellationen sichtbar, die entweder (wenn sie stark von der pathologischen Abwehr bestimmt sind) sofort bearbeitet werden müssen oder die mir wichtige Hinweise für den weiteren Verlauf der Therapie liefern.

Bereits zu Beginn der Behandlung weise ich Patienten und Mitarbeiter anderer sozialer Berufe darauf hin, daß ich, wenn ich darüber vorher mit dem Patienten gesprochen habe, Kontakte zu Drittpersonen gern aufnehme, dies aber nur tun möchte, wenn der *Patient in meinem Zimmer anwesend* ist, d. h. direkt hört, was ich sage. Mitunter verlaufen Telefongespräche etwa so, daß ich der Drittperson nach einem kurzen Gespräch mitteile, daß ich das bisher Diskutierte jetzt erst noch gern mit dem Patienten, der bei mir sei, weiter besprechen möchte und dann in wenigen Minuten wieder zurückriefe. Der Sinn dieser vielleicht pedantisch wirkenden Vorgehensweise liegt zum einen darin, den oft ausgeprägten paranoid-projektiven Tendenzen dieser Patienten entgegenzuwirken. Zum anderen möchte ich dem Patienten durch mein Verhalten vermitteln, daß er in jeder Situation, selbst wenn ich etwas »für ihn« tue, als aktiver Partner angesprochen ist und sich nicht in einer infantil-anklammernden, ausbeuterischen Weise an den Therapeuten hängen kann. Selbst wenn ich aktiv bin, trägt er doch die Verantwortung für das, was wir tun, mit.

Mitunter spreche ich am Telefon auch zunächst mit einer Person aus dem sozialen Umfeld des Patienten, z. B. mit dem Arbeitgeber oder dem Mitarbeiter einer Sozialdienststelle, fordere dann aber – eventuell nach einem kurzen eingeschalteten Gespräch mit dem Patienten – diesen auf, die weitere Verhandlung mit der anderen Person selber zu übernehmen. Wie dieses Beispiel zeigt, muß ein manifestes Handeln des Therapeuten »für« den Patienten nicht bedeuten, daß der Patient damit infantilisiert wird und sich völlig der Verantwortung für die Situation entziehen kann. Im Hinblick auf das Ziel der Stärkung der Angst- und Spannungstoleranz kann der erste vom Therapeuten geführte Teil eines solchen Telefongesprächs die Voraussetzung dafür schaffen, daß der Patient im zweiten Teil – trotz seiner Ängste und Unsicherheitsgefühle – selber aktiv wird. Dabei wirkt es sich nach meiner Erfahrung oft hilfreich aus, daß der Therapeut bei einem solchen Gespräch des Patienten anwesend ist, ihm gleichsam durch seine Präsenz »den Rücken stärkt« (d. h., theoretisch gesprochen: eine Art Hilfs-Ich-Funktion zur Stärkung der Spannungstoleranz erfüllt).

Ein nächster Schritt kann etwa der sein, daß ich einen solchen Telefonanruf mit dem Patienten vorbespreche und ihn dann die ganze Diskussion mit der anderen Person allein führen lasse und dies notfalls auch unter Ausübung eines gewissen Druckes von ihm fordere. Mitunter versuche ich solche für den Patienten vielleicht anfangs unangenehmen Situationen dadurch etwas zu entschärfen, daß ich sie ausdrücklich als »Experiment«, als fast so etwas wie einen »sportlichen Wettkampf« deklariere und damit an die Eigenverantwortung des Patienten appelliere. In einer nochmals späteren Phase der Therapie ist es dann vielleicht nur noch nötig, in der Sitzung mit dem Patienten die wichtigsten Punkte seines Gesprächs mit einer anderen Bezugsperson durchzugehen und den ganzen weiteren Ablauf ihm selber zu überlassen. Oberstes Ziel bei diesem Vorgehen ist die Verbesserung der Angst- und Spannungstoleranz und die Förderung der Autonomie des Patienten.

Bei der Schilderung der relativ aktiven Rolle, die der Psychotherapeut bei dem von mir gewählten Vorgehen in der sozialen Realität des Patienten spielt, mag sich der Leser gefragt haben, ob es nicht sinnvoll sei, wie bei der Behandlung anderer Patienten die Rollen strikt zu trennen: auf der einen Seite Mitarbeiter, die für die »sozialarbeiterische« Dimension zuständig sind, auf der anderen Seite der Psychotherapeut, der sich weitgehend auf die Bearbeitung der intrapsychischen Probleme beschränkt. Ein solches Vorgehen bietet zweifellos den Vorteil, daß die Übertragungs- und Gegenübertragungsverhältnisse wesentlich übersichtlicher sind und der Psychotherapeut sich auf das Gebiet beschränkt, für das er ausgebildet ist, und sich nicht auf ein Arbeitsfeld begibt, auf dem er letztlich doch immer mehr oder weniger Dilettant bleibt. Außerdem sprechen für die Aufteilung der Rollen mitunter auch die institutionellen Strukturen, in denen die verschiedenen Vertreter sozialer Berufe arbeiten.

Ohne Zweifel kann man in fruchtbarer Weise mit den im vorliegenden Beitrag geschilderten Patienten arbeiten, indem man sozialarbeiterische, pädagogische und sonstige soziale Angebote strikt von den psychotherapeutischen Funktionen im engeren Sinne trennt. Die Gefahr besteht allerdings, wie oben beschrieben, darin, daß die Vertreter der verschiedenen Berufsgruppen gegeneinander ausgespielt werden und die bei diesen Patienten ohnehin schon stark ausgeprägten Spaltungstendenzen durch das soziale Feld noch verstärkt werden. Sinnvoll ist ein solches Vorgehen hingegen überall dort, wo Spaltungen des Patienten im therapeutischen Team aufgefangen und durch integrative, im Team ablaufende Prozesse (nicht zuletzt auch im Rahmen der Teamsupervision) wieder rückgängig gemacht werden können. In einem solchen Falle stellt die Trennung der therapeutischen Rolle von den Funktionen anderer Berufsgruppen kein Problem dar.

Da die Behandlung aggressiver Patienten mit dissozialen Fehlentwicklungen vielfach aber nicht im Rahmen eines therapeutischen Teams stattfindet, sondern Mitarbeiter verschiedener Institutionen beteiligt sind, erscheint es mir wichtig, daß der Therapeut sich nicht auf psychotherapeutische Funktionen im traditionellen Sinne beschränkt. Auch wenn er selbstverständlich nicht alle Aktivitäten selbst ausüben kann (dies wäre aus Zeitgründen und wegen mangelnder Kompetenz gar nicht möglich und aus therapeutischen Gründen auch nicht sinnvoll), so sollte er im ganzen Netz der Betreuer doch wenigstens die Person sein, die für eine gewisse Koordination der verschiedenen Aktivitäten sorgt und sich auch nicht scheut, einen Teil der sozialen Probleme selbst mit dem Patienten zu bearbeiten. Solche konkreten Situationen ermöglichen sehr gut einen Einstieg in die psychotherapeutische Arbeit im engeren Sinne.

Neben diesen Argumenten spricht noch ein weiterer rein psychotherapeutischer Gesichtspunkt dafür, daß der Therapeut sowohl Vertreter der äußeren Realität ist und an den Problemen dieses Bereichs arbeitet als auch psychotherapeutische Arbeit im traditionellen Sinne leistet: Da der Psychotherapeut sich bei einer strikten Trennung der Funktionen vorwiegend um die »Innenwelt« des Patienten kümmert, sich bemüht, die Gefühle des Patienten und die Motive seines Handelns zu ergründen, und sich soweit wie möglich empathisch auf ihn einzustimmen, kommt er leicht in die Rolle eines

»nur guten« Objekts. Dies gilt um so mehr, als der dissoziale Patient selber aufgrund seiner beschriebenen Psychodynamik in starkem Maße dazu neigt, jegliche Aggression möglichst aus der Beziehung zum Therapeuten herauszuhalten. Demgegenüber geraten die Mitarbeiter von Sozialdienststellen oder anderen Institutionen sehr schnell in die Rolle eines »nur bösen« Objekts. Im Gegensatz zum geduldigen, einfühlsamen, den Patienten stets verstehenden Therapeuten sind sie zwangsläufig die »Bösen«, die den Patienten mit den unangenehmen Dingen seiner desolaten sozialen Realität konfrontieren, Forderungen an ihn stellen, deren Erfüllung ihm aus den verschiedensten psychodynamischen und ich-strukturellen Gründen Mühe macht bzw. wogegen heftige Widerstände mobilisiert werden. Die Vertreter anderer sozialer Berufe können auf diese Weise vom Patienten leicht zu gehaßten Über-Ich-Trägern gemacht werden, gegen die er seine Aggression entlädt. Dabei muß man sich darüber klar sein, daß die Aggression zu einem großen Teil nicht eigentlich diesen Personen gilt, sondern aus der therapeutischen Beziehung resultiert, dort aber latent bleibt und per Spaltung und Projektion auf die »bösen« anderen gerichtet und an ihnen ausgelebt wird. Die Entwicklung einer solchen Übertragung (mit der entsprechenden Gegenübertragung) wird meiner Ansicht nach durch eine strikte Trennung zwischen psychotherapeutischen und sozialarbeiterischen Funktionen sehr begünstigt.

Ist der Therapeut hingegen in der von mir beschriebenen Weise sowohl Vertreter der sozialen Realität mit ihren (zum Teil sehr unangenehmen) Forderungen als auch der einfühlsame, sich für die hintergründige Dynamik des Patienten interessierende Psychotherapeut, so wirkt schon allein ein solches Setting den Spaltungstendenzen entgegen. Damit verbindet sich ein zweiter, mindestens so gewichtiger Grund: Das beschriebene Vorgehen verringert außerdem die Gefahr, daß der Patient die Dimension der Aggression aus der therapeutischen Beziehung ausklammert. Es kommt bei einem solchen Setting zwischen Patient und Therapeut viel eher zu Konfrontationen, die zu aggressiven Reaktionen des Patienten führen – und damit ist die für die Behandlung dieser Menschen so zentrale Dimension der Aggression in der Beziehung manifest geworden und kann zum Gegenstand des therapeutischen Gesprächs gemacht werden. Bei einem solchen Vorgehen besteht auch weniger die Gefahr, daß der Therapeut sich über das Ausmaß und die Intensität der Aggression des Patienten täuscht, eine Gegenübertragungskonstellation, die in einem traditionellen psychotherapeutischen Setting leicht entstehen kann.

Das Fazit der hier erörterten Überlegungen lautet für mich, daß ein Setting, in dem der Psychotherapeut sowohl therapeutische Funktionen im engeren Sinne als auch sozialpädagogische Aufgaben übernimmt, zwar nicht unproblematisch ist. Ein solches Vorgehen bietet aber in therapeutischer Hinsicht viele Vorteile und wird den spezifischen Bedürfnissen dieser Patienten viel eher gerecht, so daß es mir die diesen Menschen angemessene Behandlungsform zu sein scheint. Wichtig dabei ist, daß der Psychotherapeut stets *bifokal* vorgeht, d. h. von den konkreten sozialen Problemen ausgeht und zugleich die Ich- und Über-Ich-Störungen, die narzißtischen Probleme und den psychodynamischen Hintergrund berücksichtigt.

Das von mir geschilderte Vorgehen enthält zwar eine Reihe von Elementen der Therapiekonzepte, die Kernberg (a. a. O.) und andere Autoren (z. B. Grinker et al., 1968; Gunderson, 1984, 1989; Masterson, 1976) bei früh gestörten Patienten anwenden: etwa die Arbeit an den archaischen pathologischen Abwehrformationen, möglichst frühzeitige Deutung negativer Übertragungsanteile, allerdings nur im Hier und Jetzt, keine Interpretation der positiven Übertragung und Kontrolle des Agierens des Patienten (s. auch Mertens, 1990; Rohde-Dachser, 1983). Eine erhebliche Abweichung gegenüber diesen Therapieformen besteht jedoch vor allem insofern, als ich es bei den geschilderten Patienten für unbedingt notwendig erachte, daß der Psychotherapeut bei ihnen die soziale Dimension wesentlich stärker in die Behandlung miteinbezieht. Angesichts ihrer vielfältigen sozialen Probleme kann er sich bei diesen Menschen nicht auf die Bearbeitung der intrapsychischen Konflikte beschränken, sondern muß, wie ich es am Beispiel der geschilderten Patienten gezeigt habe, vor allem zu Beginn der Behandlung von den sozialen Problemen ausgehen und zum Teil sogar manifeste Hilfe bei ihrer Lösung leisten (und damit die technische Neutralität weiter einschränken, als dies nach den Konzepten der obengenannten Autoren üblich ist). Insofern nimmt der Psychotherapeut in meinem Konzept – im Unterschied zur klassisch-psychoanalytischen Behandlung und zu den Therapiestrategien, wie sie bei früh gestörten Patienten sonst angewendet werden – eine wesentlich aktivere, direkt im sozialen Feld intervenierende Rolle ein. Mit dem aus der sozialen Realität stammenden Material kann dann jedoch durchaus psychoanalytisch im engeren Sinne (d. h. an Widerstand, Übertragung, pathologischer Abwehr etc.) gearbeitet werden, wie das ja auch die Arbeiten zur psychoanalytischen Pädagogik zeigen.

Ein Unterschied zum Kernbergschen Vorgehen besteht auch im Hinblick auf den therapeutischen Umgang mit »agierendem« Verhalten. Wie an den verschiedenen Beispielen dargestellt, verstehe ich das impulsive Handeln dieser Patienten als Ausdruck ihrer innerseelischen Konflikte und suche es im Sinne Lorenzers (1973) szenisch zu verstehen und darauf in Form eines fördernden Dialogs (Leber, 1988) zu reagieren. Aufgrund dieses theoretischen Verständnisses und angesichts der weitgehenden Unfähigkeit der Klienten, auf diesen »Erhaltungsmechanismus« (Mahler, 1972) ohne weiteres zu verzichten, gehe ich im Hinblick auf Grenzsetzung nicht so strikt vor, wie es bei anderen Patienten (mit höherem Funktionsniveau im Sinne Kernbergs) indiziert ist. Auch in dieser Hinsicht müssen wir meines Erachtens das therapeutische Setting an die spezifische Art der Störung, welche diese Patienten zeigen, anzupassen versuchen und insbesondere in der ersten Therapiephase etwas mehr Flexibilität aufbringen, ohne dabei aber konzeptlos zu arbeiten.

Gehen wir in der beschriebenen Weise vor, so ist eine psychotherapeutische Arbeit mit aggressiv-dissozialen Patienten, mit Kindern und Jugendlichen ebenso wie mit Erwachsenen, jedoch sehr wohl möglich, und wir müssen nach meiner Erfahrung die Prognose bei diesen Patienten keineswegs so düster sehen, wie Kernberg (1989 b) sie mit den Worten schildert: »Bei der antisozialen Persönlichkeit ist die Prognose für alle psychoanalytisch fundierten Behandlungsformen außerordentlich ungünstig, und man sollte sie wahrscheinlich gar nicht mit den üblichen Formen der Psychotherapie behandeln« (S. 249).

Das von mir angewendete bifokale Vorgehen, d. h. der starke Einbezug der sozialen Realität bei gleichzeitiger psychoanalytischer Arbeit im engeren Sinne, sei noch an einer Episode aus der Behandlung des bereits erwähnten Herrn K., des 25 jährigen mehrfach straffällig gewordenen jungen Mannes, dargestellt. Der Patient litt unter einer schweren Legasthenie und vermochte aus diesem Grund praktisch kein Wort richtig zu schreiben. In einer Sitzung bat er mich, ihm bei einem Bewerbungsschreiben behilflich zu sein. Da er nach der Entlassung aus der Haft bereits längere Zeit arbeitslos war und sich nun die Chance einer Anstellung bot, erklärte ich mich bereit, die Bewerbung für ihn mit der Schreibmaschine zu schreiben. Der Patient lehnte sich daraufhin – in einer grandiosen Geste – in seinem Stuhl zurück und diktierte mir als seinem »Sekretär«, wie er lachend sagte, den Brief. Anschließend betonte er mehrmals, wie dankbar er mir für die Hilfe sei, und er verwies immer wieder darauf, wie wohl er sich in der Therapie bei mir fühle.

Diese Episode muß unter drei Aspekten verstanden werden: Bei Betrachtung der *sozialen Ebene* kann man sagen, daß sich Herr K. wegen seiner Legasthenie tatsächlich in Not befand und deshalb auf eine konkrete Unterstützung angewiesen war. Im Hinblick auf die *narzißtische Störungskomponente* lag hinter seiner Bitte nach Hilfe und in seinem Verhalten dabei der Versuch, seine Insuffizienzgefühle durch einen narzißtischen Triumph zu kompensieren. Er genoß sichtlich die grandiose Manipulation, die darin lag, mir als seinem »Sekretär« einen Brief zu diktieren. Auf der *Übertragungsebene* schließlich wurden in seinen verbalen Äußerungen starke idealisierende Tendenzen sichtbar. Wie in der Einleitung ausgeführt, muß man bei diesen Menschen mit starken aggressiven Impulsen rechnen, vor deren Manifestation sie sich jedoch durch den Einsatz ihrer archaisch-pathologischen Abwehrformationen (wie Spaltung, Projektion, Idealisierung usw.) zu schützen versuchen. Es ist aus diesem Grunde von zentraler Bedeutung, die negativen Übertragungsanteile sorgfältig zu beachten und möglichst frühzeitig anzusprechen. Idealisierungen, wie Herr K. sie in der beschriebenen Episode erkennen ließ, sind besonders wichtige Indikatoren für diese Abwehr der latenten aggressiven Impulse.

Ich habe deshalb in meiner Intervention darauf hingewiesen, daß Herr K. verständlicherweise froh über meine Hilfe sei; ich könne mir jedoch vorstellen, daß er daneben auch »bittere« (aggressive) Gefühle mir gegenüber hege und sich vielleicht sogar durch meine Unterstützung gekränkt fühle. Diese Hinweise thematisieren zum einen die oft ausgeprägten Neid-Impulse allen Menschen gegenüber, die etwas für sie tun. Zum anderen sollte auch die narzißtische Dimension, die in dieser Situation eine wesentliche Rolle spielte, angesprochen werden. Die Deutung der Übertragung wurde strikt auf das *hic et nunc* der aktuellen therapeutischen Situation beschränkt und diente hier vor allem der Klärung der negativen Übertragungsanteile. Würden diese nicht ausdrücklich angesprochen, so bestünde bei einem stützenden Vorgehen, wie ich es geschildert habe, die große Gefahr, daß die aggressiven Impulse (z.B. mittels Idealisierung) ganz aus der therapeutischen Interaktion ausgeklammert würden und damit latent blieben – mit der Konsequenz, daß es beim Patienten zu einem immer größer werdenden untergründigen Aggressionsstau und daraus resultierenden Schuldgefühlen käme.

Herr K. reagierte auf meine Intervention zunächst irritiert, wies dann aber darauf hin, er habe bei meiner Hilfe tatsächlich solch ein »bitteres« Gefühl verspürt, als ihm klar geworden sei, daß ich für das Bewerbungsschreiben nur wenige Minuten benötigt hätte, während er trotz stundenlangen Bemühens nie einen fehlerfreien Brief zustande gebracht hätte. Obwohl hier noch keine umfassende Klärung und Interpretation der negativen Übertragungsanteile erfolgte, war das Thema »Aggression«, die sich auch in unserer Beziehung artikulierte, doch zumindest einmal genannt und von Herrn K. durch seine Antwort auch prinzipiell anerkannt worden.

Dieses Beispiel zeigt, daß es in der Behandlung sehr wohl möglich ist, die soziale Realität ernst zu nehmen und die Patienten in dieser Hinsicht auch durchaus aktiv zu unterstützen, daß der Therapeut zugleich aber auch – im strengen psychoanalytischen Sinne – an Widerstand und Übertragung (hier vor allem an der Abwehr negativer Übertragungsanteile) arbeiten kann. Dabei habe ich mich ausdrücklich auf das *hic et nunc* der therapeutischen Situation beschränkt und habe die Übertragungsmanifestationen nicht auf dem Hintergrund der Psychogenese dieses Patienten gedeutet (was allerdings in späteren Phasen der Therapie durchaus geschehen kann).

Im Zusammenhang mit der beschriebenen Arbeit an der pathologischen Abwehr (hier vor allem an der Idealisierung) einerseits und der Übertragung (insbesondere den negativen Übertragungsanteilen) andererseits ist auf eine *spezifische Gegenübertragungskonstellation* hinzuweisen: Man stelle sich vor, ich wäre dem von Herrn K. geäußerten Wunsch nachgekommen und hätte den Brief für ihn geschrieben, ohne zugleich die negative Übertragung anzusprechen. In diesem Falle hätte er vermutlich im Gefühl des narzißtischen Triumphes geschwelgt, überzeugt von der Allmacht seiner manipulativen Tendenzen. Zur Abwehr der latent gebliebenen Aggression hätte Herr K. seine Idealisierungstendenzen noch weiter verstärkt, und ich wäre im bewußten Erleben des Patienten und auf der manifesten Ebene unserer Interaktion der »verständnisvolle, hilfreiche Therapeut« gewesen.

Eine solche Rollenzuschreibung wäre indes nicht nur für Herrn K., sondern auch für mich als Therapeut verhängnisvoll gewesen. Wir sollten uns nicht darüber täuschen, daß ein solches uns durch die Übertragung des Patienten angebotenes Bild außerordentlich verführerisch ist, zumal diese Patienten über eine mitunter große intuitive Fähigkeit verfügen, die narzißtische Position ihres Therapeuten wahrzunehmen und für ihre Zwecke zu nutzen (vgl. Manfreds Bitte um eine Entschuldigung für den Lehrer mit dem »Bestechungs«versuch, sich mir als ein besonders »braver« Patient zu präsentieren). Durch den Einsatz weiterer archaischer Abwehroperationen wie Spaltung, Projektion und Entwertung wäre es Herrn K. leicht möglich gewesen, mir in dieser oder einer nächsten Sitzung etwa von den Mitarbeitern einer anderen Institution ein Bild zu vermitteln, das sie als völlig unsensible, unangemessen fordernde, ihm in seiner Hilfsbedürftigkeit nicht gerecht werdende Bezugspersonen hätte erscheinen lassen. Als je versagender sie in seiner Schilderung imponiert hätten – und in Realität vielleicht sogar gewesen wären –, desto größer wäre die Diskrepanz zu dem Idealbild geworden, das Herr K. von mir entworfen hatte. Schließlich hätten sich zwei konträre Bilder gegenübergestanden: auf der einen Seite der »gute« Therapeut, auf der anderen Seite die »bösen« Vertreter einer anderen Institution.

Verhängnisvollerweise liefert die soziale Realität Menschen wie Herrn K. oft eine Fülle von Material, mit dessen Hilfe sie ihre Projektionen validieren und ihre Spaltungen, Idealisierungen und Entwertungen aufrechterhalten können. Dies geschieht zum Teil infolge der Manipulationen, durch welche sie ihre Umgebung zu einem bestimmten Verhalten provozieren. Zum Teil reagieren Bezugspersonen aber auch von sich aus tatsächlich unangemessen hart und fordernd und bestätigen damit die Erwartungen dieser Patienten.

In der beschriebenen Situation liegt das Problem vor allem darin, daß hier Übertragung und Gegenübertragung wie Schloß und Schlüssel ineinandergreifen und Patient und Therapeut gleichermaßen »zufrieden« sind. Auf seiten des Patienten besteht die »Zufriedenheit« in der – zumindest im Augenblick gelungenen – Abwehr seiner aggressiven Impulse, wozu nach meiner Erfahrung vor allem erwachsene Patienten in starkem Maße neigen, wenn sie sich auf eine therapeutische Beziehung eingelassen haben (Ursache dieser Aggressionsabwehr dürfte vor allem die große Angst der Patienten vor der Zerstörung ihrer fragilen »guten« inneren Teilobjekte durch ein Überflutet-Werden von aggressiven Impulsen sein). Auf seiten des Therapeuten besteht die »Zufriedenheit« in der – ebenfalls zumindest im Moment gelungenen – Ausblendung der vielleicht auch ihn ängstigenden aggressiven Dynamik. Da ein solcher Patient dem Therapeuten in der Regel ohne Mühe eine Fülle von »Beweisen« für die Härte und mangelnde Empathie der anderen Bezugspersonen liefern kann, besteht die Gefahr, daß der Therapeut sich diese Sicht über kurz oder lang zu eigen macht und damit die Spaltungstendenzen des Patienten verstärkt. Zu einer solchen Entwicklung, bei welcher der Therapeut schließlich selber den Mechanismus der Spaltung einsetzt, kommt es um so mehr, wenn der Therapeut – bei einem traditionellen Setting – keinerlei Kontakt zu anderen Bezugspersonen des Patienten hat und seine

Sicht deshalb auch nicht durch eine Konfrontation mit der sozialen Realität korrigieren kann.

So paradox es erscheinen mag: Der Psychotherapeut aggressiver Patienten sollte nach meiner Erfahrung die augenblickliche Übertragungs-Gegenübertragungs-Konstellation immer dann besonders kritisch reflektieren, wenn er sich im Umgang mit einem Patienten »sehr wohl« fühlt und unter dem Eindruck steht, es bestehe eine »sehr harmonische Beziehung« zwischen ihnen (s. Rauchfleisch, 1991). Eine solche Formulierung sollte nicht in dem Sinne mißverstanden werden, als ob es nicht auch in der Psychotherapie solcher Patienten Zeiten gäbe, in denen eine gewisse Ruhe eintritt und etwa die Aggressionsthematik in den Hintergrund rückt. Gewiß finden sich solche Phasen, und sie erscheinen mir zur Konsolidierung der Beziehung zwischen Patient und Therapeut und als »Verschnaufpausen« in der therapeutischen Arbeit auch wichtig. Angesichts der zentralen Aggressionsproblematik dieser Menschen und in Anbetracht ihrer pathologischen Abwehr sollte der Therapeut aber immer wieder prüfen, ob es solche »produktiven Pausen« sind oder Manifestationen einer besonders intensiven Aggressionsabwehr, an der er durch seine Gegenübertragung ursächlich mitbeteiligt ist.

Selbst wenn der Therapeut in einer bestimmten Situation aus psychodynamischen und behandlungstechnischen Gründen auf eine direkte Bearbeitung der Aggressionsabwehr verzichtet, ist es von ausschlaggebender Bedeutung, daß er sich der momentanen Übertragungsdisposition des Patienten bewußt wird. Damit ist bereits die größte Gefahr gebannt, nämlich die Entwicklung eines korrespondierenden, unbewußt bleibenden Gegenübertragungsgefühls. Nicht selten habe ich erlebt, daß die sorgfältige Analyse meiner Gegenübertragung und die in mir stattfindende Reflexion der Übertragungsdisposition des Patienten bei diesem zu einer Änderung seines Verhaltens führte, ohne daß die Übertragung explizit in der Therapie thematisiert worden wäre. Dieses Phänomen wird leicht dadurch verständlich, daß gerade in der Psychotherapie von Menschen mit schweren Persönlichkeitsstörungen beim Therapeuten zumindest phasenweise eine starke empathische Regression stattfindet, in der es zu einem intensiven Gefühlsaustausch zwischen Patient und Therapeut kommt. In diesem Zustand stellt mitunter die im Therapeuten ablaufende Reflexion und das in seinem psychischen Innenraum sich formende Bild vom Patienten eine Art averbale Intervention auf empathischer Ebene dar.

*Udo Rauchfleisch*
Ergebnis und Ausblick


Aggressive Menschen, Kinder, Jugendliche wie Erwachsene, mit denen wir in Schule, Heim und psychotherapeutischer Sprechstunde zusammentreffen, stellen uns immer wieder vor große Probleme. Diese sind eigentlich nur zu einem kleineren Teil theoretischer und behandlungstechnischer Art. Uns liegen, wie Evelyn Heinemann im ersten Beitrag dieses Bandes gezeigt hat, heute differenzierte psychoanalytische Überlegungen zur Entwicklung und Psychodynamik aggressiver Menschen vor, und es sind unter verschiedenen theoretischen Gesichtspunkten (Triebtheorie, psychoanalytische Ich-Psychologie, Objektbeziehungstheorie, Narzißmuskonzepte) wirkungsvolle Behandlungsmodelle entwickelt worden. Die Hauptschwierigkeiten, die wir im Umgang mit aggressiven Menschen erfahren, haben ihren Ursprung in den Gefühlen, die sie in uns auslösen, in unserer Gegenübertragung. Aggressives Verhalten wirkt vielfach ausgesprochen provokativ auf die Umgebung, und auch Erzieher, Lehrer und Psychotherapeuten geraten mit ihren Klienten oft unversehens in eine verhängnisvolle Macht-Ohnmacht-Spirale mit wechselnden Rollen.

Die negativen Gegenübertragungsreaktionen auf aggressive Menschen sind zum Teil so stark, daß sie sich auch in der Fachliteratur niederschlagen. So äußert sich beispielsweise Kernberg (1989b) – um nur einen Exponenten der zeitgenössischen Psychoanalyse zu nennen – ausgesprochen skeptisch über die psychoanalytische Therapie dissozialer Menschen mit starken aggressiven Tendenzen und verweist in dem zitierten Werk und anderen Publikationen immer wieder darauf, daß bei antisozialen Persönlichkeiten psychoanalytisch orientierte Behandlungen kontraindiziert seien. Wenn man sich bei solchen Menschen überhaupt auf eine Psychotherapie einlassen wolle, so sei allenfalls eine stützende Behandlung sinnvoll.

In der Pädagogik, speziell auch der Sonderpädagogik, fällt auf, daß das Problem der Aggression in der Praxis zwar von großer Bedeutung ist, eine wissenschaftliche Auseinandersetzung mit diesem Thema aber kaum erfolgt. Nach Grissemann (1989, 84) sind etwa 63 % aller lernbehinderten Schüler verhaltensauffällig und gleichzeitig in ihren Lernfähigkeiten beeinträchtigt, 22 % sogar lediglich verhaltensauffällig. Die Situation in der Sonderschule für Erziehungshilfe wurde schon dargestellt (vgl. zweiter Beitrag dieses Bandes). Während sich die Psychologie, speziell die Lerntheorie (Petermann et al., 1988), und die Psychoanalyse vielfach mit dem Thema Aggression beschäftigen, besteht in der Sonderpädagogik eher ein Mangel, ja möglicherweise eine Verleugnung dieses Problems. In dem im Herbst 1989 herausgegebenen Standardwerk, dem Handbuch der Sonderpädagogik Bd. 6, Pädagogik bei Verhaltensstörungen, wird in 51 Beiträgen auf 1083 Seiten das Thema Aggression nicht behandelt (Goetze und Neukäter, 1989).

Die Autoren dieses Buches suchen eine Brücke zwischen Pädagogik und Psychoanalyse herzustellen. Wie wir anhand der verschiedenen Praxisfelder von Schule, Heim und Psychotherapie dargestellt haben, bedarf es dabei jeweils spezifischer Modifikationen, welche durch die institutionellen Rahmenbedingungen und die Altersstufe der Klienten bestimmt sind. Die Kombination des psychoanalytischen und des pädagogischen Ansatzes, der traditionell die Auseinandersetzung und Konfrontation mit der Realität stärker in den Mittelpunkt stellt, scheint uns äußerst fruchtbare konzeptionelle Bedingungen zu schaffen, welche aggressiven Menschen in besonderer Weise gerecht werden. Als hilfreich für den Umgang mit aggressiven Menschen haben sich, wie wir an verschiedenen Beispielen gezeigt haben, etwa die Konzepte des szenischen Verstehens (Lorenzer, 1973, 1983) und des fördernden Dialogs (Leber, 1988) erwiesen, die sich bei Kindern und Jugendlichen ebenso wie bei Erwachsenen anwenden lassen und zu einem vertieften Verständnis der Klienten führen. Die psychoanalytischen Konzepte stellen insbesondere auch insofern eine wesentliche Hilfe für Pädagogen und Therapeuten dar, als sie zu einer Reflexion der Interaktionsprozesse anregen und damit der Entwicklung eines aggressiven Gegenagierens entgegenwirken.

Es ist ein besonderes Anliegen der Autoren, mit ihren Ausführungen zu zeigen, daß der pädagogische und psychotherapeutische Umgang mit aggressiven und teils dissozialen Menschen oftmals zwar schwierig ist, daß uns heute aber Verständnismodelle und Therapiekonzepte zur Verfügung stehen, die eine effiziente pädagogische und therapeutische Arbeit ermöglichen. Möge dieses Buch allen, die sich auf diese schwierigen Beziehungen einlassen, eine Hilfe bei ihrer Arbeit sein.

# Literaturverzeichnis

Aichhorn, A. (1971): *Verwahrloste Jugend. Die Psychoanalyse in der Fürsorgeerziehung*, Bern, Erstausgabe 1925

Bach, H. (1984a): *Schulintegrierte Förderung bei Verhaltensauffälligkeit*, Mainz

– (1984b): *Verhaltensauffälligkeiten in der Schule*, Mainz

Balint, M. (1939): Ichstärke, Ichpädagogik und »Lernen«, in: J. Cremerius (Hg.), *Psychoanalyse und Erziehungspraxis*, Frankfurt/M. 1971

Battegay, R. (1977): *Narzißmus und Objektbeziehungen. Über das Selbst zum Objekt*, Bern

Bauriedl, Th. (1985): *Psychoanalyse ohne Couch: Zur Theorie und Praxis der Angewandten Psychoanalyse*, München–Wien–Baltimore

Becker, S. u. Stillke, C. (1987): Von der Bosheit der Frau, in: Brede, C. u. a., *Befreiung zum Widerstand. Aufsätze zu Feminismus, Psychoanalyse und Politik*, Frankfurt/M.

Bettelheim, B. (1975): *Die symbolischen Wunden*, München

– (1977): *Kinder brauchen Märchen*, Stuttgart

Blanck, G. u. Blanck, R. (1978): *Angewandte Ich-Psychologie*, Stuttgart

Brusten, M. u. Müller, S. (1972): Kriminalisierung durch Instanzen sozialer Kontrolle. Analyse von Akten des Jugendamtes, *Neue Praxis 2*, 174–188

Chasseguet-Smirgel, J. (1974): Die weiblichen Schuldgefühle, in: dies. (Hg.), *Psychoanalyse der weiblichen Sexualität*, Frankfurt/M.

Chodorow, N. (1985): *Das Erbe der Mütter. Psychoanalyse und Soziologie der Geschlechter*, München

Ciompi, L. (1982): *Affektlogik*, Stuttgart

Clos, R. (1982): *Delinquenz – ein Zeichen von Hoffnung?*, Frankfurt/M.

– (1987): Wer braucht eine Monsterschule? in: Reiser, H. u. Trescher, H. G., *Wer braucht Erziehung? Impulse der Psychoanalytischen Pädagogik*, Mainz

Datler, W. (1985): Psychoanalytische Repräsentanzenlehre und pädagogisches Handeln. Zu Zulligers Methode der »deutungsfreien Kinderpsychotherapie« und deren möglichen Relevanz für Pädagogik, in: G. Bittner u. Ch. Ertle (Hg.), *Pädagogik und Psychoanalyse*, Würzburg

- (Hg.) (1987): *Verhaltensauffälligkeit und Schule. Konsequenzen von Schulversuchen für die Pädagogik der »Verhaltensgestörten«*, Frankfurt am Main.

Deppe-Wolfinger, H. u. a. (1990): *Integrative Pädagogik in der Grundschule*, München

Eberwein, H. (Hg.) (1988): *Behinderte und Nichtbehinderte lernen gemeinsam. Handbuch der Integrationspädagogik*, Weinheim u. Basel

Einsele, H. (1982): Wandelt sich die weibliche Kriminalität? in: Haesler, W. T., *Weibliche und männliche Kriminalität*, Diessenhofen

Eissler, K. R. (1953): The effect of structure of the ego on psychoanalytic technic, *Journal of American Psychoanalytic Association 1*, 104–143

Fatke, R. (1988): Das Life Space Interview (Fritz Redl) – ein therapeutischer Dialog zwischen Erzieher und verhaltensauffälligem Kind, in: G. Iben (Hg.), *Das Dialogische in der Heilpädagogik*, Mainz

Fetscher, R. (1981): Das Selbst und das Ich, *Pysche*, 7, 616–641

Freud, A. (1936): *Das Ich und die Abwehrmechanismen*, Neuausgabe München 1964, Fischer Taschenbuch 42001

Freud, S. (1905): Drei Abhandlungen zur Sexualtheorie, Gesammelte Werke (GW) Bd. V, S. Fischer, Frankfurt/M.

- (1911): Formulierungen über die zwei Prinzipien des psychischen Geschehens, GW, Bd. VIII
- (1914): Zur Einführung des Narzißmus, GW, Bd. X
- (1915): Triebe und Triebschicksale, GW, Bd. X
- (1916): Trauer und Melancholie, GW, Bd. X
- (1920): Jenseits des Lustprinzips, GW, Bd. XIII
- (1923): Das Ich und das Es, GW, Bd. XIII
- (1930): Das Unbehagen in der Kultur, GW, Bd. XIV
- (1933): Die Weiblichkeit, GW, Bd. XV

Goetze, H. u. Neukäter, H. (Hg.) (1989): *Pädagogik bei Verhaltensstörungen. Handbuch der Sonderpädagogik*, Band 6, Berlin

Grinker, R. R., Werble, D., Drye, R. C. (1968): *The Borderline Syndrom*, New York

Grissemann, H. (1989): *Lernbehinderung heute*, Bern

Gunderson, J. G. (1984): *Borderline Personality Disorder*, Washington

- (1989): Borderline Personality Disorders, in: Kaplan, H. I., Sadock, B. J. (Hg.): *Comprehensive Textbook of Psychiatry*, Bd. II., 5. Auflage, 1387–1395, Baltimore

Hartmann, H. (1939): Ich-Psychologie und Anpassungsproblem, in: *Internationale Zeitschrift für Psychoanalyse*, 24, 62–135

Havers, N. (1978): *Erziehungsschwierigkeiten in der Schule. Klassifikation, Häufigkeit, Ursachen und pädagogisch-therapeutische Maßnahmen*, Weinheim u. Basel

Heinemann, E. (1989): *Hexen und Hexenangst. Eine psychoanalytische Studie über den Hexenwahn der frühen Neuzeit*, Frankfurt/M. Fischer Taschenbuch 42326

– (1990): *Mama Afrika. Das Trauma der Versklavung. Eine ethnopsychoanalytische Studie über Persönlichkeit, Magie und Heilerinnen in Jamaika*, Frankfurt/M.

Jacobson, E. (1973): *Das Selbst und die Welt der Objekte*, Frankfurt/M., Erstausgabe 1964

Jonsson, G. (1967): Delinquent boys, their parents and grandparents, in: *Acta Psychiatrica Scandinavia*, Supp. 195 (ad Bd. 43, 167), Kopenhagen

Kernberg, O. F. (1978): *Borderline-Störungen und pathologischer Narzißmus*, Frankfurt/M.

– (1988): *Innere Welt und äußere Realität. Anwendungen der Objektbeziehungstheorie*, München–Wien

– (1989a): *Objektbeziehungen und Praxis der Psychoanalyse*, Stuttgart

– (1989b): *Schwere Persönlichkeitsstörungen. Theorie, Diagnose, Behandlungsstrategien*, Stuttgart

Klein, M. (1972): Das Seelenleben des Kleinkindes und andere Beiträge zur Psychoanalyse, Reinbek bei Hamburg, Erstausgabe 1962 (umfaßt Schriften u. a. aus den 40er Jahren)

– (1985): *Frühstadien des Ödipuskomplexes. Frühe Schriften 1928–1945*, Frankfurt/M., Fischer Taschenbuch 10969

Kluge, K. J. (1974): Verhaltensauffälligkeiten in Grundschulen. *Heilpädagogische Forschung*, 5, 1–36

Kohut, H. (1973): *Narzißmus*, Frankfurt/M.

– (1975): *Die Zukunft der Psychoanalyse*, Frankfurt/M.

– (1981): *Die Heilung des Selbst*, Frankfurt/M.

Kury, H. u. Lerchenmüller, H. (Hg.) (1983): *Schule, psychische Probleme und sozialabweichendes Verhalten – Situationsbeschreibung und Möglichkeiten der Prävention*, München

Leber, A. u. a. (1983): *Reproduktion der frühen Erfahrung. Psychoanalytisches Verständnis alltäglicher und nicht alltäglicher Lebenssituationen*, Frankfurt/M.

Leber, A. (1971): Von der Fürsorgeerziehung zur Soziotherapie, *Archiv für Wissenschaft und Praxis der sozialen Arbeit*, 1

– (1984): Beziehungsprobleme im pädagogischen Alltag – Überlegungen zur professionellen Erziehung, in: Rothenbucher, H. u. Wurst, F. (Hg.), *Zeig mir wie das Leben geht*, Salzburg

– (1985): Wie wird man »Psychoanalytischer Pädagoge«? in: Bittner, G. u. Ertle, Chr. (Hg.), *Pädagogik und Psychoanalyse. Zur Geschichte, Theorie und Praxis einer interdisziplinären Kooperation*, Würzburg

– (1986): Psychoanalyse im pädagogischen Alltag. Vom szenischen Verstehen zum Handeln im Unterricht, in: *Westermanns Pädagogische Beiträge*, 11, 14–19

– (1988): Zur Begründung des fördernden Dialogs in der psychoanalytischen Heilpädagogik, in: G. Iben (Hg.), *Das Dialogische in der Heilpädagogik*, Mainz

– (1989): Der Konstruktivismus Jean Piagets in seiner Bedeutung für Theorie und Praxis der Psychoanalyse. Vortrag bei der Jubiläumstagung der DGPPT am 7. 10. 1989 in Darmstadt

Lorenzer, A. (1972): *Kritik des psychoanalytischen Symbolbegriffs*, Frankfurt / M.

– (1973): *Sprachzerstörung und Rekonstruktion, Vorarbeiten zu einer Metatheorie der Psychoanalyse*, Frankfurt / M.

– (1983): Sprache, Lebenspraxis und szenisches Verstehen in der psychoanalytischen Therapie, *Psyche* 37, 2, 97–115

Mahler, M. u. a. (1980): *Die psychische Geburt des Menschen. Symbiose und Individuation*, Frankfurt / M., Fischer Taschenbuch 6731

– (1972): *Symbiose und Individuation*, Bd. 1, Stuttgart, Erstausgabe 1968

Masterson, J. F. (1976): *Psychotherapy of the Borderline Adult*, New York

Mentzos, St. (1984): *Neurotische Konfliktverarbeitung*, Frankfurt / M., Fischer Taschenbuch 42239

– (1988): *Interpersonale und institutionalisierte Abwehr*, Frankfurt / M.

Mertens, W. (1990): *Psychoanalyse*; 3. Aufl., Stuttgart

Mitscherlich, M. (1987): *Die friedfertige Frau. Eine psychoanalytische Untersuchung zur Aggression der Geschlechter*, S. Fischer, Frankfurt / M.

Neidhardt, W. (1977): *Kinder, Lehrer und Konflikte. Vom psychoanalytischen Verstehen zum pädagogischen Handeln*, München

Ogden, Th. H. (1988): Die projektive Identifikation, *Forum der Psychoanalyse*, 4., 1–21

Otto, K. (1970): *Disziplin bei Mädchen und Jungen*, Berlin

Petermann, F. u. Petermann, U. (1988): *Training mit aggressiven Kindern*, München–Weinheim

Piaget, J. (1945): *Nachahmung, Spiel und Traum. Die Entwicklung der Symbolfunktion beim Kinde*, *GW*, Bd. V, Stuttgart 1975

- (1970): *Abriß der genetischen Epistemologie*, Stuttgart 1980
- (1978): *Das Weltbild des Kindes*, Stuttgart
Rauchfleisch, U. (1981): *Dissozial. Entwicklung, Struktur und Psychodynamik dissozialer Persönlichkeiten*, Göttingen
- (1989): Zur Persönlichkeit des kriminellen Schülers, in: Bäuerle, S. (Hg.), *Kriminalität bei Schülern*, Bd. 1, Stuttgart
- (1990): Die Bedeutung des sozialen Umfeldes für die Psychotherapie von Borderlinepatienten auf »niederem Strukturniveau«, *Forum der Psychoanalyse*, 6, 175–186
- (1991): *Begleitung und Therapie straffälliger Menschen*, Mainz
- (1992): *Allgegenwart von Gewalt*, Göttingen
Redl, F. (1971): *Erziehung schwieriger Kinder*, München
Redl, F. u. Wineman, D. (1984): *Kinder, die hassen*, München
- (1986): *Steuerung des aggressiven Verhaltens beim Kinde*, München
Reiser, H. (1972): *Identität und religiöse Einstellung. Grundlagen für einen schülerorientierten Religionsunterricht*, Hamburg
- (1975): Aggressive Kinder, in: G. Iben (Hg.) *Heil- und Sonderpädagogik*, Kronberg
- (1987): Sonderschullehrer in hessischen Grundschulen. Ein Ansatz zu integrativer Arbeit bei Lern- und Verhaltensproblemen, in: Mutzeck, W. (Hg.), *Integration verhaltensgestörter Schüler*, Weinheim
Rohde-Dachser, Ch. (1983): *Das Borderline-Syndrom*, Bern
- (1989a): Unbewußte Phantasie und Mythenbildung in psychoanalytischen Theorien über die Differenz der Geschlechter, *Psyche*, 43. Jg., 3, 193–218
- (1989b): Abschied von der Schuld der Mütter, *Praxis der Psychotherapie und Psychosomatik*, 34, 250–260
Roth, J. (1985): *Hilfe für Helfer: Balint-Gruppen*, München
Schäfer, G. E. (1986): *Spiel, Spielraum und Verständigung. Untersuchungen zur Entwicklung von Spiel und Phantasie im Kindes- und Jugendalter*, Weinheim u. München
- (1989): *Spielphantasie und Spielumwelt. Spielen, Bilden und Gestalten als Prozesse zwischen Innen und Außen*, Weinheim u. Basel
Schmidt, D. (1986): Zur Praxis der Aggression, in: Arbeiterwohlfahrt, Arbeitstagung Frühstörung in der sozialpädagogischen Praxis, Würzburg
Sechehaye, M. (1955): *Die symbolische Wunscherfüllung*, Bern
- (1974): *Tagebuch einer Schizophrenen*. Frankfurt/M.
Speck, O. (1988): *System Heilpädagogik. Eine ökologisch reflexive Grundlegung*, München

Spitz, R. (1969): *Vom Säugling zum Kleinkind. Naturgeschichte der Mutter-Kind-Beziehungen im ersten Lebensjahr*, Stuttgart

– (1974): Der Dialog entgleist. Reizüberlastung, Aktionszyklen und Ganzheitseffekt, *Psyche*, 28, 135–156

Thomä, H. (1990): Aggression und Destruktivität jenseits der Triebmythologie, in: Buchheim, P. u. Seifert, Th. (Hg.), *Zur Psychodynamik und Psychotherapie von Aggression und Destruktion*, Berlin–Heidelberg

Trescher, H. G. (1985): *Theorie und Praxis der Psychoanalytischen Pädagogik*, Frankfurt/M.

Waldinger, R. J. (1987): Intensive Psychodynamic Therapy with Borderline Patients: An Overview, *Amer. J. Psychiatry*, 144, 267–274

Weber, J. Chr. (1988): *Die Sprache des Abwesenden. Beiträge der Psychoanalyse Freuds und der genetischen Entwicklungspsychologie Piagets zum Verständnis der behinderten Lesefähigkeit*, Heidelberg

Winnicott, D. W. (1976): *Von der Kinderheilkunde zur Psychoanalyse*, München, Fischer Taschenbuch 42249

– (1984): *Reifungsprozesse und fördernde Umwelt*, Frankfurt/M., Fischer Taschenbuch 42255

– (1987): *Vom Spiel zur Kreativität*, Stuttgart

– (1988): *Aggression. Versagen der Umwelt und antisoziale Tendenz*, Stuttgart

Wocken, H. u. Antor, G. (Hg.) (1987): *Integrationsklassen in Hamburg*, Solms

Zulliger, H. (1975): *Heilende Kräfte im kindlichen Spiel*, Frankfurt/M., Fischer Taschenbuch 42328

# Die Autoren

*Evelyn Heinemann*, geb. 1952, Dr. phil., Dipl. Psych., Dipl. Päd. und Sonderschullehrerin, ist Professorin für Psychologie an der Evangelischen Fachhochschule für Sozialwesen in Nürnberg. Arbeitsschwerpunkte sind Psychoanalytische Pädagogik und Ethnopsychoanalyse. Veröffentlichungen u. a. im Fischer Taschenbuch Verlag zum Thema »Hexen und Hexenangst« (Nr. 42326).

*Udo Rauchfleisch*, geb. 1942, Professor für Klinische Psychologie an der Universität Basel, Klinischer Psychologe an der Psychiatrischen Universitätspoliklinik Basel. Psychoanalytiker DPG. Publikationen zur Theorie und Praxis der Psychoanalyse, zur testpsychologischen Diagnostik sowie zu theologisch-psychologischen und musikpsychologischen Grenzgebieten.

*Tilo Grüttner*, geb. 1939, Dr. phil., Dipl.-Psych., Studium der Philologie und Psychologie sowie Ausbildung zum Psychoanalytiker. Nach Tätigkeit als Akademischer Rat am Psychologischen Institut II der Universität Köln und Leitung einer kommunalen Beratungsstelle für Eltern, Jugendliche und Kinder jetzt tätig als Therapeutischer Leiter in einem Heim für dissoziale Jugendliche und als Psychoanalytiker in freier Praxis. Veröffentlichungen im Bereich von Legasthenietherapie und Alphabetisierung.

# Geist und Psyche

Begründet von Nina Kindler 1964

## Kinderpsychologie

**Fischer Taschenbuch Verlag**